高职高专规划教材
物流管理系列

物流采购管理实务

蒋宗明　薛　琴　武　营　主编

北京师范大学出版集团
BEIJING NORMAL UNIVERSITY PUBLISHING GROUP
安徽大学出版社

图书在版编目(CIP)数据

物流采购管理实务/蒋宗明,薛琴,武营主编.—合肥:安徽大学出版社,2022.6
高职高专规划教材.物流管理系列
ISBN 978-7-5664-2378-8

Ⅰ.①物… ①蒋… ②薛… ③武… Ⅲ.①物流－采购管理－高等职业教育－教材
Ⅳ.①F253.2

中国版本图书馆 CIP 数据核字(2022)第 001886 号

物流采购管理实务	蒋宗明　薛　琴　武　营 主编

出版发行:	北京师范大学出版集团
	安 徽 大 学 出 版 社
	(安徽省合肥市肥西路 3 号 邮编 230039)
	www.bnupg.com.cn
	www.ahupress.com.cn
印　　刷:	安徽昶颉包装印务有限责任公司
经　　销:	全国新华书店
开　　本:	184 mm×260 mm
印　　张:	15.25
字　　数:	362 千字
版　　次:	2022 年 6 月第 1 版
印　　次:	2022 年 6 月第 1 次印刷
定　　价:	45.00 元
ISBN 978-7-5664-2378-8	

策划编辑:邱　昱　方　青		装帧设计:孟献辉	
责任编辑:方　青　邱　昱		美术编辑:李　军	
责任校对:姚　宁		责任印制:陈　如　孟献辉	

版权所有　侵权必究
反盗版、侵权举报电话:0551－65106311
外埠邮购电话:0551－65107716
本书如有印装质量问题,请与印制管理部联系调换。
印制管理部电话:0551－65106311

总 序

自20世纪70年代末引入"物流"概念以来,我国物流业有了较快的发展。物流业已成为我国国民经济的重要组成部分,对国民经济的拉动作用越来越明显;而且,为促进物流业健康快速发展,国家层面不断出台支持政策,推动着物流行业发展走在量质齐升的道路上。

当前,我国物流业市场规模持续扩大、需求稳中向好,与民生、绿色经济等相关的物流规模保持快速增长。今后一段时期,我国物流业仍将处于重要的战略机遇期,特别是呈现出智慧物流、绿色物流和开放共享上的发展趋势。但是,我国物流业的理论研究却与实践运作现状还存在一定的差距,这就造成了部分高等职业学校在物流人才培养时存在着一定相对滞后,以致现代物流技术技能型人才匮乏,不能完全满足物流业发展需求。

"职教物流类系列教材"(项目编号:2017ghjc400)是2017年安徽省教育厅省级质量工程项目立项的规划教材,编写本系列教材的原因主要有以下几点。

第一,当前世界经济领域发生深刻的变化,国际经济合作正从过去较为单一走向全面合作,各国经济联系愈益深入,无论是相互投资、技术服务合作以及其他形式的合作都呈现出蓬勃发展之势。经济全球化发展需要物流业的支持,也对现代物流业的发展不断提出新的要求。习近平总书记提出的"一带一路"倡议更是高瞻远瞩,对我国的扩大开放和对世界经济的发展都具有重大的意义和影响。编写本系列教材的目的就是努力体现习近平新时代中国特色社会主义思想在经济发展中的重要成就,努力反映和探求当今世界形势最新的变化,以在教学中体现"与时俱进",凸显教学内容的新变化。

第二,努力适应新的教学要求。高等职业教育应当始终紧跟时代发展形势,面向未来、面向现代化建设。国家鼓励和支持高等职业学校专业教材的建设,鼓励和支持编写出具有各专业特色的、适合各地高等职业学校不同学生要求的高质量教材,以培养出能够适应新时代发展的既具有前瞻性眼光,又具有实践操作能力的技术技能型人才。《普通高等学校高等职业教育(专科)专业目录(2015年)》中把物流类细分为七个专业,不仅反映了我国物流业的发展现状,也积极指导了各地高等职业学校物流类专业的建设,为此,相应的物流类专业教材建设也在积极推进。

本系列教材编写团队是由一批多年从事高等职业教育教学且科研水平较高的专业教师组成,他们满怀热情、扎实肯干。但是,本系列教材编写缺点、不足依然不免存在,恳请各位读者、专家赐教。

本系列教材在编写中参考了国内外大量的文献资料,引用了一些专家学者的研究成果,在此对这些文献作者表示诚挚的谢意!

最后,衷心地希望本系列教材,能够为高等职业教育物流类专业建设和人才培养起到积极重要的推动和引导作用!

中国物流与采购联合会教育培训部主任　郭肇明
全国物流职业教育教学指导委员会秘书长

2019 年 8 月

目 录

项目一　走进采购 ··· 1
　　任务一　采购与采购管理的基本知识 ··· 1
　　任务二　采购业务流程与模式 ·· 15
　　任务三　采购组织设置与职责 ·· 25
　　任务四　现代采购管理的发展趋势 ·· 30

项目二　采购与供应计划 ·· 43
　　任务一　采购市场分析 ·· 43
　　任务二　采购需求分析与确定 ··· 51
　　任务三　采购需求的确定 ·· 59
　　任务四　采购计划编制 ·· 65

项目三　供应商选择与管理 ··· 78
　　任务一　供应商的开发 ·· 78
　　任务二　供应商的选择 ·· 86
　　任务三　供应商的评估与考核 ··· 98
　　任务四　供应商关系管理 ··· 104

项目四　采购成本和价格管理 ·· 119
　　任务一　影响价格的因素 ··· 119
　　任务二　采购定价方法 ··· 122
　　任务三　采购成本分析 ··· 128

项目五　采购谈判 ··· 137
　　任务一　采购谈判基础 ··· 137

任务二　采购谈判过程 ································· 145
　　任务三　采购谈判策略与技巧 ··························· 160

项目六　采购订单与合同管理 ······························ 174
　　任务一　采购订单管理 ································· 174
　　任务二　采购合同管理 ································· 180

项目七　采购订单的交付、验收与结算 ····················· 204
　　任务一　采购订单的交付和验收 ························· 204
　　任务二　采购订单的结算 ······························· 209

项目八　采购绩效评估 ···································· 221
　　任务一　采购绩效评估概述 ····························· 221
　　任务二　采购绩效评估的指标体系 ······················· 225
　　任务三　采购绩效评估的步骤和方法 ····················· 230

后记 ·· 238

项目一 走进采购

学习目标

知识目标

1. 掌握采购的基本含义及其分类；
2. 掌握采购管理的含义及其内容，理解采购与采购管理的区别与联系；
3. 掌握采购的业务流程，了解采购的几种常见模式；
4. 了解采购组织类型以及岗位职责；
5. 了解现代采购发展趋势。

技能目标

1. 能够根据实际案例分析采购的业务流程及采购模式；
2. 能运用所学理论知识点评企业的采购与采购管理工作。

任务一 采购与采购管理的基本知识

导入案例

货郎－备年货

每逢过年，家里总要囤一点好的年货，辞旧迎新，方便走访亲友。今时今日，我们有网络和超市，办年货是简简单单的事情，但是你可曾想过在科技不发达、交通不发达的古代人们是如何完成年货大采购的呢？

货郎，就是古人置办年货的关键人物（其货担号称移动的百货店）。由于古代物资缺乏，交通也不太方便，居家必备的小物件通常都是找那些到处游走的货郎采购。特别是到了腊月，货郎来得是最勤的。老百姓们辛苦了一年，手上也攒了一些小钱，临近过年，吃喝穿祭玩，各样年货都得置办。当然，如果等不及货郎上门还可以赶年集。在春节习俗成熟期的宋代，社会经济繁荣，于是就有了"小（晓）市"，北方叫"集"，南方叫"赶场"；每逢腊月二十五前后，城里还会举办一年一度的"年集"，场面很是热闹。

无论是等货郎还是赶年集，从开始备年货起人们就提前享受过年的喜悦。春联春画，新衣新鞋，鸡鸭鱼肉，还有糖饵果品，这些年货不再单单是物品，而是节日的象征和对下一年的憧憬。

任务目标

通过本任务的学习,能够掌握采购与采购管理的基本概念,理解采购与采购管理的区别与联系。

任务学习

一、采购的基本知识

(一)采购的定义

一般认为,采购是指单位或个人基于生产、销售、消费等目的,购买商品或劳务的交易行为。根据人们取得商品的方式和途径的不同,采购可以从狭义和广义两方面来理解。

1. 狭义的采购

简单地说,狭义的采购就是买东西,是指企业根据需求提出采购计划,审核计划,选好供应商,经过商务谈判确定价格、交货信息及相关条件,最终签订合同并按要求收货付款的全过程。

在狭义的采购中,买方一定要先具备支付能力,也就是要有钱,才能换取他人的物品来满足自己的需求。

2. 广义的采购

广义的采购是指除了以购买的方式获取物品之外,还可以通过各种不同的途径取得物品的所有权,以达到满足需求的目的。广义的采购除了"购买"以外还包括以下几种途径。

(1)租赁。租赁即一方以支付租金的方式取得他人物品的使用权。

(2)借贷。借贷即一方以无须付出任何代价的方式取得他人物品的使用权;使用完毕,返还原物品。这种无偿借用他人物品的方式,通常是基于借贷双方的情谊与密切关系,特别是借方的信用。

(3)交换。所谓"交换"就是用以物易物的方式取得物品的所有权及使用权,但是并没有直接支付物品的全部价款。换言之,当双方交换的物品价值相等时,不需要以金钱补偿对方;当交换的物品价值不等时,仅由一方补贴差额给对方。

综上所述,广义的采购是单位或个人为了满足某种特定的需求,以购买、租赁、借贷、交换等各种不同的途径,取得商品及劳务的所有权或使用权的活动过程。

拓展阅读

采购是个技术活儿

提及采购,大多数人的反应即是"给钱买东西,谁都会买",这种反应并不是完全不对。"给钱"的言外之意,即公司提供平台、资金、资源让我们有上谈判桌的筹码。不可否认,这是客观事实,但是如何用这些筹码去获得我们所需要的产品、服务,实现价值最大化,从来都不是一个简易的过程。为了实现以最少成本、最小风险达到最大合同效益的目标,一系列的采购活动过程是必需的。

首先,我们得懂标的。

从基本面来说,产品属性、产业结构、上下游链、供需平衡情况、行业发展趋势、定价机制这些都需要去了解,这要求采购业务员要尽可能朝着每个行业的专家转变。我们有石化类、无机类、农产品类等近百种原材,只有对标的信息面的了解有足够的宽度和深度,才有底气去跟供应商谈判。事实上,对于很多原材我们并不能单纯地从"成本论"去理解定价模式,况且成本本身就是变动的、不可测和相对的,所以横向拓展对产品行业的理解是非常有必要的。除此之外,我们还得了解每家供应商产能规模、区域位置、竞争优势、技术实力和管理风格等等,只有了解这些,才能针对各家供应商找到最适合的结算及交易方式。现在的外部环境已经不再适于"多点寻源",通过导入太多的竞争来管理供应商,不仅会造成供应商的忠诚度降低,也会使采购管理难度提升和资源分散,所以科学合理的供应商选择尤其重要。

从宏观面来说,国家的进出口政策、外汇政策、货币政策、供给侧改革和环保政策等的变化,都会对我们实际采购活动造成切实的影响。这就要求我们放大自身的交易格局,把交易的周期放大,在市场研究和交易中结合所处的经济周期和行业实际情况去看待趋势。

其次,我们得懂自己。

与个人购买有类似之处,了解自身能帮助我们买到适合自己的产品。在上谈判桌之前,我们必须对原材的实际用途、用量及各工厂的仓库库容能力,以及我们的资金能力、技术团队的研发能力、物流情况等信息有个初步了解。采购的完整流程是从产品研发开始到客户端用过我们的产品反馈合格结束,并不是入库就算闭合,所以我们看中价格、质量、服务、账期等等,每笔合同都是所有因素(包括人的行为)动态权衡的结果。

只有在懂标的,充分了解自身的基础上,我们才能找到最合适的采购策略。人们常说"知易行难",其实更应该是"知不易,行不难"。从采购层面来说,公司能提供的资源是有限的,而探究如何把有限的资源以最合适的方式投入到最正确的地方,这个过程从来都是"不易"的。比如,我们对战略性原材,对普通化工品,对有专利或者技术门槛的原材,对受国家环保管控的原材,分别有不同的采购策略。对更偏"卖方市场"的部分原材,设置合理的安全库存,签订年度合同,跟供应商经常沟通,双方经常举行"高层会议",培养一种供需协作关系更是我们任务的重心。随着信息化的发展,价格透明化,单纯的议价空间十分有限,尽可能用我们的强势去补足供应商的弱势,培养协作共赢的合作关系,建立公司独有的稳固的供应链体系,是我们的工作重点。

采购与销售是两个能给公司直接带来利润的职能部门。如果说销售是整合内部一切资源来满足外部客户的需求的话,采购恰是相反,它需要整合外面能掌控的一切资源来满足集团内部的实际生产需要。集团化采购能让我们获得规模效益,但是也有负面影响。比如对业务的需求没法及时、有效响应,这将影响各部门、工厂的灵活性,所以内部各部门之间无缝沟通尤为重要。如何跟业务部门实现资源共享,获得更好的供应商渠道或者第一手的市场信息;如何跟财务对接,做好资金预算及对某特殊供应商制定最灵活的付款方式,以获得最大价值;如何跟技术部门顺畅沟通,在新产品的设计工艺方面、在降本方面及时沟通到位;如何跟兄弟工厂对接,库容能力、物流卸货、到货时间……供应链不仅需要管理,从根本上还是一门做细了的技术活。

(二)采购的地位

采购曾一度被认为是一种注重文书工作的行政职能。近年来,企业才开始意识到采购本质上是具有战略意义的。采购在企业中具有举足轻重的地位。采购已经成为企业经营的一个核心环节,是获取利润的重要来源,在企业的产品开发质量保证、供应链管理及经营管理中起着极其重要的作用。走出传统的采购认识误区,正确认识采购的地位,是当今每个企业在全球化、信息化市场经济竞争中赖以生存的基本保障,更是现代企业谋求发展的必然要求。

1. 采购的价值地位

采购成本是企业成本管理中的主体和核心部分;采购是企业管理中"最有价值"的部分。在工业企业的产品成本构成中,采购的原材料及零部件成本占企业总成本的比例随行业的不同而不同,大体在30%~90%,平均水平在60%,从世界范围来说,对于一个典型的企业来说,一般采购成本(包括原材料、零部件)要占60%,工资和福利占20%,管理费用占13%,利润占5%。在小国的工业企业中,各种物资的采购成本要占到企业销售成本的60%。而现实中,许多企业在控制成本时将大量的时间和精力放在不到总成本40%的企业管理费用及工资和福利上,而忽视其主体部分——采购成本,因此,往往是事倍功半,收效甚微。

2. 采购的供应地位

从供应的角度来说,采购是整体供应链管理中"上游控制"的主导力量。在工业企业中,利润是同制造及供应过程中的物流和信息流流动速度成正比的。在商品生产和交换的整体供应链中,每个企业既是顾客又是供应商。为了满足最终顾客的需求,企业都力求以最低的成本将高质量的产品以最快的速度供应到市场,以获取最大利润。从整体供应链的角度来看,企业为了获得尽可能多的利润,都会想方设法加快物料和信息的流动,这样就必须依靠采购的力量,充分发挥供应商的作用,因为占成本60%的物料及相关的信息都发生于或来自供应商。供应商提高其供应可靠性及灵活性、缩短交货周期、提高送货频率可以极大地改进企业的管理水平,如缩短生产总周期、提高生产效率、减少库存、增强对市场需求的应变力等。

此外,随着经济一体化及信息全球化的发展,市场竞争日益激烈,顾客需求的增多驱使企业按库存生产,而竞争的要求又迫使企业争取按订单生产。要解决这一矛盾,企业只有将供应商纳入自身的生产经营过程中,将采购及供应商的活动看成是自身供应链的一个有机组成部分,才能加快物料及信息在整体供应链中的流动,从而将顾客所希望的库存成品向前推移为半成品,进而推移为原材料。这样既可减少整个供应链的物料及资金负担(降低成本、加快资金周转等),又可及时将原材料、半成品转换成最终产品以满足客户的需要。在整体供应链管理中,"即时生产"是缩短生产周期、降低成本和库存,同时又能以最快的交货速度满足顾客需求的有效做法;而供应商的"即时供货"则是开展"即时生产"的主要内容。

3. 采购的质量地位

质量是产品的生命。采购物料不只涉及价格问题(而且大部分不是价格问题),更多地关乎质量水平、质量保证能力、售后服务、服务水平、综合实力等。有些东西买时很便宜,但经常维修或经常不能正常工作,就大大增加了使用的总成本;如果买的是假冒伪劣商品就会蒙受更大的损失。一般企业都将质量控制按时序划分为采购品质量控制、过程质量控制及产品质量控制。

由于产品中价值的60%是通过采购供应商提供的,毫无疑问,产品的质量很大程度上受采购品质量控制(Incoming Quality Control,IQC)的影响。也就是说,保证企业产品"质量"不仅要靠企业内部的质量控制,还依赖于对供应商的质量控制。这也是"上游质量控制"的体现。上游质量控制得好,不仅可以为下游质量控制打好基础,同时可以降低质量成本,减少企业来货检验费用(降低IQC检验频率,甚至免检)等。经验表明,一个企业要是能将1/3的质量管理精力花在供应商的质量管理上,那么企业自身的质量(过程质量及产品质量)水平至少可以提高50%,可见,通过采购将质量管理延伸到供应商质量控制,是提高企业自身质量水平的基本保证。

同时,采购能对质量成本的削减作出贡献,当供应商交付产品时,许多公司都会进行来料检查和质量检查,所采购货物的来料检查和质量检查的成本的减少,可以通过选择那些有健全的质量保证体系的供应商来实现。

采购不但能够减少所采购的物资或降低服务的价格,而且能够通过多种方式提升企业的价值,这些方式主要有支持企业的战略、改善库存管理、稳步推进与主要供应商的关系、理解供应市场的趋势等。因此,加强采购管理对企业提升核心竞争力也具有十分重要的意义。

技能训练

采购对企业利润的影响

假设某企业现在的目标是将利润提高一倍,2013年该企业的现状是:销售额为100万元,采购成本是60万元,工资总额为10万元,企业管理费为25万元。现假设2014年企业利润计划从2013年的5万元提高到10万元。请分析:在销售额+17%、产品价格+5%、工资-50%、企管费-20%、采购成本-8%这多种假设中,哪一种假设在实现目标的时候有更大的可能性?请你说明分析的过程和最后的结论。

提示:为了利润翻番,每个项目应变化幅度。我们可以看出,除了价格和采购成本外,其余各项都必须经历大幅度变动才能使利润增加一倍。而即使是价格一项,市场上的激烈竞争也会使价格的上涨很难实现。在成本方面,我们虽然无法控制购入产品成本的主要部分,但是可以通过一些简单的手段来大幅度降低采购成本,比如让两个供应商对同一产品报价,与供应商紧密协作来控制成本,利用供应商的数量折扣,或者仔细选择货源、运输路线、运输方式等。

采购成本下降的百分比不需要很多就可以实现产品绝对成本的大幅下降,利润的大幅提高。

【思考】

1. 你认为在上面的案例中,该企业提高利润的最好途径是什么?
2. 总结采购在企业中的重要性体现在哪些方面。

(三)与采购相关的概念

1. 请购

请购就是企业内部的员工对于工作或生产中需要用到的办公用品、原材料等物品的需求,向供应部门(或称采购部门)提出请求的过程。员工请购之后待主管批复,主管可以同意,也可以拒绝,或是部分同意。

2. 订购

订购是指依照事先约定的条件,企业向供应商下订单的过程。另外,它还包括在并没有询问供应商的条件下直接发出采购订单的情况,如电话订购。

3. 供应

供应是指供应商将企业经营所需的资源提供给企业的经营活动。在我国,它的基本含义是指供应商向顾客提供产品或服务的过程。而在欧美国家,供应包括采购、存储和接受货物在内的更为广泛的含义。供应偏重物流活动,而采购更偏重商流活动。

4. 购买

购买是指使用货币换取商品的交易过程。采购的概念应当比购买的概念更专业、含义更广泛,采购包括购买、储运、接收、检验及废料处理等。

5. 战略采购

战略采购是一种有别于常规采购的思考方法,它与普遍意义上的采购的区别是前者注重的要素是"最低总成本",而后者注重的要素是"单一最低采购价格"。因此,战略采购是一种系统性的、以数据分析为基础的采购方法,是在宏观范围内确立采购资源,建立最优的供应商体系及战略伙伴关系的过程。

6. 日常采购

日常采购是指采购人员根据确定的供应协议和条款,以及企业的物料需求时间计划以采购订单的形式向供应商发出需求信息,并安排和跟踪整个物流过程,确保物料按时送达企业,以支持企业的正常运营的过程。内容有,制定采购计划、寻找供应商、供应商资质调查、询价、比价、签订合同、发出订单、发货通知单给仓库、采购请款等。

7. 全球采购

全球采购是指利用全球的资源,在全世界范围内寻找供应商,寻找质量最好、价格合理的产品。全球采购是一个企业的战略举动。具有规模经济生产能力和创新能力的供应商将成为全球采购企业的一个战略组成部分。

拓展阅读

华为致信全球供应商:美国无理,但全球化规模采购不变

2018年12月6日晚间,华为发布了一封致全球供应商伙伴的公开信,信中表示,最近一段时期美国对华为有很多指控。华为多次澄清,公司在全球开展业务严格遵守所适用的法律法规。

近日,华为公司CFO孟晚舟女士在加拿大转机时,被加拿大当局以美国政府要求引渡孟晚舟女士在纽约东区接受未指明指控为由临时扣留。华为曾两度回应表示,孟女士并无任何不当行为,相信美国和加拿大法律会公正评判。此事引发市场轰动。

华为公开信中指出,华为公司在该指控方面获得的信息非常少,且并不知晓孟晚舟女士有任何不当行为,公司相信加拿大和美国司法体系最终将给出公正的结论。如果有进一步情况,会及时向大家通报。

华为强调,过去30年,华为坚持价值采购、阳光采购的原则,与全球范围内13,000多家企业通过互利、互信、互助的广泛合作,共同打造健康的ICT产业链。

11月,华为集团召开2018年全球核心供应商大会。在大会上,华为首次正式公布了核心供应商名单。根据名单,华为核心供应商共92家,遍布全球各地。其中美国33家,日本11家、德国4家、瑞士/韩国各2家、荷兰/法国/新加坡各1家。国内供应商共37家。在这些供应商当中,大多数都是蜚声国际的行业巨头。华为在大会上按照与各家供应商的合作状况,分别颁发了"连续十年金牌供应商""金牌供应商""优秀质量奖""最佳协同奖""最佳交付奖"和"联合创新奖"等奖项,其中英特尔与恩智浦共同获得了顶级的"连续十年金牌供应商"称号。

华为认为,美国政府通过各种手段对一家商业公司施压,是背离自由经济和公平竞争精神的做法。但是,华为不会因为美国政府的无理,而改变与全球供应链伙伴的合作关系。

附:华为致全球供应商伙伴的一封信(全文)

尊敬的供应商伙伴:

相信您已经注意到,最近一段时期美国对华为有很多指控。华为多次进行了澄清,公司在全球开展业务严格遵守所适用的法律法规。

近日,公司CFO孟晚舟女士在加拿大转机时,被加拿大当局以美国政府要求引渡孟晚舟女士在纽约东区接受未指明指控为由临时扣留。

华为公司在该指控方面获得的信息非常少,且并不知晓孟晚舟女士有任何不当行为,公司相信加拿大和美国司法体系最终将给出公正的结论。如果有进一步情况,会及时向大家通报。

我们认为,美国政府通过各种手段对一家商业公司施压,是背离自由经济和公平竞争精神的做法。但是,我们不会因为美国政府的无理,而改变我们与全球供应链伙伴的合作关系。

过去30年,华为坚持价值采购、阳光采购的原则,与全球范围13,000多家企业通过互利、互信、互助的广泛合作,共同打造健康的ICT产业链。

在全球化技术合作和产业发展的浪潮下,产业链上下游企业之间互相依赖、荣辱与共,华为的发展成长与供应商伙伴的发展繁荣息息相关。我们将与供应商伙伴一起,增加互信,共同促进全球ICT产业的持续健康发展。

期望您一如既往的支持!

华为技术有限公司
2018年12月6日
(资料来源于网络,作者有改动)

(四)采购的分类

1. 按采购主体划分(个人、团体、企业、政府)

(1)个人采购。个人采购是指消费者为满足自身需要前发生的购买消费品的行为,如购买生活必需品、耐用品等。个人采购实质上是一种由购买偏好或购买习惯而引起的购买活动,购买对象主要为生活资料。其特点为单次、单一、单品种的决策,购买过程相对简单,并且带有一定的主观性和随意性,即使采购失误,也只影响个人,造成的损失不至于太大。

(2)组织采购。组织有特定的结构形式,是人和事物按照一定的任务和形式所进行的有效组合,是实现既定目标的手段。因此,组织采购是为实现组织目标而发生的采购行为。组织可以按不同标准进行分类。从组织的经济活动,特别是从采购的角度分类,一般可分为如下两种。

①政府、事业单位、军队采购。这一类组织的采购,按照国家相关的法规,在一定价值以上都应实行招标。

②企业采购。企业组织是社会经济的主体部分,因此,企业采购也就成为我们研究的重点。企业性质不同,采购对象也有所不同。生产企业为了生产而采购,是一种生产性消费,采购对象以生产资料为主;商业流通企业为了销售而采购,是一种生活性消费,采购对象为生活资料。当然,流通企业除了商业流通企业,还有物流流通企业、粮食流通企业、外贸流通企业等,这些企业又可分为批发企业、零售企业等。

企业采购一般是多品种、大批量、大金额、多批次的采购,并且是持续进行的。采购的科学与否,直接关系到企业的整体、群体与个体的利益。企业的采购决策一旦失误,将对企业造成较大损失。所以,企业的采购工作必须按照"谨慎、严格、规范、科学"的原则来进行。

2. 按决定采购价格的方式分类

按决定采购价格的方式分类,采购可分为招标采购、询价现购、比价采购、议价采购、定价收购、公开市场采购。

(1)招标采购。是指将物料采购的所有条件(诸如物料名称、规格、数量、交货日期、付款条件、罚则、投标押金、投标厂商资格、开标日期等)详细列明,登报公告。投标厂商依照公告的所有条件,在规定时间内,交纳投标押金,参加投标。按规定必须至少三家厂商报价,方得开标。

(2)询价采购。企业采购人员选择信用可靠的供应商,向其讲明采购条件,并询问价格或寄送询价单,请对方报价,比较后现价采购。然后,企业通过一定的程序,比较各供应商的商品品质、价格等情况后,确定企业的商品采购数量。

(3)比价采购。企业采购人员邀请多家供应商提供价格,对其加以比较后,确定供应商进行采购。这种采购方式可以节省采购的时间和费用;公开性和透明度都较高,能够防止采购时的舞弊事件;采购过程规范,制度明确。但是当供应商数量有限时,可能出现轮流坐庄或恶性抢标的情况,使供应品种规格出现差异,同时可能影响生产效率,并加大企业消耗。

(4)议价采购。企业采购人员与供应商经过讨价还价后,议定价格进行采购。一般来说,询价、比价和议价是结合使用的,很少单独进行。这种采购方式可以节省采购费用和采购时间,可以减少失误,增加弹性,有利于和供应商建立互惠关系,稳定供需关系。但是议价采购往往价格较高,缺乏公开性,信息不对称,无法取得最新资讯,容易形成不公平竞争,技术难以改进。

(5)公开市场采购。企业采购人员在公开交易或拍卖时,随机地进行采购。需要大宗进货或价格变动频繁的商品常常采用这种方式采购。

3. 按采购技术划分

(1)传统采购。企业传统采购的一般方式是:每个月的月末,企业各个单位填制下个月的采购申请单,报下个月需要采购的物资的品种、数量,然后由采购部汇总这些表单,制定出统一的采购计划,并于下个月实行采购。采购回来的物资存放于企业的仓库中,以满足下个月对各个单位的物资供应。这种采购方式以各个单位的采购申请单为依据,以填充库存为目的,管理比较简单、粗糙,市场响应不灵敏、库存量大、资金积压多,企业的风险相对较高。

(2)科学采购。

①订货点采购。订货点采购是紧密根据需求的变化和订货提前期的长短,精确地确定订货点、订货周期、订货批量、最高库存水平和最低库存水平等,建立连续的订货启动机制和库存控制机制,达到既满足需求,又使得库存总成本最小的目的的采购方式。这种采购方式的原理比较科学,操作比较简单。但是市场的随机因素较多,可控因素难以全面预测,使得库存的安全存量大、市场响应的灵敏度相对较低。目前企业大多采用这类采购方式。

②准时化采购。也称JIT采购,是一种完全以满足需求为依据的采购方式。它对采购的要求,就是要供应商恰好在用户需要的时候,将合适品种和数量的物资送至目的地。这种采购方式以需求为依据改造采购流程,使它们完全适合需求的品种、时间和数量,做到既灵敏响应需求的变化,又使库存向零库存趋近。准时化采购是一种比较科学、理想的采购方式。经营大众商品的企业一般采用这种采购方式。

③供应链采购。准确地说,这是一种供应链机制下的采购方式。在供应链机制下,不再

由采购者操作,而是由供应商操作。采购者只需要把自己的需求规律信息即库存信息向供应商连续、及时传递,供应商根据自己产品的消耗情况,及时、连续小批量补充库存,保证既满足采购者需要,又使总库存量最小。供应链采购对信息系统、供应商操作要求都比较高,它也是一种科学、理想的采购方式。尚未建立配送系统的小型企业可以采用这种采购方式。

④电子商务采购。也就是网上采购,是在电子商务环境下的采购方式,网络采购是电子商务的一种具体形式。网络技术的诞生为采购电子化的实现提供了充分的技术保障。互联网技术真正较为成熟地应用于商业领域,尤其是采购领域,是近几年才出现的,但其带来的利益在很短时间就体现出来。以下三个有代表性的企业运用互联网技术后的采购流程成本下降显著:施乐公司下降83%,通用汽车公司下降90%,万事达信用卡公司下降68%。它的基本特点是:网上寻找供应商、寻找品种,网上进行贸易洽谈,网上实施订货,甚至在网上支付货款,只是货物的进、出运输在线下进行。这种方式的好处是扩大了采购市场的范围,缩短了供需距离,简化了采购手续,减少了采购时间,降低了采购成本,提高了工作效率,是一种很有前途的采购方式。但是它要依赖于电子商务的发展和物流配送水平的提高。电子商务采购的核心技术是电子采购系统,在零售行业中,应用最广泛的电子采购系统是电子自动订货系统(EOS),它对于零售采购管理的效应非常明显。

4. 按采购进行的方式划分

(1)直接采购。是指直接向制造商采购,这是企业最主要的采购方式。这种采购方式既可以免去中间商的加价环节,又可以避免中途调包等事情的发生。

(2)间接采购。是指企业通过中间商,如批发商、代理商及经纪人等采购。

(3)委托采购。是指企业委托中间商采购,如委托代理商采购等。

(4)联合采购。联合采购目前在国内还不盛行,而在国外则非常流行。企业联合采购,一般是指中小企业为了取得规模采购的优势而采用的一种合作采购方法。联合采购就是汇集同行的企业向供应商集中订购。

5. 按采购地区划分

(1)国内采购。国内采购是指企业向国内供应商采购所需物资的一种行为,通常使用本币,无须动用外汇。当国内采购与国外采购的物资的品质与价格相同时,由于国内采购的安全存量较低、交易过程简单、售后服务较迅速,应以国内采购优先。国内采购分为本地市场采购和外地市场采购。在通常情况下,采购人员应首先考虑在本地市场采购,这样可以减少运输环节、节约时间、降低采购成本、保障物资供应;当本地市场不能满足需要时,再遵循就近原则从外地市场采购。

(2)国外采购。国外采购是指企业向国外供应商采购所需物资的一种行为。这种采购一般是直接向国外供应商或通过本地的代理商进行的。企业通过国外采购不仅可以采购到许多新颖、奇特物品,还可以制衡国内采购的价格,并且通常采取延期付款的方式,买方将因本币升值而得到外汇兑换利益;另外,国际性的企业往往规模较大,产品的品质也比较精良。不过国外采购由于文化、语言的隔阂及时空的差距,加上进口手续繁多,交货过程复杂,采购效率通常很低且所需要的安全存量较高,并且一旦发生交货纠纷,索赔困难,对于紧急交货的要求,通常也无法满足。国外采购一般应用于采购价格比国内低廉,或国内无法制造,或供应数量不足的物品。

6. 按照采购对象划分

采购的对象有产品、设备等实物,也有房屋、市政、环境改造等工程,还有其他的各种服务等。按照采购的对象可以把采购分成物品采购、工程采购、服务采购等。

(1)物品采购。物品采购包括原材料、协作件、零部件、半成品等的采购,也包括生产资料如机器设备的采购等。不同的物品对采购的时间、地点、价格、供应商等的要求是不同的,所需配套的物流运作和管理活动存在很大的区别。

(2)工程采购。工程采购是指通过招标或其他方式选择合格的承包单位来完成项目的施工任务,包括与之相关的人员培训和维修等服务,如等,属于有形采购。工程采购范围包括大型水利枢纽工程、城建工程、灌溉工程以及环境改造等一些大的工程项目,往往采用"交钥匙"方式。

小知识

"交钥匙"是国际商务方式之一。跨国公司为东道国建造工厂或实施其他工程项目,一旦设计与建造工程完成,包括设备安装、试车及初步操作顺利运转后,即将该工厂或其他工程项目所有权和管理权的"钥匙"依合同完整地"交"给对方,由对方开始经营。

(3)服务采购。服务采购是指除货物或工程以外的任何采购,包括专业服务,技术服务,维修、培训和加工服务,物流服务等劳务的采购,某些业务的外包也可看成服务采购。服务采购不同于普通的商品或原材料的采购,服务采购是无形的、无法实施存储的、可检查性差的、不能二次销售以及具有变异性的独特采购。

二、采购管理的基本知识

(一)采购管理的概念

企业采购服务于生产经营活动,并且以营利为目的,由此决定了企业采购面临着采购风险和投入产出问题,为了实现企业的经营目标,必须对企业采购活动和过程进行必要的计划、组织与控制,这就是采购管理。采购管理是企业管理的重要职能,也是企业专业管理的重要领域之一。简而言之,所谓采购管理就是指为保障企业物资供应而对企业采购活动进行计划、组织、指挥、协调和控制的系列活动的总称。企业采购是实现企业利益的重要环节,企业必须对采购工作实行有效的采购管理。

(二)采购管理的内容

为了实现采购管理的基本职能,企业的采购管理应当包括以下几个方面的内容。

1. 采购管理组织

采购管理组织是采购管理最基本的构成部分。为了做好复杂繁多的采购管理工作,企业需要建立一套合理的管理机制和一个精干的管理组织机构,要组织一些业务能力强的管理人员和操作人员。

2. 需求分析

需求分析,就是要弄清楚企业需要采购什么品种,需要采购的商品数量是多少,何时需要什么品种、需要多少等问题。企业的采购部门应当掌握企业的商品需求情况,制定商品需求计划,从而为制定出科学合理的采购订货计划做好最充分的准备。

3. 资源市场分析

资源市场分析是指根据本企业所需求的商品品种,分析资源市场的情况,包括对资源分布情况、供应商情况、质量情况、价格情况、交通运输情况等的分析。资源市场分析的重点是供应商分析和商品品种分析。

4. 制定采购订货计划

制定采购订货计划是指企业根据需求品种情况和供应商的情况,制定出切实可行的采购订货计划,包括确定供应商、供应品种、具体的订货策略、运输进货策略及具体的实施进度等,以解决什么时候订货、订购什么、订多少、向谁订、怎样订、什么价格、为什么订货等问题。

5. 实施采购订货计划

实施采购订货计划是指把采购订货计划分配落实到部门和个人,根据既定的进度实施。具体包括联系指定的供应商、进行贸易谈判、签订订货合同、运输进货、到货验收入库、支付货款及善后处理等。经过一个个具体活动过程,最终完成采购活动。

6. 采购评估

采购评估是在一次采购活动完成以后对这次采购的评估,或是月末、季末、年末对一定时期内的采购活动的总结评估。采购评估的目的在于评估采购活动的效果,总结经验教训,找出问题,提出改进方法等。通过总结评估,可以肯定成绩、发现问题、制定措施、改进工作,不断提高企业的采购管理水平。

7. 采购监控

采购监控是指对采购活动进行的监督和控制活动,包括对采购的有关人员、采购资金、采购商品活动的监控。

8. 采购基础工作

采购基础工作是指为建立科学、有效的采购系统,需要开展的一些基础建设工作,包括管理基础工作、软件基础工作和硬件基础工作。

其主要内容如下图。

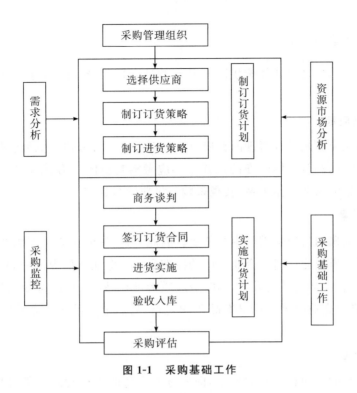

图 1-1 采购基础工作

(三)采购管理的职能

1. 采购决策

它是根据物料需要量的预测和生产计划的安排,在考虑各种影响因素的条件下,对采购活动涉及的各个方面作出科学的选择。

2. 采购计划

采购活动是大量的、经常的,采购计划是对采购活动作出具体细致的安排和规划,是采购活动的指导性文件。

3. 采购组织

它包括静态的组织和动态的组织,前者是指建立采购组织机构,明确采购权限和职责,配备相应的专业人员;后者是指对采购活动的组织,包括采购招标、货源组织、订货谈判、签订合同和组织交易等。

4. 采购控制

采购控制是指为了达到采购目标,对采购活动制定定额制度、工作程序、采购标准、验货条件,以及涉及采购过程的考核、监督评价和反馈等。

采购管理就是要通过计划、组织等手段使企业的采购活动规范而科学,使企业能以最适宜的价格在最适宜的时间获得最适宜的资源。此外,采购管理还是企业发展战略上的重要环节。企业通过对采购活动实施高质量的管理,就能在新产品开发或产品的重新设计、产品价值分析、产品定价、市场预测等方面获得来自市场的第一手信息,为决策提供正确的依据。

(四)采购管理的目标

采购管理的总目标是保证物资供应及其有效性。采购管理的目标可以归结为"五个合适"。

1. 合适的供应商

选择合适的供应商是采购管理的首要目标。对于采购方来讲,选择的供应商是否合适,会直接影响采购方的利益。供应商的选择主要应考察其整体实力、生产供应能力、信誉等,以便建立双方互信的长期合作关系,实现采购与供应的"双赢"。

2. 合适的质量

采购商进行采购的目的是满足生产需要。因此,为了保证企业生产的产品质量,首先应保证所采购材料的质量能够满足企业生产的标准要求。保证质量应该做到"合适":一方面,如果产品质量过高,会加大采购成本,同时造成质量过剩;另一方面,如果所采购的原材料质量太差,就不能满足企业生产对原材料品质的要求,从而影响最终产品的质量,甚至会危及消费者生命财产安全。

3. 合适的时间

采购管理对采购时间有严格的要求,即要选择合适的采购时间。所谓"合适"就是指既要保证供应不间断、库存合理,又不能出现过早采购,导致原材料积压,占用过多的仓库面积,加大库存成本。

4. 合适的数量

科学地确定采购数量也是采购管理的一个重要目标。在采购中,要防止超量采购和少量采购。如果采购量过多,易出现积压现象;如果采购量过少,则可能导致供应中断、采购次数增加,使采购成本增大。因此,采购数量一定要合适。

5. 合适的价格

采购价格的高低是影响采购成本的主要因素。因此,以"合适的价格"完成采购任务是采购管理的重要目标之一。如果采购价格过高,加大了采购方的生产成本,产品将失去竞争力,供应商也将失去稳定的客户,这种供需关系不会长久;但如果采购价格过低,供应商利润空间小,无利可图,将会影响供应商的供货积极性,甚至出现以次充好,以降低产品质量来维持供应的情况。

(五)采购与采购管理的区别和联系

采购与采购管理是有区别的。采购管理是对整个企业采购活动的计划、组织、指挥、协调和控制,是一项管理活动,它不但面向企业全体采购员,而且也面向企业其他组织管理人员(进行有关采购协调配合工作的相关人员),一般由企业的采购科(部)长、供应科(部)长、企副总(以下统称为采购科长)来承担。其使命是保证整个企业的物资供应,具备可以调动整个企业资源的权力。而采购是指具体的采购业务活动,是一项作业活动,一般由采购人员承担,只涉及采购人员个人,其使命就是完成采购部门布置的具体采购任务,其权力只限于调动采购部门的有限资源。

因此,采购与采购管理既有联系又有区别,见下表1-1。

表1-1 采购与采购管理的联系和区别

	采购	采购管理
联系	本身有具体的管理工作,属于采购管理	本身直接管理具体采购业务的每一个步骤、每一个环节和每一个采购员
区别	• 是具体的采购业务活动,是一项作业活动 • 只涉及采购员个人 • 采购员只能调动采购部的有限资源	• 是对整个采购活动的计划、组织、指挥、协调和控制活动,是管理活动 • 面向整个企业 • 采购科长可以调动整个企业的资源

任务二 采购业务流程与模式

导入案例

加入河北钢铁集团后,为适应全集团精细化管理的要求,宣化钢铁明确了降本增效的三个经营指标:第一,吨钢降采率;第二,提高竞争性谈判采购的比例;第三,树立公平、公正、公开的阳光采购理念,进行采购流程的精细化管理与创新。

"一直以来,集团对采购合规性的管理就比较重视。针对竞争性谈判的采购组织不同,采购金额不同,前后细分了14种左右的采购方式,比如'招投标采购、比价采购、公司商谈采购、处内商谈采购、续招标采购、续比价、续公司商谈、续处内商谈、公司零库存、处内零库存、公司包线、处内包线、厂家直购、价格小组定价'等。但也正是这么多采购方式,造成了采购方式的流程管理难。"宣钢采储公司领导坦言。

2012年,在进行"阳光采购管理体系"建设的时候,宣钢提出的重点要解决的三大采购管理盲点中,就有"采购方式,谈判定价流程"的管理。

"在对宣钢现行采购方式的调研中,我们发现宣钢十几种采购方式,在不同的采购单位之间缺乏明确定义和统一执行标准,比如每种采购方式的具体名称、采购流程、审核点,在不同的执行人之间,实际认识是不统一的,在具体操作过程中,大多是靠口头传达来执行。采购方式的定义不清晰,采购员执行不清,必然会造成采购方式流程管理难。"

宣钢和阳光采购管理系统项目实施团队经过反复研究,分别以文字化、图形化、管理结构化等方式进行交流与讨论,最终明确了按三个维度进行采购方式的整合和采购流程的规范。

维度一——采购组织者维度:分别是公司组织、处内组织、采购人员。

维度二——采购方式维度:将原来的十几种采购方式整合为五种,分别是招标、比价、厂家直购、续标(跟标)、独家谈判。

维度三——结算方式维度:分为四种,分别是零库存、包线、价格委员会定价、商量定价。其中,价格委员会是由财务部门牵头,审计部门,工会、福利厂、采购部共同成立的。而商量定价,则主要是针对宣钢内部支撑的第三产业、福利单位等的采购。

针对每种采购方式,分别规范了电子采购作业流程、审批流程。宣钢优化采购流程运营以来,不到半年,仅电子招投标项目就实现降采率达8.7%,为宣钢节约采购成本近400万元。目前宣钢公司其他科室也已经开始优化采购流程,为公司节约采购成本。

任务目标

通过本项目的学习,掌握采购业务的主要工作、业务流程以及采购的模式。

任务学习

一、采购业务流程

(一)采购部门的主要工作

(1)制定并完善采购制度和采购流程;
(2)制定并实施采购计划;
(3)根据公司的发展和实际需要,预算和控制采购成本;
(4)选择并管理供应商;
(5)本部门建设工作。

(二)采购业务流程图

公司类型不同,具体的采购流程可能各不相同,但总的来说,按照采购业务的内容,采购业务流程大致如下:

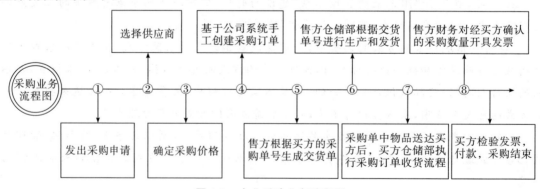

图 1-2　企业采购业务流程图

项目一 走进采购

二、采购的方式

(一)招标采购

小知识

什么情况下适合招标采购

招标采购是一种特殊的采购方式,花的时间比较长,要做很多的准备。显然不是所有的采购都需要招标,分两种情况。第一种是国家法律法规规定,必须采用招标的,主要是针对国有企业、政府,还有就是花政府的钱做采购,这些在《中华人民共和国招标投标法》(简称《招标投标法》)里有非常明确的规定。第二种是法律法规没有强制招标的情况。通常来说,在建设项目重大,新企业寻找长期供应商,采购批量比较大的时候使用招标形式。市场竞争比较充分,有较多可以选择的供应商,这种情况下采用招标会比较有效。

《中华人民共和国招标投标法》摘录

第三条 在中华人民共和国境内进行下列工程建设项目包括项目的勘察、设计、施工、监理以及与工程建设有关的重要设备、材料等的采购,必须进行招标。

(一)大型基础设施、公用事业等关系社会公共利益、公众安全的项目;

(二)全部或者部分使用国有资金投资或者国家融资的项目;

(三)使用国际组织或者外国政府贷款、援助资金的项目。

前款所列项目的具体范围和规模标准,由国务院发展计划部门会同国务院有关部门制定,报国务院批准。法律或者国务院对必须进行招标的其他项目的范围有规定的,依照其规定。

当然,法律也规定可以不采用招标的形式。

2012年2月1日实施的《中华人民共和国招标投标法实施条例》摘录

第九条 除《招标投标法》第六十六条规定的可以不进行招标的特殊情况外,有下列情形之一的,可以不进行招标。

(一)需要采用不可替代的专利或者专有技术;

(二)采购人依法能够自行建设、生产或者提供;

(三)已通过招标方式选定的特许经营项目投资人依法能够自行建设、生产或者提供;

(四)需要向原中标人采购工程、货物或者服务,否则将影响施工或者功能配套要求;

(五)国家规定的其他特殊情形。

1. 招标采购的概念

招投标制度源于英国,最初作为一种"公共采购"或"集中采购"的手段出现。在经济发达的现代国家,政府通过立法,在政府出资的项目建设中强制实行招标投标制。由于其公开、公平和公正的特点,招标投标制得到了广泛的使用,在货物购买、建筑工程承包、租赁、技术转让等领域发挥重要的作用。

招标采购是指采购方作为招标方,事先提出采购的条件和要求,邀请众多企业参与投标,然后由采购方按照规定的程序和标准一次性地从中选择交易对象,并与最有利的投标方签订协议等。整个过程要求公开、公正和择优。招标采购是政府采购最通用的方法之一。

招标采购可分为竞争性招标采购和限制性招标采购。其主要的区别是招标的范围不同,一个是向整个社会公开招标,一个是在选定的若干个供应商中招标。除此以外,其他的在原理上都是相同的。一个完整的竞争性招标采购过程由供应商调查和选择、招标、投标、开标、评标、决标、合同授予等阶段组成。

2. 招标采购分类

根据《中华人民共和国招标投标法》的规定,招标方式分为公开招标和邀请招标两种,这主要是为了规范政府公共项目,达到政府公共项目采购公平、公正、透明的要求而作出的规定。从国际招标类型来看,除了这两种,还有其他一些类型的招标方式,如议标、两阶段招标等。

(1)公开招标。公开招标是指招标人以招标公告的方式邀请不特定的法人或者其他组织投标。即由招标人在报刊、电子网络或其他媒体上刊登招标公告,吸引众多企业单位参加投标竞争,招标人从中择优选择中标单位。这是一种竞争性招标,可分为国际竞争性招标和国内竞争性招标。

公开招标的优点。

①公平。公开招标,使对该招标项目感兴趣又符合投标条件的投标者都可以在公平克争条件下,享有中标的权利与机会。

②价格合理。基于公开竞争,各投标者凭其实力争取合约,而不是由人为或特别限制规定售价,价格比较合理。而且公开招标,各投标者自由竞争,因此招标者可获得最具竞争力的价格。

③改进品质。因公开招标,各竞争投标者的产品规格或施工方法不一,可以使招标者了解技术水平与发展趋势,促进其品质的改进。

④减少徇私舞弊。各项资料公开,经办人员难以徇私舞弊,更可避免人情关系。

⑤扩大货源范围。透过公开招标方式可获得更多投标者的报价,扩大供应来源。

公开招标的缺点。

①采购费用较高。公开登报、招标文件制作与印刷、开标场所布置等,均需花费大量财力与人力。

②手续烦琐。从招标文件设计到签约,每一阶段都必须周详准备,并且要严格遵循有关规定,不允许发生差错,否则容易引起纠纷。

③可能产生串通投标现象。凡金额较大的招标项目,投标者之间可能串通投标,作不实报价或任意提高报价,给招标者造成困扰与损失。

④其他问题。投标人报出不合理的低价,以致带来偷工减料、交货延误等风险。招标人事先无法了解投标企业或预先进行有效的信用调查,可能会衍生意想不到的问题,如供应商倒闭、转包等。

一般来说,由于公平竞争性的要求,政府部门往往会采用公开招标方式来选定供应商或承包商。

(2)邀请招标。即由招标单位选择一定数目的企业,向其发出投标邀请书,邀请他们参加招标竞争。应邀单位在规定的时间内向招标人提交投标意向,购买招标文件进行投标。

邀请招标的优点以及问题。

①节省时间和费用。这种招标方式与公开招标方式的不同之处在于它允许招标人向有限数目的特定法人或其他组织(供应商或承包商)发出投标邀请书,而不必发布招标公告,招标文件直送几家供应商,投标有效期大大缩短,这对采购那些价格波动较大的商品非常必要,可以降低投标风险和投标费用。

②比较公平。因为是基于同一条件邀请单位投标竞价,所以机会均等。虽然不像公开招标那样不限制投标单位数量,但公平竞争的本质相同,只是竞争程度较低而已。

③减少徇私舞弊,防止串通投标现象。

邀请招标的缺点和可能带来的问题。

由于竞争对手少,招标人获得的报价可能并不十分理想。由于采购方对供应市场了解不够,可能会漏掉一些有竞争力的供应商或承包商。所以采用邀请招标方式的前提条件是招标方对市场供需情况比较了解,对供应商或承包商的情况也比较了解。

3. 招标采购的实施方式

(1)委托招标。委托招标,就是招标人委托招标代理机构,在招标代理权限范围内,以招标人的名义组织招标工作。作为一种民事法律行为,委托招标属于委托代理的范畴。招标代理机构是依法设立、从事招标代理业务并提供相关服务的社会中介组织。

招标代理机构受招标人委托,代为组织招标业务活动,并提供相关服务,因此招标代理机构只能在招标人委托的范围内办理招标事宜。招标人可以根据招标项目,如货物采购、工程建设和各类服务性招标项目的性质内容和要求,确定委托范围。招标人如委托招标机构招标,必须委托具有相应资格的招标代理机构,招标人具有选择招标代理机构的自主权。

(2)自行招标。《招标投标法》对招标人自行招标给予了肯定,同时对自行招标规定了一定的约束条件,即必须具有编制招标文件和组织评标的能力,如果这两个基本条件能满足就可以不必委托招标代理机构。编制招标文件和组织评标是招标投标过程中的关键环节,招标文件是整个招标过程所要遵循的基础性文件,也是投标和评标的依据。能否编制出完整、严谨、准确的招标文件,直接影响招标投标的质量和成败,决定评标程序是否科学规范,投标文件的评审和比较以及中标人的确定是否公正、合理。

4. 招标的程序

一般来说,招标过程主要包括招标前准备、刊登招标公告(或投标邀请书)、资格预审、发售招标文件、投标、开标、评标、中标等内容。

(1)招标前准备。在项目招标前,招标人应办理有关的审批手续,拟订招标方案和编制招标文件,编制标底等。

招标文件是供应商准备投标文件和参加投标的依据,同时也是评标的重要依据,是签订合同所遵循的依据,其大部分内容要列入合同中。因此,准备招标文件是非常关键的环节,它直接影响到采购的质量和进度。《招标投标法》第十九条规定,"招标人应当根据招标项目的特点和需要编制招标文件",招标文件应该包含招标项目的技术要求、对投标人资格审查的标准、投标报价要求和评标标准等所有实质性要求和条件以及拟签订合同的主要条款。编制的招标文件主要包括下面部分:

①招标概况

②投标人须知

③投标文件编制

④技术标书编制要求

⑤商务标书编制要求

⑥投标保证金

⑦无效标书条件

⑧投标书的更改与撤回

⑨差错修正

⑩投标书澄清

⑪评标、定标、中标通知书

⑫合同签署

⑬履约担保

⑭其他内容

(2)刊登招标公告。采购企业在正式招标之前,应在政府采购主管部门指定的媒体上刊登公告,从刊登公告到参加投标要留出充足的时间,让供应商准备投标文件。

招标公告根据招标方式不同而略有差异。

公开招标公告应当包括下列内容。

①采购人、采购代理机构的名称、地址和联系方式;

②招标项目的名称、用途、数量、简要技术要求或者招标项目的性质;

③供应商资格要求;

④获取招标文件的时间、地点、方式及招标文件售价;

⑤投标截止时间、开标时间及地点;

⑥采购项目联系人姓名和电话。

邀请招标资格预审公告应当包括下列内容。

①采购人、采购代理机构的名称、地址和联系方式;

②招标项目的名称、用途、数量、简要技术要求或招标项目的性质;

③供应商资格要求;

④提交资格申请及证明材料的截止时间及资格审查日期;

⑤采购项目联系人姓名和电话。

(3)资格预审。在发售招标文件之前,招标人通过资格预审选择合适的投标者参加竞标,其流程如下图。

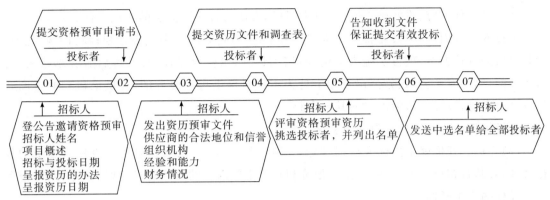

图1-3 资格预审流程图

(4)发售招标文件。招标文件向经过资格预审的供应商发售,可采用邮寄的方式,也可以让供应商或代理商在规定的发售日期前来购买领取。如果采取邮寄的方式,要求供应商在收到招标文件后告知招标机构。

招标人如果需要对已经发出的招标文件进行修改或者澄清,应该在招标文件要求提交投标书截止日期至少15日前,以一定的书面格式形成招标文件修正书发给投标者,为了便于查阅,格式带有序号。同时,每一份招标文件修正书发出时都包含一张回执,投标人在该回执上签字后立即将回执返还给招标人。

在投标期间如需要对招标文件进行解释、修正、补充或删除,均按照上述步骤进行,这些修正书会作为招标文件和后期合同文件的一部分。投标人如果不返还回执,最后可能需退回该公司标书,此事在投标人须知中应予强调。

在投标后期尽量避免变更招标文件,如果没有办法避免,招标人可酌情延长递交投标文件截止时间,以便给投标人足够的时间准备。

(5)投标。投标是与招标相对应的概念,是指投标人应招标人特定或不特定的邀请,按照招标文件规定的要求,在规定的时间和地点主动向招标人递交投标文件并以中标为目的的行为。

投标的基本做法是投标人首先取得招标文件,认真分析研究后,编制投标文件。投标文件是投标者投标的全部依据,根据招标文件要求提供的内容和格式进行准备。投标文件应该包含:投标函;投标人资格、资信证明文件;投标项目方案及说明;投标价格;投标保证金或其他形式的担保;招标文件要求具备的其他内容。

投标文件分为资格证明文件、商务文件、技术文件,资格证明文件和商务文件均提供正本1份、副本7份,技术文件需提供正本1份、副本7份。投标文件装订成册,封面均加盖单位公章及法人或授权委托人签字或盖章。

①资格证明文件内容(所涉及资格证明的材料原件均需带至开标现场备查,允许提供公证件):投标方企业的全称、过往案例简介、企业的组织结构;投标人资格声明(格式附后);有效的营业执照或法人证书副本复印件;税务登记证复印件;法人授权委托书复印件(法人授权委托书原件与投标文件一起递交);法人代表或法人授权委托人身份证复印件;其他(投标人认为需投递的其他资格证明文件)。

②商务文件内容：投标函；开标一览表；投标人认为有必要提供的其他文件。

③技术文件内容：项目完整的技术解决方案；项目建设的详细实施计划；项目验收之前、验收之后的维护方案；项目实施人员情况；培训计划；供应商以往业绩；售后服务承诺表；售后服务网点，如有子公司、分公司或办事处为本项目提供售后服务的，提供该机构的工商登记证书复印件；投标人认为需要的其他资料。

④投标保证金和投标有效期及签署。

(6)开标。开标就是招标人依据招标文件的时间、地点，当众开启所有投标人提交的投标文件，公开宣布投标人的姓名、投标报价和其他主要内容的行为。开标时，以电传、电报等方式投标的不予开标。

在规定的正式开标日期和时间，招标人在开标以前应检验并展示每份标书的密封情况，确认无误后，由有关人员当众打开，当打开每一份标书的封套时，采购方应宣读投标人的姓名、投标价格以及其他内容。

此后，应宣布迟到或未收到投标文件的投标人姓名，并取消其投标资格。开标过程中应检查投标文件的完整性。上述情况均应当场记录，并由开标人及旁证人签字。开标时的旁证人一般应是采购方的高级成员，通常要由两位旁证人签字，存档备查。

(7)评标。评标是指依据招标文件设定的标准和要求，对投标文件所进行的审查、评审和比较，以便最终确定中标人的行为。投标方根据招标采购物品的特点依法组成一个评标委员会。评标委员会由招标人负责组织，成员人数为 5 人以上(含 5 人)的单数，其中技术、经济等方面的专家不得少于成员总数的三分之二。

自正式开标的时间起，一直到招标人决定签订合同，并通知有关投标人为止，或者一直到投标有效期期满为止，先达到条件，即为评标期。

在评标过程中，应对标书中的计算正确性、错误和遗漏之处进行检查，采购方应对明显的高价或低价标书作适当调整。应事先确定评标的主要因素和方法，以使标书的评价和比较工作能够得出客观的结论。一般来说，评标工作应考虑财务、技术、合同及人员等因素，经过综合全面的分析得出评价意见。

(8)中标以及签订合同。评标委员会完成评标后，应当向招标人提出书面评标报告，并抄送有关行政监督部门。评标报告应当如实记载以下内容：基本情况和数据表；评标委员会成员名单；开标记录；符合要求的投标一览表；废标情况说明；评标标准、评标方法或者评标因素一览表；经评审的价格或者评分比较一览表；经评审的投标人排序；推荐的中标候选人名单与签订合同前要处理的事宜；澄清、说明、补正事项纪要。

采购方根据评标报告最后决定中标者，寄发给选中的投标人一封中标函，一般包括认可的标价和合同文件。可能需提醒投标人提供履约担保、保险和进度表。

供应商接到中标函之后，作为中标者应向采购方提供履约担保，双方按照正规方式在合同上签字以后，合同即行生效。很多情况下，需要有一份正式协议书，其主要目的是宣布一项声明，在法律上形成合同的基本事实并受法律保障。协议书必须经过双方签字并有旁证才能生效。

项目一　走进采购

合同签订后招标人应将投标保证金退还所有投标人。

（一）比价采购

所谓比价采购又称为限定厂商公开招标，是指在买方市场条件下，在选定两家以上供应商基础上，由供应商公开报价，最后选择报价最低的企业作为供应商的一种采购方式。这种采购方式主要适用于对采购物品的供应来源相当清楚、对物品的品质要求远胜于价格因素的企业，或者需要采购紧急或机密性物品且不宜公开招标的企业。

1. 比价采购的优点

(1)节省时间和费用。由于比价采购不需要登公告，比较节省时间，同时因为事先已明确供应商，因此可节省资料收集和规范设计的时间，降低工作费用。

(2)比较公平。比价采购基于同一条件邀请各厂商投标竞价，因此对于各厂商来说机会都是均等的。虽然与公开招标采购相比竞争程度较低，但公平竞争的本质相同。

(3)减少弊端。比价采购的方式虽然需事先了解可能参加报价的厂商，但竞标厂商最终要取得采购合同仍需竞争才能决定，因此比价采购有一定的公开性和透明性，可减少采购过程中的一些弊端。

2. 比价采购的缺点

(1)可能造成供应商合谋。在比价采购中，由于供应商的数量有限，因此各厂商之间可能事先分配或轮流供应，使得供应商合谋的机会较大，从而不能做到真正竞价或合理报价。特别是在厂商规模不一、竞争能力有一定差异的情况下，小厂商可能被大厂商操纵。

(2)可能造成抢标。

(3)采购物品规格不一。

（二）议价采购

所谓议价，是指由买卖双方直接讨价还价实现交易的一种采购行为，议价采购一般不进行公开竞标，仅向固定的供应商直接采购。

议价采购的程序一般分为两步：第一步，由采购商向供应商分发询价表，邀请供应商报价；第二步，在报价的供应商中选定满意的厂商，在其价格基本达到标准时，即可签订采购合同，完成采购活动。议价采购主要适用于需求最大、质量稳定、定期供应的大宗物资的采购。

1. 议价采购的优点

(1)节省采购费用。由于议价采购不必登公告和制作标单，也不需要事先确定统一条款，只需提出主要要求及需求量即可，因此可以节省一定的采购费用。

(2)节省采购时间。由于公开招标采购或比价采购需事先登公告或通知，因此必须有等标时间或让厂商有筹划时间，开标后又必须对所报的规范、条款及价格计算方式进行分析比较，在参加投标的厂商众多时，一般都无法当场决定。而议价采购同这两种采购方式相比则无此种现象，可以节省不少时间。

(3)减少失误，增加弹性。议价采购方式下可逐个同供应商面对面地进行分析谈判，减少采购过程中的失误,如有失误,也可立即更正,不必重新办理,同时可依据环境变化,对采购规格、数量及价格作灵活调整。

(4)可与供应商发展互惠关系。在议价采购方式下,买卖双方可利用交易行为从事其他有利于双方的活动,如产品交换、市场推广、技术交流和人员互补等,同时也可以建立长期的合作关系。

2. 议价采购的缺点

(1)价格偏高。议价采购同比价采购或招标采购相比由于厂商之间缺乏相互竞争,所以不能以供求关系决定价格,容易造成采购价格偏高。

(2)缺乏公开性,信息不对称。因为议价采购一般是事先个别通知,而非公开征求,可能有品质更佳、成本或价格更低的厂商,而企业却不能获悉。

(3)容易形成不公平竞争。由于议价采购方式是通过企业向少数供应厂商询价,因此其他可能的供应厂商会失去公平竞争的机会。

(4)易滋生弊端。因为议价只是由采购代表同供应商进行洽商,采购代表容易受对方利诱,作出不当的承诺。

(三)竞争性谈判采购

竞争性谈判是采购人向符合相应资格条件的多家(一般不少于三家)供应商或承包人发出谈判文件,分别通过报价、还价、承诺等谈判商定价格、实施方案和合同条件,并依据谈判文件确定的采购需求及质量和服务要求,且遵循报价最低的原则(政府采购的原则)从谈判对象中确定交易对象的采购方式。

适用特点和条件:受采购时间、技术标准、市场范围限制,采购供应双方对采购物及对方意图都缺少了解,采购人只能通过与有限和特定的供应商或承包人进行灵活、充分的谈判,才能充分而正确地表达、沟通与确定采购的意图要求、供应服务的能力、实施方案及其技术标准规格,从而选择满意的采购物及交易对象。与招标采购相比,谈判采购程序简单,周期短,可以避免盲目竞争。但是,谈判采购竞争性弱、透明性、规范性差,容易作弊。

政府采用竞争性谈判采购的四项条件:招标失败、不能确定详细技术规格要求、采购时间紧迫、无法计算价格总额。

(四)单一来源采购

单一来源采购是采购人直接与唯一的供应商进行谈判,商定价格和合同条件的采购方式,也称直接采购。

适用特点和条件:与竞争性谈判采购相似,程序更加简单,没有竞争性。

政府采用单一来源采购的三项条件:唯一供应商、不可预见的紧急采购、与原有项目、服务一致和配套。

招标、询价、比选、磋商通常是卖方竞争的采购方式。

（五）竞买

竞买是采购人通过参加拍卖向拍卖人发出竞买表示，从而达成交易的采购方式。竞买通常是买方竞争的采购方式。

竞买适用于采用拍卖方式选择标的购买者的采购，价格是选择购买人的唯一竞争因素，无需考虑购买人实施能力和方案。

任务三　采购组织设置与职责

任务目标

通过本项目的学习，掌握采购组织的含义、职能、类型，了解采购岗位设置，掌握采购人员应该具备的素质以及如何选拔采购人员。

任务学习

一、采购组织概述

（一）采购组织的含义

采购组织是指为了完成企业的采购任务，保证企业生产经营活动顺利进行，由采购人员按照一定的规则组成的一种采购团队。无论生产企业还是流通商贸企业，都需要建立一支高效的采购团队，通过科学采购降低采购成本、保证质量和时间，进而保证企业生产经营活动的正常进行。

（二）采购组织的职能

1. 凝聚或目标职能

采购组织的凝聚力的表现就是凝聚功能；凝聚力来自目标的科学性与可行性。采购组织要发挥凝聚功能，必须具备以下三个条件：

①明确采购目标及任务；

②良好的人际关系与群体意识；

③采购组织中领导的导向作用。

2. 协调功能

采购组织的协调功能是指正确地处理采购组织中复杂的分工协作关系。这种协作功能包括两个方面：一是组织内部的纵向和横向关系的协调，使之密切协作、和谐一致；二是组织与环境关系的协调，采购组织能够依据采购环境的变化，调整采购策略，以提高对市场环境变化的适应能力和应变能力。

3. 制约功能

采购组织是由一定的采购人员构成的,每一成员都承担职能,也有相应的权利、义务和责任。通过这种权利、义务、责任组成的结构系统,对组织的每一成员的行为都有制约作用。

4. 激励功能

采购组织的激励功能是指在一个有效的采购组织中,应该创造一种良好的环境,充分激励每一个采购人员的积极性、创造性和主动性。因而,采购组织应高度重视采购人员在采购中的作用,通过物质和精神的激励,使其潜能得到最大限度的发挥,以增强采购组织的激励功能。

二、采购组织的类型

一般管理组织结构可分为直线制、直线职能制、事业部制和矩阵制,它们各有各的特点,分别适用不同的情况,企业应根据自身的情况选择合适的组织结构形式。

(一)直线制采购组织结构

直线制是由一个上级主管直接管理多个下级的一种组织结构形式,这种组织结构形式优越性的基础就是可以直接命令。这种结构可以加大管理控制的强度,加大管理责任强度,实现交互而使得管理更贴切实际,实现个性化管理。这种结构的采购组织适用于小型企业的采购管理,由采购经理直接管理采购员,如下图。

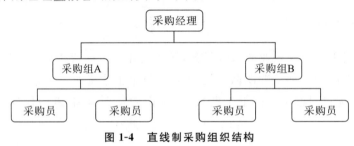

图 1-4　直线制采购组织结构

(二)直线职能制采购组织结构

直线职能制就是在直线制的基础上,再加上职能制,承担管理的职能。

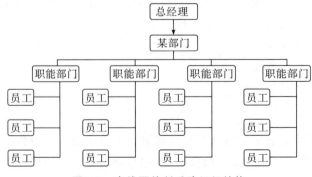

图 1-5　直线职能制采购组织结构

（三）事业部制采购组织结构

事业部就是以某项事业为核心组成的一个从决策到执行的全过程比较齐全、精悍、便捷、高效运行的管理系统。事业部制的基本特点是以事业为核心，管理决策程序精而全，因而运行效率高。这里所谓事业，是指某种专一化的职能，例如专营某种产品，或者专营某个市场，或者专营某种职能。采购事业部是专门进行采购管理、包含与采购有关的各种事务处理、审批、决策在内的一个小而全、效率高的处理组织机构。在这个机构内，权力相对集中，所有的采购事务处理、决策，全都可以在部内解决，避免了跨部处理、逐级上报审批等麻烦手续，可以节省大量处理时间、提高工作效率。公司只对事业部的发展方向、规模、业绩、主要财务、主要人事等进行大方向控制，不参与具体事务的管理和控制。

这种采购组织是一种集中化与分散化相结合的组织结构，各事业部实行的是集中采购，从公司的角度看则是分散化采购，也就是说把公司的采购权下放到各事业部。

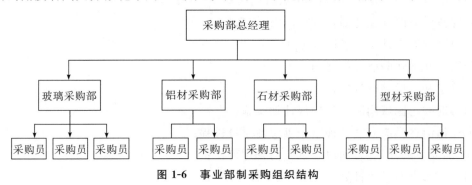

图 1-6　事业部制采购组织结构

（四）矩阵制采购组织结构

矩阵制采购组织具有临时性，是为了完成一个指定的任务（项目）由各个方面的人员临时组合起来的一个管理组织机构。其基本构成如下图所示。在采购任务执行过程中，来自各个职能科室的人员受小组直接领导，同时也受原科室的职能业务指导和协助。本项目完成后，项目的采购小组任务也结束，小组解散，人员各自回自己原来的科室。

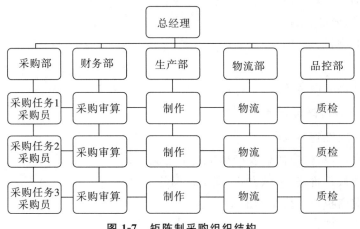

图 1-7　矩阵制采购组织结构

（五）采购组织岗位设置及其职责

采购人员是企业采购工作的执行主体。采购本身是一门包容和涉及管理、贸易、法律、保险、制造、材料、工程技术、计划控制、贮运、物流管理等多项复杂专业的管理科学。鉴于采购科学本身的复杂性，以及在企业经营和管理中采购管理的重要地位，因此，在现代企业管理中，采购管理应是由具备专业知识和技能的专业人员来承担的专业工作。

为保证采购工作的顺利进行，企业应该建立一个高效、团结协作的采购团队来完成企业的采购任务。下面是某公司的采购部门的岗位以及岗位职责。

1. 采购总经理岗位职责

（1）确保产品供应持续，并提供支持；

（2）开发并管理新的供应商，商谈采购条款；

（3）对供应商的表现进行评估，并确保工艺；

（4）准备供应商开发计划，并改善其整体水平；

（5）协助并界定开发手段以及方法；

（6）维护并加强职能部门之间的关系；

（7）善于和工厂进行沟通；

（8）协助并与区域团队合作确保计划实施；

（9）评估潜在供应商并管理整个供应商质量过程；

（10）确保采购计划、合同以及供应商管理可控；

（11）开发，创造采购计划，评审采购文件。

2. 采购主管岗位职责

（1）分派采购人员及文员的日常工作；

（2）负责主要原料或物料的采购，或者是针对一些公司各个项目公用的大量原材料采购谈订长期合同；

（3）协助采购人员与供应商谈判价格、付款方式、交货日期等；

（4）追踪采购进度；

（5）督导保险、公证、索赔；

（6）审核一般物料采购案；

（7）市场调查；

（8）定期开展供应商考核。

3. 采购员（buyer）岗位职责

（1）主经办一般性物料采购；

（2）查访厂商，考察供应商以及产品生产工艺流程；

（3）与供应商谈判价格、付款方式、交货日期等；

（4）要求供应商执行价值工程的工作；

（5）确认交货日期；

(6)处理一般索赔案件；

(7)处理退货；

(8)收集价格情报及替代品资料。

4. 采购文员岗位职责

(1)请购单、验收单登记；

(2)订购单与合约的登记；

(3)交货记录及稽催；

(4)访客的安排与接待；

(5)采购费用的申请与报支；

(6)进出口文件及手续的申请；

(7)电脑作业与档案管理；

(8)承办保险、公证事宜。

四、采购人员应具备的素质和选拔

(一)采购人员应具备的素质

采购活动涉及大量资金的流动和各方面的利益关系，企业采购活动很容易被利用来假公济私、行贿受贿，以谋求私利。采购人员必须具备与工作复杂性相适应的素质和能力，要通过专业化的工作和能力培训达到甚至超过与企业和市场要求相适应的水平。一个合格的采购人员需要具备良好的综合素质，如下表：

表 1-2 采购人员的素质要求

品德方面	正直高尚的个人品质 良好的职业道德，不利用工作之便牟取私利，拒绝接受供应商的任何个人馈赠 虚心、诚心、耐心
知识方面	采购管理专业知识 财务管理、法律知识 对所负责商品的专业知识 对供应市场熟悉 掌握特定的语言
能力方面	价值分析能力，有良好的成本控制意识 逻辑分析能力 预测、决策能力 灵活、团结，善于沟通和交流，有良好的谈判能力 良好的身体素质和心理素质，良好的人际关系处理能力

(二)采购人员的选拔

采购人员的选拔是企业的一项重要的人力资源的配置，选拔的标准就是上述采购人员的总体素质要求。

1. 良好的气质

气质指影响人的心理活动和行为的个性特征,也就是人们常说的脾气、性情。采购工作是一项与人打交道的工作,所以采购人员应该待人真诚、稳重,容易理解别人,这样对采购工作有热情、善于交际,才有利于工作的开展。

2. 性格

性格是人在对他人或外界事物的态度和行为方式上所表现出来的特征,是个人对外界的态度和习惯化的行为方式的表现。通常将人的性格划分为外向型性格和内向型性格。从采购工作的要求来看,外向型性格比内向型性格更具优势。

3. 能力

能力是指人完成某种活动所必备的个性心理特征。人的能力分为一般能力和特殊能力。一般能力是人的基本能力,如观察能力、记忆能力、思维能力、想象能力等;特殊能力指从事某种专业活动的能力,采购人员除了具备一般能力以外,还应该具备进行采购工作的特殊能力,比如发现新客户的能力、交往洽谈的能力、协调能力等。

任务四 现代采购管理的发展趋势

开利中央空调玩转"全球采购"

开利公司是全世界最大的暖通空调设备和系统的供应商。基于全球采购的流程,并经过不断的探索和经验总结,开利在供应商管理、质量管理和物流管理几个方面进行了优化,逐渐形成了开利风格的管理模式,致使开利能够在行业内立于不败的地位,体现在以下几个方面。

原材料采购

凡是上游厂商生产出来的最终产品都可以称作原材料,对于采购人员来说,最重要的是要了解并完全掌握上游原材料市场。近几年,铜价格出现了几十年来罕见的大幅上涨,对于生产用铜的下游企业而言,国内铜材供应市场形势更为严峻。开利公司作为大型的制造企业,对铜的需求每年呈强劲增长趋势,2011年已达到65万吨之多。

开利公司利用期货平台主要做一些买入保值,在价格低时买入,在采购现货时对相应数量期货头寸平仓,用期货的收益弥补现货采购价格差异。这样就可以将材料价格控制在预算价格范围之内。而期货平台具有专业性强、经验丰富、信息共享充分等优势,对事业部的期货操作将会起到很好的指导作用。开利公司利用期货平台进行套期保值,对于用量大的铜、铝进行一定比例的锁定,从而固化经营成本。同时利用该平台,对原材料市场走势进行深度分析,适时改变事业部的采购策略,从而使采购成本最优化。再就是将得到的市场信息充分传递给供应商,鼓励并指导供应商进行相应的套期保值工作,使整个供应链上下游环节具备更强的抗风险能力。

项目一　走进采购

供应商管理的优化

开利全球采购部门拥有200多家供应商,在管理供应商时,对供应商发展方面做了优化,开利认为"加强对供应商的培训,是一件双赢'的事情"。开利并不是对每一家供应商都进行培训,既不选择最差的供应商,也不选择最好的,而选择一些具有发展潜力和上升空间的,并且有意愿对自身进行改进的供应商。CF制冷有限公司是家位于江苏常州市的大型私营企业,为空调和冰箱提供冷凝器和蒸发器。它主要的客户除了开利之外还有伊莱克斯、三星、LG、海尔和美的,这家企业一年的产值在10亿元左右。

开利的质量人员参观CF工厂时发现生产线上存在一定的问题,如工厂的布局不合理、生产开利产品的流程不合理、关键岗位操作工的工位不合理等,开利的质量工程师遂向CF的高层管理人员提出这些问题,并表现出迫不及待想改进的态度。应CF的要求,开利人员针对现场发现的种种问题,对症下药,为其制定了一套全面的改进方案,之后就开展了一项名为"KAIZEN"(改善)的质量发展活动。KAIZEN最初是一个日本管理概念,指逐渐、连续地改善。

开利为供应商提供了他们没有的东西,而其他公司只会表示供应商要去改善,还有些公司甚至为供应商提供有偿培训服务。事实上供应改善后的成本下降也会给开利带来成本的下降,这就是双赢。

质量管理的优化

质量是企业的利润源泉,也是企业的永恒主题,开利为了帮助自己的供应商,经常会组织一些质量研讨会,邀请供应商共同参与讨论,寻找企业自身存在的问题和持续发展之道。每年年末,开利还会举行优秀供应商评选,表彰其一年里面为开利作出的贡献,并鼓励他们在来年内继续以优异的质量与开利保持合作和发展的关系。而开利追求的是与供应商良好的合作关系,在对供应商的质量控制方面不是依据单向有利的原则,而是寻求互利共赢。开利全球采购部门在对供应商的质量管理上,加强了基础质量数据的统计和分析,目的是对零部件、过程、产品形成可追溯性的文件,同时通过这些记录进行计算和分析,达到发现问题和及时采取纠正及预防措施的目的。

(资料来源于网络,作者有改动)

任务目标

通过本项目的学习,理解现代采购内涵较传统采购发生了哪些变化,同时了解现代采购发展的趋势。

任务学习

世界经济的发展促使企业步入全球化进程,各国经济相互依赖程度日益加深。另外,互联网和信息科技的发展对传统的资源配置方式,产业的组织形式、发展模式和竞争模式也都产生了重要而深刻的影响。在全球化和科技进步的双重力量的作用下,传统观念和新观念得到了进一步融合,采购内涵逐步发生了改变,采购方式和模式也得到了不断创新。

一、采购内涵的改变

传统采购是企业一种常规的业务活动过程,即企业根据生产需要,首先由各需要单位在月末、季末或年末,编制需要采购物资的申请计划;然后由物资采购供应部门汇总成企业物资计划采购表,报经主管领导审批后,组织具体实施;最后,所需物资采购回来后验收入库,以满足企业生产的需要。由于采购过程中的采供双方信息不对称、质量控制过程不透明以及供应商服务不到位等,传统采购存在市场信息不灵、库存量大、资金占用多、库存风险大的不足,经常可能出现供不应求,影响企业生产经营活动正常进行,或者库存积压、成本居高不下的情况,影响企业的经济效益。

随着采购业务的不断发展,采购职能在企业运作和社会发展中的作用也日益重要。经济全球化、信息技术等浪潮的到来,也促使传统采购活动发生根本的转变。新时代赋予了采购新内涵,新内涵体现了新的经济模式对采购的要求,也体现了企业运作模式的改变。

现代采购内涵与传统采购内涵的比较如下表。

表1-3 传统采购与现代采购的内涵对比

传统采购的内涵	未来采购的内涵
采购功能	货物搜寻
物料需求	顾客需求
供应厂商	外部资源
价格第一	利润第一
官僚架构	竞争优势
敌对关系	策略联盟
压迫降价	联合成本管理

二、采购模式发生变化

在传统采购模式当中,企业往往将主要精力放在与供应商讨价还价中,而对产品质量、交付货等环节大多事后把关控制,这种采购模式已难以跟上现代企业发展脚步。全球化和信息技术的快速发展,在一定程度上会促进企业管理的发展。此背景下的采购管理在采购理念、采购方法、采购手段和采购平台上不断创新及转换思维,采购领域内出现了很多新事物或新模式,改变着大多数行业,使得行业发展进入新生态。

(一)全球化采购日益普遍

全球采购是指利用全球的资源,在全世界范围内去寻找供应商,寻找质量最好、价格合理的产品。全球采购不同于传统采购,除了采购数量大、地区范围广而外,其最重要的特征是在供应链思想指导下,利用现代信息技术和物流技术等先进的技术与手段,打破企业界限和国家、民族界限,在全球范围内寻找供应商,采购质量最好、价格合理的物资及生产资料,以保证产品的总成本最低。全球采购是战略采购,采购方着力于建立并提高对供应方的影响力,与供应商维持长期合作关系,驱动供应方进行技术革新和产业升级,来创造新的价值

项目一　走进采购

或降低整个供应链的总成本。

我国改革开放以后,特别是在加入世贸组织后,经济实现了更加快速稳定的增长,已成为世界第二大经济体、第一大出口国和第二大进口国。中国入世10年在进出口总额上,比加入世贸组织前24年增长了3.8倍,中国的出口额增长了4.0倍,中国的进口额增长3.6倍;入世10年,中国进出口贸易年均增长21.6%,其中出口增长贸易21.9%,进口增长贸易21.4%,货物进出口贸易总额累计达到15.73万亿美元。经济的发展特别是制造业的发展,使我国成为"世界工厂",成为众多跨国公司的重要生产基地和采购基地。我国成为世界最大的开放市场,大幅度提升了我国企业融入世界经济,参与全球分工的积极性和竞争力。在经济全球化快速发展的今天,"中国制造"和"全球采购"已成为世界共同关注的话题和焦点。我国企业作为供应商或采购商参与全球采购,已经取得惊人业绩和发展。

全球化采购呈现以下特征:

1. 多重货源

目前在全球经济体系范围内,尤其是在美国和欧洲,越来越多的企业在实行外包采购时考虑的已不仅仅是以成本控制为目的,还要求在提升企业运作效率和满足企业快速增长的需求上起到更直接的作用。这使得企业在货源开发上更倾向于一体化而不是个体化。这一变化可以从过去三年中平均每个外包项目的总金额逐年下降中可见一斑,这是由于越来越多的企业不再像以前那样将一个大项目统统外包给一个供应商,而是将这个大的外包单子分拆成几个小单子分别外包给不同的供应商。例如,Computer Wire公司专门对业内订单进行日常追踪,该公司在2005年中追踪报道的超过10亿英镑的订单有15起,而相关订单在2004年、2003年分别是25起和29起。又如ABN Amro公司在2005年,除了与EDS公司维持现有的台式电脑业务之外,还同另外五家供应商签订了五年的合作协议。2006年,GM外包项目总金额达150亿英镑,分包给几家不同的供应商。当时业界预估,到2008年,70%的企业将需要至少四家IT服务供应商,其中大约只有30%的企业具备足够的管理技术来运作这些多重货源项目。要真正使多重货源策略发挥功效,企业需要投入更多资源,加强执行力度,培训相关管理技术。

2. 业务流程外包

在多重货源采购不断增长的同时,业务流程外包(BPO)也在快速增长。而且BPO在以传统的前台业务外包为主的市场形势下,后台业务的外包也逐渐发展起来了,2006年以来,后台业务外包呈现强有力的增长势头。

对BPO持续增长起主要支撑作用的是HR外包(HRO)。HRO近年来发展迅速,采购业务外包(PO)的发展仍然比较缓慢。大多数企业都认识到,采购业务外包有两大潜在的利益,其一是节省采购操作的成本,其二是通过重新谈判在所购买的物料或服务上节省更多成本。一般来讲,一个大型企业每年采购的间接支出大约占采购总金额的20%,如果通过外包的手段可以将该支出比例降低为10%,那么,采购业务外包就成为企业发展的较好选择。财务业务外包对企业也是有可能的,目前很多中小型企业采用了这种模式。

3. 离岸外包

专业调查和报道显示,离岸仍然是目前全球外包市场的主流。该市场上印度继续保持领先,中国紧随其后。有资料表明,在中国进行离岸外包相比之下似乎更具优势。

印度的外包市场经历了三个阶段的演变。第一阶段,发展一流的程序开发技术,以便在国外公司寻求低成本服务时与其合作。第二阶段,印度本地公司提供低档次的后台服务,包括客户呼叫、资料记录、投诉受理等。第三阶段,即当前阶段,提供各种复杂多样的服务。

有一个现象值得关注:现在的外包市场中,客户对离岸采购已经不再需要反复斟酌,而是把它看成服务解决方案的一个理所当然的组成部分。客户更多的是让供应商来为自己作出选择,并决定采用何种形式的离岸采购达到既定目的。这就对中等规模的供应商提出了一个很现实的问题,未来这些供应商如何与离岸的当地供应商和世界级供应商进行有效竞争将越来越仰赖于该供应商在离岸地的规模和实力。

4. 地域趋势

在美国和欧洲,外包市场形势甚为乐观。以美国市场为例,在2005—2010年,平均的增长约达到9.3%,这一增长的驱动力主要来自越来越多的企业采用业务流程外包。

5. 供应商趋势

目前,世界级大公司仍然占据采购市场的主导地位,比如IBM、EDS、CSC等。他们是全球采购市场的主角,而且,他们的合同范围还在不断扩大。

就整个供应商群体而言,被国际大公司和快速成长的离岸地供应商夹在当中的那些中等层次的供应商形势甚为窘迫。这些中等层次的供应商在多重货源采购中可以占一席之地,但要做到多重货源采购,他们必须着力于降低成本,提高利润率,提高市场占有率。而世界级供应商和印度本土供应商则野心勃勃地通过兼并来扩大他们的实力和在某些领域的规模,尤其是在"硝烟弥漫"的HR外包市场。兼并和市场合并将是未来采购大趋势之一。

6. 数据的保密性和安全性

数据的保密性和安全性在全球采购中将受到越来越广泛的重视。世界各国采取各种手段对违反国际交易数据保密性的行为予以制止。无论哪个国家,在这点上是一致的,如果跨国交易的数据保密性出现问题,那必然导致严重的损失,如各种各样的罚款、客户丢失,甚至诉讼。事实上,此类事件的后果还如信誉受损,因此,不难解释为什么现在的客户对数据保密性措施的关注比任何时候都强烈。

综合来看,离岸采购已经在全球采购市场中扎根,随着BPO的快速发展,近岸采购和离岸采购的有机结合将成为未来采购的重要趋势。离岸采购的交付和运输模式迫使供应商的价格必须具有竞争优势,客户在这些交易中也变得越来越精明。无疑,未来的市场仍将维持买方市场的格局,企业在进行采购和资源开发时必须要明确自己的定位,这样才能在采购市场中获得最大利益。

(二)电子采购手段的应用

从全球的采购发展趋势来看,电子采购将越来越广泛地被企业管理者接受。而事实上许多跨国公司已通过电子采购方式获得了它们想采购的部分物品,一些公司一年的电子采购金额就达数百亿美元之巨。实行了电子采购的企业认为电子采购较之传统采购方式有更多的优点:一方面,因特网给采供双方提供了更广阔的选择余地;另一方面,在采购单价及采购管理费用上的开支也可大幅度减少。

电子采购是企业传统物资采购业务的一种技术创新,就像电话、传真机一样,为企业采购人员提供了一种完成定价过程的工具。它是通过互联网,寻找、管理合格的供货商和物品,随时了解市场行情和库存情况,编制采购计划,在线采购所需的物品,并对采购订单和采购的物品进行在途管理、台账管理和库存管理,进行采购情况的自动统计分析,实现阳光采购。

小知识

阳光采购模式

"阳光"采购是指为保证企业生产、经营顺利进行,在公开、公平、公正、质优、价优的原则下,从供方市场获取产品或服务作为企业资源而开展的一项企业经营活动。阳光采购包括公开透明性、科学规范性、集体议定性、流程顺畅性、监督保证性、高效快捷性、标准格式性、信息共享性等八个方面的特性,不具备这些特性的采购模式就不是阳光采购模式。阳光采购模式是政策、制度、规定与实现运作相结合的产物。现代企业相应的阳光采购有六种模式:①招标采购模式,即招标加商务谈判;②综合比较采购模式,即综合比较加商务谈判;③竞争性议标采购模式,即竞争性议标加商务谈判;④集体议定采购模式,即集体谈判加集体决策;⑤单一资源采购模式,即单一资源商务谈判;⑥执行政策性定价采购模式,即执行政策性定价采购。这六种采购模式,连同指导、规范、制约其运作的六个方面的政策、法规、制度、规定,可以统称为"双6"阳光采购模式,是规范阳光采购和阳光物流的重要方法。同时企业要跟随国内外行之有效的新方法、新技术、新策略,不断总结、不断探索、不断实施新的阳光采购模式。

电子采购方式主要包括公开招标、邀请招标、竞争性谈判、询价采购和单一来源的协议采购。电子采购既是电子商务的重要形式,也是采购发展的必然;它不仅体现了采购形式和技术上的改变,更重要的是改变了传统采购业务的处理方式,优化了采购过程,提高了采购效率,降低了采购成本。通过电子目录,采购商可以快速找到更多的供应商;根据供应商的历史采购电子数据,可以选择最佳的货物来源;通过电子招标、电子询比价等采购方式,形成更加有效的竞争,降低采购成本;通过电子采购流程,缩短采购周期,提高采购效率,减少采购的人工操作错误;通过供应商和供应链管理,可以减少采购的流通环节,实现端对端采购,降低采购费用;通过电子信息数据,可以了解市场行情和库存情况,科学制定采购计划和采购决策。

电子采购为物资部门和供应商之间搭起了一座信息交流的桥梁,给买卖双方都带来业务上的便利。对于物资采购、管理和执行部门而言,电子采购有以下特点。

（1）采购执行过程可以通过互联网实现完全的电子化；

（2）具有参数化的流程定制及修改功能；

（3）电子招标采购支持在线发标、邀标、售标、投标、开标、评标、授标，支持评标专家管理、招投标费用管理，支持单价、总价、专家评标等多种决标方式；

（4）具有强大的统计分析功能，帮助进行采购决策分析和采购绩效考评；

（5）与企业现有应用软件形成闭环，实现供应商数据、采购物料数据以及采购结果数据等业务信息的无缝整合；

（6）自助式的产品目录服务使供应商能及时就包括价格在内的产品信息与采购商交流，系统规范的采购流程起到规范供应商交易业务行为的作用；

（7）信息的及时、有效、廉价沟通是互联网信息应用系统的重要价值，以 E-mail 为基础的多种信息传递、交流方式，及时了解采购方信息，并有效进行交流。

电子采购能够充分利用信息时代先进、高效的电子手段和技术工具，进而在全球范围内整合供应资源，突破管理的极限，合理利用有效资源；同时电子采购还能提高采供双方沟通速度、降低沟通成本以及快速扩大选择范围；等等。这些优势使得电子采购成为未来采购发展的新方向。

（三）租赁或成未来采购趋势

对于某些技术折旧迅速的设备和非消耗性产品，企业可以采用租赁的模式获得资产的使用权，每年只要支付一定租赁费用，资产的管理也由设备出租厂商负责，再继续租赁新设备，这样可以减少投资于固定资产的资金占用，提高周转率，又可以快速跟进技术变革。

比如，相对于很多国内企业需要对电脑设备进行"购买—折旧（定期拨付折旧费）—处理—再购买"等复杂的流程和固定资产管理，一些跨国公司已经把国外通行的租赁方式引进到了中国。这种模式可以保证企业的固定资产能够维持较高的技术水平，保证资产的高效使用。此模式一般适用于大型、昂贵的设备或技术更新快的设备，如大型工程机械、电子设备等。

这种采购模式的出现是为应对目前高新技术产品快速的技术更新，它既能作为一种采购模式，也可以看作是一种基于供应链系统的资本运作模式。这种模式可以有效克服资金短缺的困难，以较少的资金投入获得技术领先的设备等资产。

拓展阅读

斑马公司的办公电脑租赁

斑马技术亚大有限责任公司就是使用租赁模式的一家跨国公司，斑马公司在全球各个区域都跟 Dell 签了租赁合同，至于租赁价格，按租赁时间长短和电脑配置的不同会有区别。中国公司电脑的租期是三年，每个季度支付一定费用。一般来讲，一台主流电脑的费用，三年下来共需 2 万元左右。

显然这要比购买贵很多。但从财务角度讲，这会减轻当期的资金压力。"租赁方式相当于把采购成本分摊到3年里去,然后再加上一笔租金。就像个人买电脑分期付款一样,当期不用一下子拿出那么多钱,但总价肯定要比一次交清要大一些。"因为电脑产权不是自己的,所以他们是不能动任何硬件的,有问题都由Dell的人来处理,这又省下了公司的部分电脑维护成本。

这种模式除了财务周转收益外,还省去很多管理固定资产所需要的人力和办公场地等成本。"现在很多公司即便是自己买电脑,也不会花精力到硬件的拆卸和维修上,那样需要硬件成本,更主要的是需要增加人力,而人力成本在跨国公司和大公司里是很贵的。"

河南移动IT支持部门负责人郑先生也告诉记者:"我们公司也准备采取租赁方式了。主要是因为现在电脑更新速度太快,我们原定的5年折旧期太长,而租赁一般是3年,还把电脑跌价的风险转嫁给电脑厂家了。"

事实上,转嫁资金压力和电脑跌价风险的做法还有一种,即让员工先掏钱将电脑买回来,然后企业逐月补贴。随着越来越多的企业给员工配备笔记本电脑,这种做法就更普遍了。"有30%的笔记本电脑是员工先掏钱,然后公司每个月给补贴一定的额度,一般在雇佣合同期内补完笔记本电脑的钱,电脑产权从一开始就归个人了。如果员工中途离职,那么公司就停止给他补贴。"

(四)数字化采购出现,采购将全面进入数字化时代

数字化技术近年来飞速发展,正在颠覆传统采购业务。简化和自动化变得司空见惯,智能与洞察成为核心竞争力。数字化采购通过应用人工智能、物联网、机器人流程自动化和协作网络等技术,打造可预测战略寻源、自动化采购执行与前瞻性供应商管理,助力企业降低成本和管控风险,并发掘新价值来源,从而实现降本增效,显著降低合规风险,将采购部门打造成企业新的价值创造中心。到2020年,采购将全面进入数字化时代,采购必须做出改变,转型势在必行。

目前国内大多数企业的采购业务普遍以手工为主,效率低下。随着企业信息管理系统逐渐普及,部分企业开始使用电子采购系统,但是系统间的数据往往难以兼容和共享,阻碍企业快速、科学制定业务决策,导致采购成本始终居高不下。

德勤2017全球CPO调研显示,未来三年数字化技术在采购领域将发挥不可替代的作用。在国内,已有少数领先企业开始数字化采购转型的工作,联想在德勤咨询的支持下实施SAP Ariba云采购解决方案,已成功完成采购数字化转型。目前部分领先企业已开始启动数字化采购转型的工作,到2020年将会有更多企业加速数字化采购转型,届时,采购业务将全面进入数字化时代。

(五)联合行业力量,实现供应链采购,打造采购新生态

21世纪的采购已经不是单纯强调性价比的采购,而是追求质量第一、注重建立长期战略合作关系的供应链采购模式。此种模式是指借助行业协会(比如中国物流与采购联合会)或公共信息平台(如采筑平台),联合行业内外的企业客户,聚集优势资源,联合采购,实现规

模效应。此模式对采购方来说,可以降低运营成本,在获得稳定且具有竞争力的价格的同时,提高产品质量和降低库存水平,通过与众多企业的合作,还能对产品变化做出更快的反应。对于供应方来说,在保证有稳定的市场需求的同时,由于同采购方具有长期合作伙伴关系,能更好地了解采购方的需求,提高产品质量,降低生产成本,获得比传统采购模式下更高的利润,进而打造采购新生态。

同步练习

一、单项选择题

1. 采购是从( )获取资源的过程。
   A. 供应商　　　　B. 资源市场　　　　C. 批发市场　　　　D. 厂家

2. 由于产品中价值的60%是经采购由供应商提供,毫无疑问,产品的"生命"由采购物品的( )控制得到确保。
   A. 数量　　　　B. 质量　　　　C. 交期　　　　D. 价格

3. 一般情况下,企业产品的成本中采购部分占的比例为( )。
   A. 60%~70%　　　　B. 10%~20%　　　　C. 80%~90%　　　　D. 30%~40%

4. 下列不属于广义采购主要途径的是( )。
   A. 租赁　　　　B. 借贷　　　　C. 外包　　　　D. 交换

5. 在广义的采购途径中,哪种途径使采购的使用权和所有权都发生了变化?( )
   A. 租赁　　　　B. 借贷　　　　C. 抵押　　　　D. 交换

6. 要保证整个连锁企业的物资供应,对整个采购活动所进行的计划、组织、协调、控制等活动称为( )。
   A. 采购　　　　B. 采购管理　　　　C. 供应　　　　D. 供应管理

7. 下列职责属于采购主管岗位职责的是( )。
   A. 保持采购本部与其他分店的密切沟通与配合
   B. 对公司分配给本部门的业绩及利润指标进行细化,并进行考核
   C. 严格执行合同管理规定,按时签订,不得延误,并第一时间将合同传递给相关人员
   D. 负责客户部项目执行中与技术部、财务部的协调及结算信息的传递

8. 制定并督导各部各月、季、年度各项指标落实,利润及各项指标的通常是( )。
   A. 采购员　　　　B. 采购主管　　　　C. 行政副总　　　　D. 采购总监

7. 连锁店的采购配送中心实行的是哪种采购模式?( )
   A. 分散采购　　　　B. 集中采购　　　　C. 混合采购　　　　D. 招标采购

9. ( )基本思想是"彻底杜绝浪费""只在需要的时间,按需要的量,生产所需要的产品"。
   A. ERP　　　　B. MRP　　　　C. JIT　　　　D. MRPII

10. 在大型设备的采购中,主要适用的采购方式是( )。
    A. 招标　　　　B. 议价　　　　C. 比价　　　　D. 以上三种都可以

11.下面不属于集中制采购制度优点的是(　　　)。
A.可以使企业获得规模效益
B.能降低采购和物流成本
C.易于稳定和供应商的关系,实现有效的长期合作
D.手续简单,过程短,直接快速

二、填空题
1.广义的采购除了_____以外,还包括_____、_____、_____三种途径。
2.一个完整的竞争性招标采购过程由_____、_____、_____、_____、_____、_____、_____等阶段组成。
3.传统采购关系强调采供双方是_____,而现代采购强调双方是_____。
4.招标采购中,买方需要编制_____,卖方需要编制_____。
5.分散采购适用的是批量_____,价值_____的商品。
6.常见的招标采购方式包括_____、_____和_____。
7.公开招标作业,一般须经_____、_____、_____、_____和_____五个阶段。

三、简答题
1.简述采购与采购管理的联系和区别。
2.简述采购管理的目标。
3.连锁企业采购业务流程是怎样的?
4.简述采购管理的发展趋势。

四、案例分析

百安居的采购

百安居自1999年登陆上海以来,已陆续在上海、苏州、杭州等城市开设了13家连锁店,遍布华东、华南、华北和华中。在中国连锁经营企业协会列出的"2002年家居、建材、家装"专业榜中,百安居位居总销售额榜首,并且拿下了单店平均销售额第一名。目前国内建材流通企业主要有三种业态:摊位市场、厂家专卖店和连锁超市。其中,传统的摊位市场占据市场主体地位。在市场份额有限的情况下,百安居多占一点,其他企业就得少占一点,再加上百安居的背景和实力,国内同行如临大敌。

有业内人士预测,在百安居等"洋建材超市"的冲击下,中国本土大量以门市形式存在的传统业态将"死去1/3,转型1/3,半死不活1/3"。这里所谓转型,是指本土建材市场调整业务结构,依靠发展超市不擅长的业务,如大宗基础建材等,与超市共存共荣。但最让本土建材市场胆战心惊的,还是百安居的低价优势。百安居"以全球成本降低全国成本,以全国成本降低区域成本",这其实也是所有跨国零售集团战无不胜的绝密武器。

百安居调研发现,中国国内一些传统建材市场不仅购物环境恶劣,品质良莠不齐,而且建材商开价太高,不少商品的标价甚至高出百安居数倍。于是,百安居(中国)声言:他们要结束传统建材市场的暴利时代!

百安居之所以能做到低价,依赖于它层次分明的采购体系。

百安居的采购网络是三个层次的结合。首先是全球采购网络,分布在全球超过14个国家和地区。其次是全国网络,百安居在中国已经有14家店,华南以深圳为中心,华东以上海为中心,华北以北京为中心。这些地方都十分接近建材生产基地,可以有效降低采购成本。另外,百安居还会在每个城市寻找当地的品牌供应商。这样,百安居把每个城市建立的采购网络逐渐发展成全国的网络,再纳入百安居的全球网络。

有关专家在研究百安居的经营策略时发现,它集中了沃尔玛的低价采购和麦当劳的多区域规模收益优势。

麦当劳采购的主要货物是食品,附加值低,依靠低价采购很难大幅度降低成本。所以麦当劳在人流密集的地方大量建店,通过规模经营降低价格。百安居与此类似,它计划五年内在中国开设80家分店,并把北京、上海、广州和深圳四个人口密集,商业发达的地区作为重点发展城市。

同时,百安居采购的建材也有多种品牌和设计样式,附加值低。这样,采购和经营成本的控制就成了问题。于是,百安居又成功运用了沃尔玛"本地化采购"和"一站式"营销的经营方式,针对中国传统建材市场多而散,采购力量薄弱的特点,发挥了百安居连锁销售的本地采购能力。

百安居作为欧洲最大的建材零售商,每年从中国采购的建材、五金工具等商品金额高达10亿美元;采购量占总采购量的1/3,这一采购量还以每年15%以上的速度递增。

几年前百安居在中国设立采购中心可不是件容易的事情。货币结算体系等体制和技术问题,都制约着百安居在中国的采购量。但后来,商务部外资司在政策方面有所松动,百安居在中国的采购量很快就有了扩大的空间。

百安居中国区的总部设在上海,它的全国采购中心也设在那里。与采购规模相适应,百安居中国采购中心有150多名员工,每个区域30多人,各个城市所设的采购小团队,由5或6个人组成。千万不要小看这些基层的采购小团队,他们是百安居采购网络的神经末梢。优秀的供应商往往由这些小团队发现,推荐给区域的采购中心,慢慢地再被纳入到全国的采购网络。这样一来,随着百安居在全国的事业发展,它的基层采购网络覆盖越来越广、越来越深,其供应商的数量也会随之迅速增加,百安居整体采购成本进而大大下降。

百安居的采购网络还有一个吸引供应商的法宝,那就是它的老东家翠丰集团。通过与百安居的合作,已经有相当多的供应商逐步进入翠丰集团的采购体系,不仅分享了巨大的采购份额,还争得进入欧洲市场和全球其他建材连锁店的机会。

要配合百安居庞大的采购网络,以及每日巨额销售所需配送服务,物流体系自然也不能逊色。

在中国,百安居是唯一一家与第三方物流企业合作的建材超市。其物流管理模式是当前国内最先进的,但与第三方物流企业合作并不是百安居物流运作最佳的解决方案,不过在社会资源有限的情况下,却是最适当的办法。采购网络优势与先进物流管理模式的结合,是百安居在中国市场的核心竞争力所在。

所有跨国零售企业进入中国都会遇到物流的瓶颈,直接影响到企业在全国连锁战略的实施。因此,百安居与上海的物流企业新科安达合作,由新科安达负责所有新开超市的物流配送,既解决上游供应商送货问题,也解决下游客户端的配送问题。

总部设立在深圳蛇口的新科安达公司成立于1995年,是新加坡胜科后勤与深圳蛇口工业区开办的合资企业,注册资本为1000万美元。对百安居来说,该公司最大的优势是,城市覆盖面广,业务合作的影响范围覆盖亚洲、美洲和欧洲。

在百安居的规划中,在新开业的超市正常运营后,上下游物流业务将分配给不同的第三方物流企业。上游供应商送货问题将由佳宇物流公司负责,而每个超市的日常配货则寻找当地的物流企业。这是百安居目前在中国能实现的最适当的物流解决方案。

现在国内很多建材超市都完全靠自己做物流,七八个人,再弄上几辆卡车就开始工作了。其实,这种服务的附加值不高,往往还不能按时送货,不能提供很好的售后服务,配送能力就更跟不上,所以百安居认为还是应该由专业的物流公司来做比较好。

但百安居同样也承认,这种模式虽然在社会资源不发达的条件下是最适当的,却不是最好的。百安居在与物流供应商的合作中已经发现不少问题,比如很多物流企业的信息化程度低,不能实现与百安居信息系统的有效对接。所以,百安居解决物流问题的第二种模式就是建设自己的物流中心。现在,百安居北京物流中心项目已经启动。

思考题

1. 简述百安居的采购体系。

2. 请结合所学理论对百安居的采购特点作出评论。

任务实训

实训项目 多家企业采购理念与运作的调查

【实训目的】

1. 加深对所学采购基础知识的理解。

2. 了解实际企业采购内容和采购理念。

3. 了解不同企业采购的地位和作用。

4. 熟悉企业的采购流程和采购原则。

【实训组织】

1. 知识准备:采购管理的目标和内容,传统采购与JIT采购的区别。

2. 学生分组:每个小组人数以3~5人为宜,小组中要合理分工,每组选出一位小组长。

3. 实训地点:就近推荐各类企业若干家,包括商业连锁企业、小型商业企业、大型工业企业、小型工业企业,或自主选择调研企业。

【实训步骤】

1. 小组成员分工实地调研或网上调研,做好数据和信息的收集。

2. 了解实际企业的采购活动、采购运作流程及相应的采购理念。

3. 小组讨论,整理并统计各个成员的发言及数据,以便最后进行比较。

【实训评价】

1.各小组成员根据所收集的资料和学习的课本知识,总结对采购以及采购管理等相关概念和知识的理解,然后在班级内进行讨论并汇报。

2.根据每组的汇报情况和资料收集的情况(资料的真实性和丰富性)对小组进行综合评价。

项目二　采购与供应计划

学习目标

知识目标

1. 掌握采购需求调查的基本方法以及采购调查的步骤；
2. 了解采购需求分析；
3. 掌握采购需求量的确定；
3. 熟悉采购计划编制流程和采购预算编制过程。

技能目标

1. 熟练运用采购需求分析的方法；
2. 能够运用正确方法编制企业采购计划和采购预算。

任务一　采购市场分析

导入案例

饺子馆采购问题

胡家饺子馆在南肖埠小有名气，每天客人络绎不绝、生意红火，很让同行们羡慕，可谁知胡老板却高兴不起来。原来尽管生意不错，但由于原料采购不准确，每天都有大量的剩余，造成极大的浪费，利润并不像生意那么"红火"。

三年前，胡老板在南肖埠开了第一家饺子馆，靠地道的手艺、过硬的质量和童叟无欺的信誉，生意一天比一天好，到现在已经在当地成功开设20家直营连锁饺子馆。饺子馆的成本主要来自原料、人工、房租和水电费等费用。其他费用都好控制和计算，只有这原料采购成本不好预计；饺子的原料饺子皮还具有隔天不能使用的特点。胡老板算起了细账：如果每份饺子10个，卖5元，直接成本为饺子馅、饺子皮、佐料和燃料，每个饺子成本大约为2角钱。虽然存在价差空间，可是由于每天有大量的原料剩余，这些原料又不能隔天使用，算上人工、水电费等经营成本，每个饺子的成本就接近4角钱了。如果每个店一天卖出100个饺子，同时多余500个饺子的原料，相当于亏损了100元，每个饺子的物流成本最高时有1角钱，加上每年的粮食涨价，因此利润越来越薄。

最大问题是做饺子的数量难掌握。做少了吧,客人来了没有馅儿,也等不及现做;做多了吧,就要剩下。

胡老板遇到的问题是一个典型的采购需求预测问题,不少企业特别是餐馆等店家都在寻找快捷路径,以便合理控制进货数量。准确预测市场需求,有效降低采购成本,提高物流效率,这已经成为一个企业经营要解决的关键问题。

任务目标

通过本任务的学习,掌握采购供应市场分析的常用工具以及市场调查。

任务学习

一、采购供应市场分析的重要性

市场是由需要产品和服务的购买者以及提供这些产品与服务的供应者组成,市场通过交换过程而满足人们的需要与需求。供应市场是采购者供给资源的场所,可以说是采购企业外部环境的一部分,对采购与供应职能的履行具有重要的影响,它是制定供应战略和进行供应商管理活动的起点,对采购与供应运作产生影响。

采购供应市场分析调查是一项重要的活动。购买者常常忽视供应市场分析,并只是将这种分析局限于向现有供应商和市场专家简单地问几个问题。这样做会导致采购与供应运作中的短期行为和对市场机制的了解不足,进而导致持续的供应问题,结果购买者会发现,自己在为解决日常问题而浪费时间,而不能预测风险并抢在竞争者前面而抓住机会。

如果企业未能适时对其供应市场进行监视与分析,它便会在供应工作中遇到中断、延迟、质量和超预算等问题。其原因在于供应商遇到供应提前期过长、物料短缺、物流瓶颈以及其他一些本可预料到的问题。

采购供应市场分析是降低成本与风险,确认供应机会与创新的最佳途径之一。在同一市场里,价格可以有很大的差异,例如,同一商品的价格差可以达到70%,这并不是稀奇的事情。仅仅了解少数供应商,不足以了解市场全貌并无法全面评价成本降低潜力。同样,如果只与现有供应商接触,企业也将不会受益于各种新的市场机会。

采购供应市场分析工作的内容包括:评价供应市场满足本公司采购需求的能力,选择可以实现最佳机会与风险或成本平衡的特定细分市场。花时间和精力去全面地分析采购供应市场,会在后期供货过程中节省更多的金钱。由于采购者精力有限,对不同的采购物品,采购供应市场分析能力不同。

调查采购供应市场将帮助企业对特定的采购,确认那些具有最佳机会和最低风险的细分市场,确认可满足企业需求的新产品(或)新技术和新服务,了解有关购买特定物品的不同条件和(或)约束。必须在采购过程的初期进行采购供应市场分析,因为这一分析是绝大多数采购战略的基础。

同时,采购供应市场分析是一个持续的过程。每当市场发生技术变革、供应失序、公司合并、新产品出现、主要供应国货币汇率变化,以及会危及本公司采购业务的政治事件等时候,都需要进行重新分析。

二、确定采购供应市场分析优先级

进行市场分析耗时耗力耗成本,我们需要确定重要产品和服务进行采购供应市场分析。在确定分析优先级时需考虑这几个因素:新的采购品、据上次分析过去很长时间、市场和产品技术变化速度、采购支出较大、极大地影响企业的利润和竞争力。通过供应定位模型进行供应定位分析,确定我们应当对哪些产品和服务进行供应市场分析。

三、采购供应市场调查分析

(一)采购供应市场调查前的准备

确定需要优先进行调查分析的采购项目后,我们需要先了解下面几个问题,然后再去进行采购供应市场分析。

1. 供应目标是什么?(是否需要更换供应商?是否需要找到一家可以更好满足需求的供应商?)

2. 是否可以进一步降低供应成本?

3. 可用多少时间进行这一分析?

4. 有哪些资源?(有预算吗?有人帮助吗?)

5. 不进行这一分析的风险是什么?

6. 目前掌握哪些信息?还需要哪些信息或文件(例如:现有市场调查结果、统计数据以及供应商产品目录)?

(二)采购项目的市场竞争程度

1. 供需的影响因素

需求和供给是市场中的两个关键要素,二者之间的相互作用影响市场的竞争状况、价格和竞争程度,没有任何一个单独的买方或者卖方可以影响市场价格。下表是供需受到的因素影响。

表2-1 供需受到的因素影响

需求	供给
商品价格越高,其需求可能越低	商品价格越高,供给者提供的商品数量就会越多
购买者可支配收入提高,对商品的需求增强	供应商使用的投入资源价格提高,供应商利润下降。某些公司会停止或者减少生产,进而供给减少
替代品的价格上升,对商品的需求会增强。例如:棉布价格上涨导致化纤需求上升	技术的改进通常会使成本降低,会刺激供给的增长

续表

需求	供给
互补品价格提高时,对商品的需求会减少。例如:汽油的价格上涨导致汽车需求降低	供应商对未来市场价格、气候条件以及自身经营前景等的预期,将对供给水平产生影响
购买者偏好发生变化时,需求也会发生变化。偏好受心理因素影响,但也受气候等其他因素的影响。例如,对冷饮的需求将随着气温的升高而增加	销售者数量增加,供给数量也会增加
购买者预期未来的价格会提高,或者气候变化,或者其财务状况会有所改善,这些预期都会影响到今日的需求	
购买数量增加,需求也就会增加	

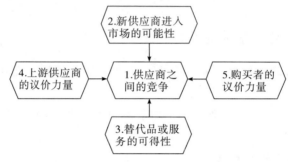

图 2-1 供应市场的五种力量

2. 影响竞争水平的因素的五力模型分析

(1)供应商之间的竞争。主要取决于供应市场中供应商的数量、规模和经营政策等。

(2)新供应商进入市场的可能性。增加新的供应商有助于促进竞争,并增强购买者的市场地位。知道新供应商进入市场的可能性是很有益处的,该信息将有助于公司制定采购战略或谈判策略。

(3)替代产品或服务的可获得性。市场中存在替代产品或服务会对竞争产生影响。公司应当尽可能保证可采购到多种替代产品或服务。

(4)上游供应商的议价力量。市场中的供应商本身又是其上游供应商的用户。公司必须了解供应链的复杂性,该供应链包括公司的供应商的供应市场。

(5)购买者的议价力量。在供应市场竞争因素分析中,公司需要了解其他购买者的采购竞争力,在市场供不应求的时候,价格和前置期都会受到向上的压力。同时我们还要知道自家公司的相对竞争力量。

小知识

本公司相对于其他购买者的竞争力如何?
本公司是否为市场中一家相对较小的购买者?
本公司在市场总采购量中的份额是否在下降?

对于市场中的供应商,本公司是否具有特殊的吸引力?

对供应商而言,本公司是否为有问题或难于对付的用户,不论其原因是在公司可控制范围之内(如拖延付款),还是在可控制范围之外(如海关手续繁杂),如果对上述所有,或很多问题的答案为"是",相对于其他购买者,本公司的竞争力量便比较弱。

通过对上述五种力量的分析,公司可在短时间内全面理解了自身所处的供应市场的供给与需求状况,包括竞争状况。了解了竞争者(购买者及供应商)数量,还能确定市场集中度水平(即市场被少数购买者或供应商所主导的程度)。理想的情况是,公司能够对供应市场的短期及长期变化趋势做出正确的预测。

(三)预测采购供应市场发展趋势

预测市场趋势对购买者至关重要,尤其是面对现在多变的市场条件,必须尽可能多地掌握未来的供应与需求状况。这一状况会影响到产品的可得性和价格以及其他因素。

如果所采购产品或服务的市场有良好的背景资料,便可以从公开出版的报告、专业期刊以及因特网上找到有关未来市场趋势的信息,如果缺乏良好的背景资料,我们可以用其他方法去预测。为使用这些技术,必须首先理解绝大多数市场随时间发生变化的各种基本形态。市场形态一般表现为四种:趋势、周期波动、季节性波动及随机变化。

1. 供应市场预测

大多数情况下,采购项目的未来市场状况不可知,必须采用某种预测方法进行预测,如专家意见、供应市场测试、定量分析等。

2. 采购产品市场生命周期分析

每一种产品都要经历一个从引入到衰退的周期,我们分析采购的产品处于哪一个阶段,将决定产品的长期发展趋势以及确定公司的采购策略。下图显示的是产品的生命周期阶段。

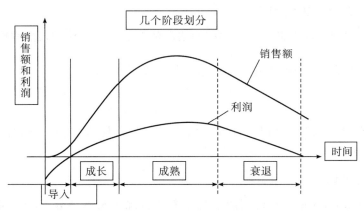

图 2-2　产品成长周期

(四)了解激励和影响供应市场的基础性因素

激励和影响供应市场的基础性因素为"市场驱动力",其给供应商相对于其他供应商的竞争优势,有多种类型,其中某些表现为供应商具有如下能力:

(1)使产品差异化并提高用户对品牌的忠诚度(如民航);

(2)开发新产品并申报专利以获得高价格收益(如药品);

(3)与特定用户建立密切的关系(如建筑商在基础设施的建设中与政府机构密切合作);

(4)在降低成本和创新具有重要意义的市场中(如汽车制造业),确保生产过程的灵活性以及对市场的反应能力;

(5)通过满足特殊需求而占领利基市场;

(6)控制分销或沟通渠道(如传媒业)。

在高技术产业中,开发新产品和降低成本的能力通常是使企业成功的决定性因素。技术创新和引进新产品的能力将成为最重要的市场驱动力。

(五)价格评价

决定价格的因素有如下几个。

1. 生产及分销成本

包括原材料成本、直接劳动成本、管理费用和利润。成本随时间的推移会发生变化,通过监视诸如工资和原材料价格方面的国家价格和成本指数,更好地预测形势发展趋势。供应方提供价格组成依据,这能够使企业掌握特定供应市场的成本结构与水平。

2. 用户对产品价值的评价

用户的价值评价决定了采购者愿意为产品支付多少钱,这种评价除了基于成本因素外,还基于交货时间以及售后服务等。

3. 竞争程度及其他市场因素

某产品市场的利润水平将取决于供应商之间的竞争以及需求的强烈程度。

(六)采购与供应市场的细分、筛选、评价以及选择

1. 细分市场

我们从技术、供应渠道、地理位置等方面将类似的供应商分为一组,称为"细分供应市场"或"细分市场"。

2. 筛选细分市场

筛选细分市场前,根据自己得到的信息不断地排除掉某些细分市场。可以参考下面几个因素:

(1)知道只有一家供应商;

(2)因为某种原因,特定国家、技术或者供应渠道不能为己所用;

(3)某一细分供应市场不能保证长期供货；

(4)某细分市场和其他细分市场没有区别；

(5)知道特定细分市场不能给予所需要的竞争优势。

排除对我们没用的细分市场，然后对确定保留的供应市场进行细致的分析。

3. 评价细分市场

考察与不同细分市场相关的风险与机会，我们从三个方面来进行。

(1)评价按地理区域细分市场——POCKET方法。

P(political, legal and socio-cultural factors)：政治、法律和社会文化因素

国家和政府的稳定与否，政府间关系是否良好，有无战争威胁，商务法律环境如何，国家在环境保护、道德和腐败等方法记录如何，有无紧张的劳资关系，文化、宗教和语言是否存在沟通困难，时区有无影响到买卖双方的及时沟通响应。

O(Outbound logistics)：出口物流

出口物流指的是供应国和需求国之间分物流，主要考虑运输的方式、物流过程的长度和复杂程度、能否直达运输、能否及时获得运输服务，运输设施是否可靠、主要运输路线是否会受到影响，运输过程是否可靠，有无运输保险以及费用高低，供应国单证有没有需求国语言的版本、单证要求是否复杂，供应能否按照合同要求提供独立的商品检验和测试服务，等等。

C(Competition levels)：竞争水平

竞争水平只要考虑供应商的数量、总供给和总需求，对于对方而言乙方的需求有无吸引力等。

K(Key inputs to the supply market)：供应市场的关键投入资源

供应商投入的原材料和零部件是否轻松获得，有无投入资源的替代品，有无物流风险，供应商投入的劳动者是否高效和专业。

E(Economic and infrastructure factors)：经济与基础设施因素

考察与国家经济条件相关的因素，包括经济政策与汇率，该国经济周期(繁荣期还是衰退期)，政府有无鼓励投资的政策，贸易的政策与法规，金融体系是否稳定、高效，银行系统是否健全，基础设施(电信、供水电)是否现代化和高效，电商服务平台和设施是否良好。

T(Technology factors)：技术因素

技术是否先进、有无创新能力，技术是否标准化以及有无其他替代技术可供本公司选择，技术生命周期处于哪个生命阶段、是否过时。

(2)评价技术细分市场。评价技术细分市场需要考虑技术的成熟与否，技术的复杂程度，生产工艺是否方便操作，技术本身是否需要较高的成本，该公司的该技术我们是否已经熟练掌握，该技术是否适应本公司的要求和运作、是否灵活、有无安全问题，该技术与采购方的生产工艺是否兼容和相关，该技术能否长期自由使用并能够修改数据库信息。

(3)评价供应渠道细分市场。采购方所采购的物品或服务来源渠道很多，不同的渠道都会对采购方的需求产生影响。考察对于供应方来说采购方是否是重要客户，该渠道的产品可获得性如何，该渠道能否提供采购方需要的各类物品和特殊需求，该渠道能否连续供应，

该渠道除了能够提供采购的物品之外能否提供对应的培训、维修和技术支持。

4. 选择细分市场

确认过与不同供应市场状况相关的可能发生的各种供应风险与机会以后,首先,我们利用所学知识和常识去分析可以忽略一些风险和机会,同时也将一些至少在可预见的将来不会影响供应的风险排除在外。其次,我们对供应市场做进一步的研究,尽可能地去确认具有真正风险和机会的因素。研究这些因素对我们的供应目标(质量、产品可获得性、客户服务与响应、低成本)的影响程度,从而采购方根据减少风险和利用机会的原则而确定细分供应市场的优先选择顺序。

四、采购供应市场分析需要的信息

采购供应市场分析所需要的信息主要包括:供应市场中能够满足需求的产品的技术情况;采购产品的经济以及市场信息;供应商的产品价格和供货条件。对于这些信息,采购员需要系统地收集和分析。

(一)信息来源

专业出版社,专业报纸和期刊,一些商会和贸易支持组织,专业贸易以及行业协会,国家采购与供应管理协会,官方国际贸易代表机构,联合国、世界银行等国际组织,供应商,其他采购人员,交易会及展览会,专业咨询公司,货代和银行等服务机构都会提供有关运输计划、支付体系和信用评级等信息。另外,本公司的采购部门也可能收集有一些信息。

(二)筛选采购供应市场分析需要的信息

(1)市场情况。
(2)供应商之间的竞争。
(3)二级供应商的议价力量。
(4)购买者的议价力量。
(5)采购方相对于其他购买者的竞争地位。
(6)确认市场驱动力所需要的信息。
(7)筛选细分市场需要的信息。
(8)进行成本/价格分析时所需要的信息。
(9)预测供给所需要的信息。
(10)进行POCKET分析所需要的信息。

当然,良好的信息来源具有正确性和可靠性,采购员要检查信息的可靠性,将零散的信息整合并分析,删除过时信息的同时更新所得信息。陈旧的信息不利于高效使用。获得、检查、分析和整合采购供应市场信息有利于采购员制定明智的采购与供应策略,保证订单供应的同时节约采购成本。

项目二　采购与供应计划

任务二　采购需求分析与确定

导入案例

某制药厂开始生产一种新药。为配合新药的生产,药厂计划部门指示采购部门每月提供一定规格的瓦楞纸包装纸盒5000个。采购部门由于过去一直定期向包装车间提供同类型纸盒包装其他药品,因此并未向计划部门询问新的包装纸盒有无特殊要求,只是简单地向供货商追加了订货数量。但当最终新产品由库房提出准备发货时,发现产品包装纸盒开胶情况严重,超过30%。产品未能及时供应给客户,药厂受到一定经济损失。事后,厂领导要求采购部门查清为何会出现如此严重的供应质量问题,并扣发有关采购人员全季度奖金。采购部门会同纸盒供货商,经多次调查发现,该新药与其他产品不同,要求冷库储存,从入库至发货产品通常要在冷库存放48小时以上,普通包装纸盒在此冷藏条件下易开胶。供货商提供适合冷藏的包装纸盒后,开胶现象未再出现。

任务目标

通过本任务的学习,掌握采购申请和采购需求的方法,理解采购需求分析的含义、采购需求分析的特点。

任务学习

一、采购申请

企业采购工作的第一步,就是采购申请。采购申请(又称请购)是指由企业各需求部门向负责采购的部门提出在未来一段时间内所需物品的种类、数量等相关信息,并填制申请单上交至采购部。

采购申请单(又称请购单)的内容一般包括:需求单位(又称需求者);需求品种、规格、型号;需求数量;需求时间要求;品种的用途以及其他特别要求。

采购申请单根据不同的物资也有一定的区别,一般分为一般性物料采购申请单,资本支出请购单,特殊劳务采购申请单,如下表。

表 2-2　一般性物料采购申请单

采购类别					
申请部门		申请人		申请时间	
品名及品牌	规格型号	单位数量		计划单价	总价
合计					

审批意见	部门意见 （部门领导根据实际情况的需要，填写意见）	采购论证小组意见
	部门领导签字： 　　　　年　月　日	采购论证小组组长签字： 　　　　年　月　日
	财务部门意见	主管领导意见
	财务部门领导签字： 　　　　年　月　日	主管领导签字： 　　　　年　月　日
拟订采购方式	□政府采购　　□招标采购　　□自主采购　　□其他	
其他	采购部门负责采购，财务处负责有关采购经费的支付等事宜	
编号		序号

备注：
1. 本表适用于物流购置全过程，并为档案材料之一，请注意妥善保管。
2. 申请部门（人）执行程序：填写申请材料（表）→部门领导签字→交采购部。
3. 未通过采购审批的项目，由采购部将信息通知申请部门或个人。
4. 500 元以下的采购只需部门负责人签字。

表 2-3　资本支出申请单

事业单位： 部　　门： 地　　点：	主　　旨：
财务分析：	购置成本 费用 减：旧品报废所得（　　　） 实际进出金额
损益分析：	折旧年数：　　年　每年折旧金额： 减：费用减少　　每年 　　营收增　　　每年 　　净损益　　　每年

项目二 采购与供应计划

续表

请购明细：	付款明细			
	日期	参考号码	支票号码	金额

工作计划表			申请人		
			职称	签名	日期
工作项目	负责人	预期完成日期			
			财务审核意见：		
			核准		

表 2-4 特殊劳务采购申请单

费用名称：
申请理由：
目的/概要：
办理方式：发包：□公开招标　　□比价　□议价　□订约　□不订约 　　　　　自办：□申请部门自办　□委托_____部办理　□其他
估计费用：
预算科目：
附件： 　　□发包规范　□工程图说　□工料/费用明细表

续表

批示	会计部门签核	申请部门主管
	承办部门签核	申请人

为了避免采购品项与采购申请需求不相符,在申请过程中需要注意下面几个事项:

1. 由适当的采购申请人进行请购

采购申请所需要的内容,只有使用部门或统筹管理部门最清楚。由这些部门提出采购申请,最能正确表达各项需求的内容与附属条件。若由其他单位提出,难免会发生需求物品和请购物品不符的失误。

2. 以书面方式提出

物品的采购有时会涉及相当复杂的内容,以采购申请单的形式详细记载所需物料的名称、规格、料号、数量、需要日期等内容,可使采购申请的需求明确而具体。

3. 确定需求的内容

确定需求的内容即在请购单中应明确申请采购物品的各项具体内容,包括物品的成分、尺寸、形状、强度、精密度、耗损率、不良率、色泽、操作方式、维护等各种特性,以及劳务的服务速度、次数、地点、态度等。

4. 以规格表明需求的水准

请购部门对物品品质的要求水准如果可以用规格表明,应以规格表明,主要包括品牌或商标、形状或尺度、化学成分或物理特性、生产方式或制作方法、市场等级、标准规格样品、蓝图或规范性能或效果、用途等。

5. 注意预算的限制

采购申请所需要的内容通常与采购申请人的预算有密切关系,因此,在提出采购申请之前,先对支付能力与愿意接受的价格的上下限加以计算,以免采购申请金额超出预算范围,项目类的采购需要与审算部门沟通单价有无超审算。

知识拓展

在采购申请阶段,采购人员常常需要面对两个问题

1. 小量采购申请

依据 80/20 原理,在采购中,80%的采购申请只占采购总金额的 20%,简言之,小量采购申请的问题在于占用了绝大多数采购作业人力,而解决这一问题的途径就是减少小量采购申请的批次。通常,采购人员可采取下列方法解决小量采购申请的问题。

(1)减少品种。采购人员要设法使小量采购的项目标准化,借以减少采购申请。譬如将规格相近的物品加以汇总整理,订出通用的标准规格,这样采购品种就减少了,采购申请的件数也就会随之降低。

(2)化零为整。在接到各需求部门的小量采购申请时,若非紧急需要,采购人员可将其暂时搁置,等小量采购申请累计至一定数量或金额时,再进行采购。

(3)集中采购。集中采购包括指定办理的部门及时间。例如,将各部门所需的小量采购申请委托指定的部门集中办理,统筹供需,避免各自为政;或是指定这些小量物料的采购申请日期,在同一时间内汇集其需求量,以便一次性采购。集中采购不但可节省人力,也可获得数量折扣的优惠。

(4)采取统购。所谓"统购"是对价值不高、价格稳定且经常需要使用而品种规格繁多的物品,先与供应商签订统购合约,议定价格,当需用时,由采购申请部门直接向供应商要货,这样就免除了采购申请及采购手续,只要仓储部门开出验收单即可付款。因此,为了避免对金额小、采购次数频繁的物品进行重复采购申请及简化采购作业流程,宜采取统购的方式,以节省时间及人力。

2.紧急采购申请

在采购过程中发生紧急采购申请的原因主要有以下几项。

(1)存货管理失误。由于原料的实际库存数量与账上不符,需求部门领用时才发现缺料;另外,有时库存虽数量足够,但是质量有瑕疵无法使用。在这些情况下,均必须进行紧急采购以申请补充库存量。

(2)生产计划不当。由于大多数企业都依据销售预测来生产,因此,预测的准确与否经常影响到生产计划能否顺利进行,若销售预测发生偏差,生产计划就必须加以修改,当追加销售数量或插入紧急订单时,此项产品的原材料如果没有足够库存,就会发生紧急采购申请。另外,在制定生产计划时,如果只依据外售数量安排原物料需求量,而忽略了自用数量,也会发生紧急采购申请。

(3)错失采购时机。就采购而言,如果采购人员对原材料的供应来源和供应时机把握不当就可能导致企业不能按时获取所需的物料。就供应商而言,如果采购人员未能掌握供应商的状况,当供应商未按照约定交货时,必须紧急转向其他来源进行采购。就时机而言,当发现来源越来越少时,采购人员就应紧急提高采购申请数量,以备将来不时之需。此外,有时采购人员与供应商议价耗时太久,导致购运时间不足,为了不影响公司运作,也会发生紧急采购;甚至有采购人员蓄意积压采购申请,以致发生紧急采购的情况。

(4)采购申请的延误。由于物料管理系统或人员的失误,需求部门未能及时开出采购申请单,致使库存已消耗殆尽时才发觉,因此必须进行紧急采购申请。有时可能采购申请的规格无法确认或预算不足,导致一再磋商或拖延,也会发生紧急采购申请。

紧急采购申请容易造成采购物品品质降低、价格偏高等损失,因此企业应做好存货管理和生产计划,并正确掌握采购申请及采购时机,以避免产生产销上的额外成本。

二、采购需求分析

采购与供应的职能作用,就是满足企业内部不能或者不愿意提供的产品或服务的需求,所以采购人员必须明确采购的需求,才能最终满足公司需求。采购需求分析与预测是采购供应过程的起点,精准地明确采购需求内容将会使企业在生产运作过程中风险降到最低,含糊不清或者错误的采购将导致产品或服务中断和延迟,多余的产品或服务也会增加额外的成本。所以采购员和采购经理精准明确采购需求非常重要。

(一)明确采购需求内容

1. 明确需求的产品和服务规格

(1)产品规格。明确品牌和商标名称、供应商或行业编码、样品、技术规格、构成规格、功能和性能规格、检测和检验的要求。

(2)服务规格。明确服务的难点、提供服务的人的规格条件(资格条件:学术背景、专业工作经历、以前工作案例等)。

2. 明确需求数量、交付与服务

(1)明确需求数量。当对产品或服务的采购量进行计划时,采购人员应当估计出一定时期内该种产品和服务最可能的需求量。

(2)明确交付。明确交货次数和时间、交货地点、运输的形式和包装说明。

(3)明确供应商服务与响应。明确供应商的服务水准、供应商的技术支持与培训、供应商的维护和维修。

除此之外,还要明确买卖双方的联系人信息、背景资料、评估报价的基本原则、适用的法律法规以及公司的有关政策。

(二)采购需求分析

1. ABC 分析法

首先我们用 ABC 方法处理采购优先权的问题,因为企业除了生产所需要的原材料外,还需要办公用品、生活用品等,因此需要采购的物资品种是很多的。但是,这些物资的重要程度都是不一样的。有的特别重要,一点都不能缺货,一旦缺货将造成不可估量的损失;有些物资则相对不那么重要,即便缺货,也不会造成多大的损失。面对这样的情况,采购人员在进行采购时该怎么处理呢?这时候最有效的方法,就是采用 ABC 分析法,将所面对的成千上万的物资品种进行 ABC 分类,并且按类别实行重点管理,用有限的人力、物力、财力去为企业获得最大的效益。ABC 分析法在实际运用过程中,通常可以参照以下步骤进行。

(1)收集数据。收集数据,即按分析对象和分析内容,收集有关数据。例如,计划分析产品成本,则应收集产品成本因素、产品成本构成等方面的数据;计划分析某一系统工程的价值,则应收集系统中各局部功能、各局部成本等数据。

(2)处理数据。处理数据即对收集来的数据资料进行整理,按要求计算和汇总。

(3)编制 ABC 分析表。按各库存品种占用资金的多少顺序排列,分别计算库存金额累计百分比和品种数累计百分比;根据已计算的年库存金额的累计百分比,按照 ABC 库存分类法的基本原理,对库存进行分类。

表 2-5　ABC 分析表

序号	材料名称	价格(元)	比重(%)	累计比重(%)

(4)根据 ABC 分析表确定分类。累计比重占 80% 以内的材料是主要材料(A 类材料);累计比重为 80%~90% 的材料是次要材料(B 类材料);其余为一般材料(C 类材料)。

(5)绘制 ABC 分析图。以累计品目百分数为横坐标,以累计资金占用额百分数为纵坐标,绘成 ABC 分析图。

对 A 类存货的控制,要计算每个项目的经济订购批量和订货点,尽可能增加订购次数,以减少存货积压,也就是减少其昂贵的存储费用和大量的资金占用;同时,还可以为该类存分别设置永续盘存卡片,以加强日常控制。

对 B 类存货的控制,也要事先为每个项目计算经济订购批量和订货点,同时也可以分项设置永续盘存卡片来反映库存动态,但要求不必像 A 类存货那样严格,只要定期进行概括性的检查就可以了,以节省存储和管理成本。

对 C 类存货的控制,由于它们为数众多,而且单价又很低,存货成本也较低,因此,可以适当增加每次订货数量,减少全年的订货次数。对这类物资日常的管理,一般可以采用一些较为简化的方法。

2. 物资消耗定额

物资消耗定额管理也是一种需求分析的好方法。通过物资消耗定额,就可以根据产品的结构零部件清单或工作量求出所需要的原材料的品种和数量。

所谓物资消耗定额,是在一定的生产技术组织的条件下,生产单位产品或完成单位工作量所必须消耗的物资的标准量,通常用绝对数表示,如制造一台机床或一个零件消耗多少钢材、生铁;有的也可用相对数表示,如在冶金、化工等企业里,用配料比、成品率、生产率等表示。

在实际操作中,物资消耗定额管理通常有以下三种方法。

(1)技术分析法。技术分析法具有科学、精确等特点,但在操作过程中,通常需要经过精确计算,工作量比较大。在应用中,通常可参照以下步骤。

①根据产品装配图分析产品的所有零部件。

②根据每个零部件的加工工艺流程得出每个零部件的加工工艺。

③对于每个零件,考虑从下料切削开始一直到后面所有各道加工的切削完成形成零件

净尺寸 D 为止所有切削的尺寸留量 d。

④每个零件的净尺寸 D 加上所有各道切削尺寸留量 d 之和,就是这个零件的物料消耗定额 T:

$$T = D + \sum d_i (i=1,2,3,4)$$

其中,切削留存量包括:

d1:加工尺寸留量。选择材料直径、长度时,总是要比零部件的净直径、净长度要大,超过的部分就是加工切削的尺寸留存。

d2:下料切削留量。下料时,每个零部件的毛坯都是从一整段原材料上切断而得到的。切断每段毛坯都要损耗一个切口宽度的材料,这就是下料切削留量。

d3:夹头损耗。一整段材料可能要切成多个零部件毛坯。在切削成多个毛坯时,总是需要用机床夹具夹住一头。如果最后一个毛坯不能掉头切削的话,则这个材料的夹头部分就不能再利用而成为一种损耗,这就是夹头损耗。

d4:残料损耗。在将一整段材料切削成多个毛坯时,也可能出现 n 个工艺尺寸不能刚好平分一整段材料而剩余小部分无法利用,这就是残料损耗。

【例 2-1】 一个锤子,由铁榔头和一个檀木木柄装配而成,檀木木柄净尺寸为 Φ30×250mm,由 435mm 长的圆木加工而成,平均每个木柄下料切削损耗 5mm,长度方向切削损耗 5mm,外圆切削损耗 2.5mm,夹头损耗 30mm,平均残料损耗 10mm。铁榔头由 Φ50 的 A4 钢材切成坯料经锻压加工而成。加工好的铁榔头净重 1,000g,锻压加工损耗 200g,柄孔成型加工损耗 200g,下料损耗 200g,夹头损耗为 0,残料损耗为 0。求这种锤子的物资消耗定额。如果下月需要加工 1,000 个锤子,问需要采购多少物料。

计算资料和结果如表 2-6 所示。

表 2-6 物资消耗定额计算

产品名称			锤子						下月生产计划(1000 个)
材料名称	规格	计算单位	净尺寸净重	下料损耗	加工切削损耗	夹头损耗	残料损耗	物资消耗定额	采购需求量
檀木原木	Φ30	m	0.25	0.005	0.005	0.03	0.01	0.3	300
圆钢 A4	Φ50	kg	1	0.2	0.2+0.2	0	0	1.6	1600

求出锤子的物资消耗定额为:Φ35 檀木 0.3m,A4 Φ50 圆钢 1.6kg。月产 1000 个锤子,采购需求量为:Φ35 檀木 300m,A4 Φ50 圆钢 1,600kg。

项目二　采购与供应计划

任务三　采购需求的确定

导入案例

计划采购

月末的一天晚上,一家人吃完饭在客厅小憩。

妈妈:咱们下个月的米该买了(采购需求)。

爸爸:哦,要买多少? 还有哪些东西要买啊?

妈妈:家里的米还可以吃2天(现有库存状况),咱们这个月家里3个人吃饭,吃了40斤米(历史使用情况),下个月我妈妈要来(突发性需求),估计下个月要多买15斤米。不过我听说过几天市场米价要涨,反正米放2个月也不会坏,我们就买2个月的米吧(屏障库存),那就得买95斤米。市场上到处有现存米卖(采购提前期),我们后天去买就好了(需求时间)。(在低价时大量购进价格易于波动的物品而实现可观的节约,这种库存就叫屏障库存。)

妈妈:还有油也用完了。我算算大概应该买20公斤油才够用(采购计划)。

爸爸:就这两样要买是吧(采购审批)?

买什么? 买多少? 如何确定购买量? 不能盲目作决定,需要经过详细的计算以及制定合理的采购计划,从而树立正确的采购理念。

任务目标

通过本任务的学习,掌握采购量确定的几种方法,并能根据实际情况进行相关计算。

任务学习

一、采购需求的确定

一般而言,制造业的经营始于原材料的采购,经加工制造或组合装配成为产品,再通过销售过程获得利润。由此可见,采购是制造业生产经营的第一步,其中如何获取足够数量的原材料是采购计划的重点所在。采购需求的确定是正常的产销活动的重要保证。

(一)决定采购需求的资料基础

1. 生产计划

生产部门对物料的需求,是采购计划制定的根本依据。物料采购计划要从生产需求开始,国内外企业物料采购,一般都是首先由生产部门根据生产计划或即将签发的生产通知提交请购单;或者说,是由生产部门根据生产计划编制用料申请表,报送采购部门。

2. 物料清单

物料清单是制造企业的核心文件,由产品设计人员从产品设计图样中提取数据生成,它包含了构成产品的所有装配件、零部件和原材料信息,为编制物料需求计划提供产品组成信息。采购部门要根据物料清单确定物料的采购需求计划并可据此精确计算制造某一种产品的用料需求数量。

3. 存量管制卡

根据生产计划和物料清单计算出的物料采购需求并不一定就是实际采购数量,因为企业可能还有库存,如果有足够的库存,有可能不需要进行采购。因此,企业一般都建立了存量管制卡,以记录各种物料的库存状况。在计算实际采购数量时,必须考虑目前的库存状况,以及安全存量标准等因素。

4. 独立需求物料与相关需求物料

物料的需求可分为独立需求和相关需求两种类型。

(1)独立需求。独立需求是指某种物料的需求量是由外部市场决定的,与其他物料不存在直接的对应关系,表现出对这种库存需求的独立性。

(2)相关需求。相关需求是指某种物料的需求量与其他物料有直接的匹配关系,当其他某种物料的需求量确定以后,就可以通过这种相关关系把该种物料需求量推出来。

关于上述两个概念,具体而言,来自用户的对企业产品和服务的需求称为独立需求。独立需求最明显的特点是需求的对象和数量不确定,只能通过预测方法粗略地估计。相反,企业内部物料转化各环节之间所发生的需求为相关需求。相关需求也称为非独立需求,它可以根据对最终产品的独立需求准确地计算出来。

比如,某汽车制造厂年产汽车30万辆,这是通过预测市场对该产品的独立需求来确定的。一旦30万辆汽车的生产任务确定之后,构成该种汽车的零部件和原材料的数量及需要时间就可以通过计算精确地得到。对零部件和原材料的需求就是相关需求,与其附件和包装物之间则水平相关。

二、采购需求量的确定

采购量的大小决定生产销售与资金调度的顺畅与否。物料采购量过大造成过高的存货储备成本与资金积压;物料采购量过小,则采购成本提高。因此适当的采购量是非常必要的。采购需求量大小的确定是采购需求分析的重要组成部分。

生产计划、用料清单以及库存量是决定采购数量的主要依据,更为具体地讲,它们是决定独立需求物料的主要依据。采购数量只表示某一物料在某时期应订购的总量,至于某一物料在某时期应如何订购,下面作进一步说明。

(一)定期订购法

1. 定期订购的含义和基本原理

定期订购是按预先确定的订货时间间隔按期进行订货,以补充库存的一种库存控制方法。其基本原理是：每隔一个固定的时间周期检查库存项目的储备量。根据盘点时的实际库存量与预定的目标库存水平的差额确定每次订购批量。进口的物料以及少数价值很高的国内采购物料，可以选择每季、每月或每周订购一次。这种方法在使用上要求必须对物料未来的需求数量能作出正确的估计，以避免存货过多，造成资金积压。

2. 定期订购的优缺点

定期订购的优点：

（1）定期订购一般只用在盘点期间进行库存盘点，工作量相对较少，工作效率相应较高；

（2）定期订购的订货周期是固定的，这便于安排订货计划和工作计划，库存管理的计划性较强。

定期订购的缺点：

（1）不能随时监控库存动态，为防止缺货，需要较高的安全库存量；

（2）每次订购批量不固定，运营成本较高，经济性差；

（3）每次订货都要检查储备量和订货合同，并要计算出订货量。

（二）定量订购法

定量订购是指当库存量降到某一确定的数值时，开始订购预先确定的新的物资，补充库存，订货时间不定。为了降低成本，需要确定合适的订货批量，即经济订购批量。

1. 经济订购批量

经济订购批量（Economic Order Quantity，EOQ）即通过成本分析所得的库存总成本为最小时的每次订购批量，用于解决独立需求物品的库存控制问题。研究经济订购批量，首先要分析物品存储系统中的各种成本。

（1）购置成本。购置成本是指库存物资本身的成本，其大小等于物品单价乘以购买数量。

（2）订货成本。订货成本是指企业为实现一次订货而进行的各种活动的费用，包括与订货有关的差旅费、邮费、通信费、资料费等支出。订货成本通常随订购次数的增加而增加。

（3）储存成本。储存成本是指为保持库存而发生的成本，包括库存占用资金应付的利息以及使用仓库、保管货物、货物损坏变质等支出的各项费用。

（4）缺货成本。缺货成本是指当库存供不应求时所引起的损失，如失去销售机会的损失、停工待料的损失以及不能履行合同而缴纳的罚款等。大部分缺货成本都难以进行定量计算，需要通过经验和估算得出。

一般而言，库存物品的年度成本＝购置成本＋订货成本＋储存成本＋缺货成本。

2. EOQ 模型

常见的 EOQ 模型有基本模型和扩展模型两种。EOQ 基本模型中，企业使用或销售产品的速度是均匀并固定的，提前期也是固定的，不存在缺货的问题，因而不涉及缺货成本。在扩展模型中，需求量与提前期都是不固定的，缺货情况也是有可能的，因此，必须考虑缺货成本。下面详细介绍两种简单的 EOQ 模型。

(1)EOQ 的基本模型

设立的假设条件：

企业能及时补充库存，即需要订货时便可立即取得库存；

能集中到货，而不是陆续到货；

不允许缺货，即缺货成本 TC_s 为零；

需求量稳定，并且能预测；

存货单价不变，不考虑现金折扣；

企业现金充足，不会因为短缺现金而影响进货；

所需存货市场供应充足，不会因买不到需要的存货而影响其他方面。

EOQ 基本模型中的存储量 Q 与时间 t 的变化可以用下图来表示。

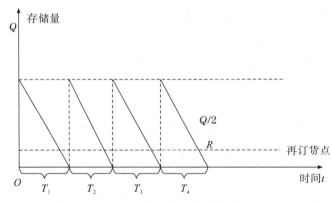

图 2-3 经济订货量的基本模型

库存总成本为：

$$C(t) = KR + \left(\frac{R}{Q}\right)C_2 + \left(\frac{Q}{2}\right)C_1$$

公式中，R 为产品年需求量；K 为产品单价；Q 为每次订购批量；C_1 为单位储存成本；C_2 为每次订购成本。

对等式两边关于 Q 求导，并令其为零，可得经济订购批量为：

$$EOQ = \sqrt{\frac{2C_2 R}{C_1}}$$

经济订货周期公式为：

$$T = \frac{Q}{D}$$

每年的经济订货次数公式为：

$$N = \frac{D}{Q}$$

(2)扩展模型。该模型的假设除了进货时陆续进行的以外，其余和基本模型一致。该模型的图形关系如下。货物不是一次集中到达，而是陆续到达。库存量不是一下从零增加到最大，而是渐进地达到最大。货物在进货的同时也被消耗。

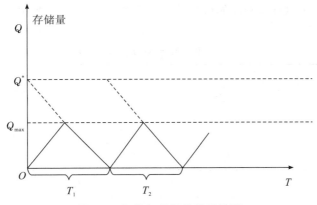

图 2-4 经济订货量的扩展模型

库存总成本为：

$$C(t) = KR + \left(\frac{R}{Q}\right)C_2 + \frac{Q}{2}\left(1 - \frac{d}{p}\right)C_1$$

经济订购批量为：

$$EOQ = \sqrt{\frac{2C_2R}{C_1} \times \frac{p}{p-d}}$$

式中，p 为进货速率；d 为消耗速率；其他参数含义与上一模型相同。

【例 2-2】 某企业每年需某种材料 3600kg，该材料单位成本 1 元，单位储存成本 2 元，每次订货费用为 25 元。则：

$$Q = \sqrt{\frac{2C_2R}{C_1}} = \sqrt{\frac{2*25*3600}{2}} = 300\text{kg}$$

$$T = \frac{Q}{D} = \frac{300}{3600} \approx 0.083(年) 或 0.083*365 = 30(天)$$

$$N = \frac{D}{Q} = 3600/300 = 12(次)$$

所以，该企业平均 30 天采购一次，每次采购的数量为 300kg，每年采购 12 次。

对于价格低廉、临时需求及非直接用于生产的物料，比较适合采用定量订购法，也就是按照订购点来决定采购点。譬如，复仓制的采购计划，即此类物料首次入库时将其分为两部分，当其中一部分使用完毕时，必须先开出请购单，才准使用所剩余的另一部分物料，采购与使用反复交替进行。此类物料数量的管制通常由仓储人员负责。

拓展阅读

经济订购批量图解法

经济订购批量也可以用图解法求得：先计算出一系列不同批量的各有关成本，然后在坐标图上描出由各有关成本构成的订货成本线、储存成本线和总成本线，总成本线的最低点（或者是订货成本线和储存成本线的交点）相应的批量，即经济订购批量。

不同批量下的有关成本指标见下表，不同批量的有关成本变动情况见下图。从以下指标的图表中可以直观地看到,当订货批量为300千克时总成本最低,小于或大于这一批量都是不合算的。

表 2-7 不同批量下的有关成本指标表

订货批量(kg)	100	200	300	400	500	600
平均存量(kg)	50	100	150	200	250	300
储存成本(元)	100	200	300	400	500	600
订货次数(次)	36	18	12	9	7.2	6
订货成本(元)	900	450	300	225	180	150
总成本(元)	1000	650	600	625	680	750

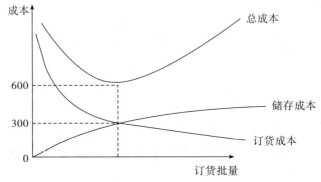

图 2-5 不同批量的有关成本变动情况图

技能训练

使用经济订购批量法为企业确定最佳的订货时机和订货数量

某企业 A 商品年需求量为 16000 箱,单位商品年保管费用为 2 元,商品单位成本为 1 元,每次订货成本为 40 元,现在企业准备对采购作业重新进行计划。

【思考】

请使用经济订购批量法为企业确定最佳的订货时机和订货数量。

(三)固定数量法

计划订单数量以净需求为基础,订单数量必须为固定经济批量所定数量的整数倍。如果每次订货的数量都是固定的,可以采用该类设置。同时要设置固定批量。这种订货方法每次订货数量相同而且一般都是凭经验或直觉确定的,同时不考虑订货成本和储存成本。

如根据每周的生产计划需求,运用固定数量法作出订购计划,如下表所示:

表 2-8 固定数量订购计划表

周	1	2	3	4	5	6	7	8	9	10	11	12	合计
净需求	25	10	10		15		12	8	22	8	13	17	140
计划订购	50				50				50				150

项目二 采购与供应计划

（四）批对批法

它表示对每一天的净需求都产生计划订单。这种方法每次发出的订购数量与每一期净需求的数量相同，并且每一期均不留库存。有时也会考虑最小订货批量、批量增量等。对大多数订货成本不高且没有特殊要求的物料，可以采用这种方法进行设置。

如根据各周的生产计划需求，运用批对批法作出订购计划，如下表所示：

表 2-9　批对批订购计划表

周	1	2	3	4	5	6	7	8	9	10	11	12	合计
净需求		15		22	13		7	18	28		12	15	130
计划订购		15		22	13		7	18	28		12	15	130

（五）固定期间法

固定期间法每次采购的期间是固定的，将各天的净需求进行汇总后进行批量调整，这种方法可以节约成本，订货间隔期的长短根据以往经验确定。对于周期性订货的物料，如供应商有良好的信誉，且需求相对稳定，同时采用周期订货对供应双方都便利，可以采用该类设置。

任务四　采购计划编制

◆导入案例

"凡事预则立，不预则废"

《礼记·中庸》："凡事豫则立，不豫则废。言前定则不跲，事前定则不困，行前定则不疚，道前定则不穷。"豫，亦作"预"。意思是：做任何事情，事前有准备就可以成功，没有准备就会失败。说话先有准备，就不会词穷理屈站不住脚；做事先有准备，就不会遇到困难挫折；行事前计划先有定夺，就不会发生错误或后悔的事；提前规划好路线就不会迷失方向。这在哲学上反映的是原因和结果的关系。

企业的采购亦是如此，如果没有一个详细的采购计划，企业就难以在竞争激烈的市场中立足。

◆任务目标

通过本任务的学习，了解采购计划的含义及其在采购工作中的先导作用，熟悉采购计划的内容，并能根据采购计划制定流程编制具体的采购计划。

任务学习

一、认识采购计划

（一）采购计划的含义

采购计划是指企业管理人员在了解市场供求情况、认识企业生产经营活动过程和掌握物料消耗规律的基础上对计划期内的物料采购管理活动所做的预见性的安排和部署。

采购计划有广义和狭义之分：广义的采购计划是指为了保证供应各项生产经营活动需求的物料编制的各种采购计划的总称；狭义的采购计划是指每个年度的采购计划，即对企业计划年度内生产经营活动所需采购的物料数量和采购时间等所作的安排和部署。

按计划期的长短划分，采购计划分为年度物料采购计划、季度物料采购计划、月度物料采购计划；按物料使用方向划分，采购计划分为生产用物料采购计划、维修用物料采购计划、基本建设用物料采购计划、技术改造用物料采购计划等；按物料自然属性划分，采购计划分为金属物料采购计划、机电产品物料采购计划、非金属物料采购计划等。

（二）采购计划的作用

制定采购计划是企业整个采购工作的第一步。采购计划是为维持企业正常的产销活动，在一定时期内，确定应在何时购入何种物料的具体安排。采购计划的编制主要依赖于每年的销售预测、生产预测和经济预测中的信息。销售预测提供关于材料需求、产品及采购后的服务信息；生产预测提供关于所需材料、产品和服务的信息；经济预测提供关于价格、工资和其他成本总趋势的信息。

采购计划对企业的生产经营活动具有重要的作用，具体表现为：

(1)可以有效地规避风险，减少损失。采购计划是面向未来的，企业在编制采购计划时，已经对未来因素进行了深入的分析和预测，做到有备无患，既保证了企业经营需要的物料供应，又降低了库存水平，减少了风险。

(2)为企业组织采购提供了依据。采购计划具体安排了采购物料的活动，企业管理者按照这个安排组织采购就有了依据。

(3)有利于资源的合理配置，以取得最佳的经济效益。采购计划制定者选择最优的采购决策与实施计划，对未来物料供应进行科学筹划，有利于合理利用资金，最大限度地发挥各种资源的作用，以获得最佳效益。

（三）影响采购计划的因素

影响采购计划的因素很多，采购部门在拟订好采购计划以后，必须与生产部门经常保持联系，根据实际情况的变化作出必要的调整和修订，保证维持企业正常的产销活动，协助财务部门妥善规划资金收支。在编制采购计划时，通常要考虑以下几个因素。

1. 年度销售计划

销售计划规定企业在计划期内(年度)销售产品的品种、质量、数量和交货期,以及销售收入、销售利润等。它是以企业与客户签订的供货合同和对市场需求的预测为主要依据编制的,采购计划要为销售计划的实现提供物料供应的保证。

2. 年度生产计划

年度生产计划规定企业在计划期内(年度)所生产产品品种、质量、数量和生产进度以及生产能力的利用程度。它是以销售计划为主要依据,加上企业管理人员的定量分析和判断编制的。生产计划是确定企业在计划期内生产产品的实际数量及其具体的分布情况。生产计划决定采购计划,采购计划又对生产计划的实现起到物料供应保证作用。示例如下表:

表2-10 某企业2015年度生产计划表

项目	第一季度	第二季度	第三季度	第四季度	合计
预计销售量/台	400	450	500	450	1800
加:预计期末存货量/台	45	50	45	50	50
预计需要量合计/台	445	500	545	500	1850
减:期初存货量/台	40	45	50	45	40
预计生产量/台	405	455	495	455	1810

3. 物料需用清单

生产计划只列出产品的数量,无法直接知道某一产品需要使用哪些物资,以及数量多少,因此,必须借助于物料需用清单。物料需用清单由研究发展部或产品设计部制成。根据此清单精确计算出制造某一种产品的物料需求数量,物料需用清单中的耗用量(即标准用量)与实际用量相互比较作为用料管制的依据。示例如下表:

表2-11 自行车产品的物料需用清单

物料号	层次	物料名称	计量单位	数量	类型	ABC码
GB950	0	自行车	辆	1	M	A
BG120	1	车架	件	1	M	A
CL120	1	车轮	个	2	M	A
LG300	2	轮圈	件	2	B	A
GB890	2	轮胎	套	2	B	B
GBA30	2	辐条	根	42	B	B
113000	2	车把	套	1	B	A

注:类型中的"M"为自制件,"B"为外购件。

4. 设备维修计划和技术改造计划

设备维修计划规定企业在计划期内(年度)需要进行修理的设备的数量、修理的时间和进度等;技术改造计划规定企业在计划期内(年度)需要进行的各项技改项目的进度,预期的经济效果,以及实现技改项目所需要的人力、物资、费用和负责执行的单位。这两个计划提出的物料需求品种、规格、数量和需要时间,是编制物料采购计划的依据,采购计划要为这两个计划的实现提供物料保证。

5. 存量管制卡

若商品有存货,则生产数量不一定要等于销售数量。同理,若物料有库存,则物料采购数量也不一定要等于根据物料需用清单所计算的物料需用量。因此,必须建立物料的存量管制卡,以表明某一物料目前的库存情况,再依据物料需用量,并考虑采购物料的作业时间和安全存量标准,算出正确的采购数量,然后才开具请购单,进行采购活动。由于应该采购的数量必须扣除库存数量,因此,存量管制卡记载是否正确,将是直接影响采购计划准确性的因素之一。

6. 劳动生产效率

生产效率的高低将使预计的物料需求量与实际的耗用量产生误差。产品的生产效率降低,会导致原物料的单位耗用量提高,而使采购计划中的数量不能满足生产所需。过低的产出率,也会导致企业需经常修改作业,从而使得零部件的损耗高出正常需用量。所以,当生产效率有降低趋势时,采购计划必须将额外的耗用率计算进去,才不会发生物料的短缺现象。

7. 价格预期

在编制采购计划时,企业应对物料价格涨跌幅度、市场景气或萧条、汇率变动等进行预测,并将其列为调整预测的因素。不过,个人主观的判定与事实常有差距,也可能会造成采购预算的偏差。

由于影响计划的因素很多,因此采购计划制定后,计划制定部门必须与产销部门保持经常性的联系,并针对现实情况作出必要的调整和修订,只有这样才能实现维持正常产销活动的目标,并协助财务部门妥善规划资金来源。

三、采购计划的编制方法

1. 掌握采购计划的内容

编制采购计划就是确定企业从外部采购哪些产品和服务能够最好地满足企业经营需求的过程,涉及事项包括是否采购、怎样采购、采购什么、采购多少以及何时采购。好的采购计划可以使企业的采购管理有条不紊地顺利实现。一项完善的采购计划不仅包括采购工作的相关内容,而且包括对采购环境的分析,并要与企业的经营方针、经营目标、发展计划、利益计划等相符合。采购计划编制主要内容如下表所示:

表 2-12 采购计划的主要内容

部分	目的
计划概要	对拟议的采购计划给予扼要的综述,便于管理机构快速浏览
目前采购情况	提供有关物料、市场、竞争以及宏观环境的相关背景资料
机会与问题分析	确定主要的机会、威胁、优势、劣势和采购面临的问题
计划目标	确定计划在采购成本、市场份额和利润等领域所完成的目标
采购战略	提供将用于实现计划目标的主要手段
行动方案	确定谁去做、什么时候做、费用多少
控制	指明如何检测计划

采购计划编制需要经过下列几个阶段:企业在编制采购计划之前首先要作自制分析或外购分析,以决定是否要采购。在自制分析或外购分析中,主要对采购可能发生的直接成本、间接成本、自行制造能力、采购评标能力等进行分析比较并决定是否从单一的供应商或从多个供应商采购所需要的全部或部分物料,或者不从外部采购而自行制造。

当决定需要采购时,合同类型的选择便成为买卖双方关注的焦点,不同的合同类型适合不同类型的采购。常见的合同可分为以下四种:

(1)成本加固定费用(CPF)合同。此类合同适用于研发项目。

(2)成本加奖励费用(CPF)合同。此类合同适用于高风险项目。

(3)固定价格加奖励费用(FPI)合同。它是长期的高价值合同。

(4)固足总价(EP)合同。此类合同下,买方易于控制总成本,风险最小,卖方风险最大而潜在利润可能最大,因而最常用。

企业采购时可根据具体情况进行选择。

在自制分析或外购分析和确定所采用的合同类型后,采购部门开始着手编制采购计划。

2. 了解编制采购计划的目的

一般而言,制造业的经营活动开始于原材料、零部件的采购,然后经加工制造或经组合装配成为产品,再通过销售获取利润。因此,通过何种渠道、在什么时间购买多少原材料和零部件是采购工作的重点所在。采购计划就是为了维持正常的产销活动,对在某一特定的期间内应在何时购入多少何种材料的一种预先安排,在企业的产销活动中具有重要的作用。

采购计划的编制应达到下列的目的:

(1)预估材料需用数量与时间,防止供应中断,影响产销活动。

(2)避免材料储存过多、积压资金和占用储存的空间。

(3)配合公司生产计划与资金调度。

(4)使采购部门事先有所准备,选择有利时机购买材料。

(5)确立材料耗用标准,以便管理材料的购入数量和成本。

3. 制定合理的采购计划

由于市场变化捉摸不定,采购部门要制定一份合理的采购计划并不是一件容易的事。因此,采购部门应对采购计划工作给予高度的重视,不仅要拥有一批经验丰富、具有战略眼光的采购计划人员,并且在制定采购计划时,还必须抓住关键的两点:知己知彼,群策群力。

(1)认真分析企业自身情况。采购部门在制定采购计划之前,必须要充分分析企业自身实际情况,如企业在行业中的地位、现有供应商的情况、生产能力等,尤其要把握企业长远发展计划和发展战略。企业发展战略反映着企业的发展方向和宏观目标,采购计划如果没有贯彻落实企业的发展战略,可能导致采购管理与企业的发展战略不相协调甚至冲突,造成企业发展中的"南辕北辙",而且脱离企业发展战略的采购计划,缺乏根据,有可能使采购部门丧失方向感。因此,只有充分了解企业自身的情况,制定出的采购计划才最可能是切实可行的。

(2)进行充分的市场调查,收集真实可靠的信息。采购部门在制定采购计划时,应对企业所面临的市场进行认真的调研,调研的内容应包括经济发展形势、与采购有关的政策法规、行业发展状况、竞争对手的采购策略以及供应商的情况等。只有做好充分细致的准备工作,才能最终完成采购计划的制定。否则,制定的计划无论理论上多合理,都可能经不起市场的考验,要么过于保守造成市场机会的丧失和企业可利用资源的巨大浪费,要么过于激进导致计划不切实际、无法实现而成为一纸空文。

(3)集思广益,群策群力。许多采购部门在制定采购计划时,常常是仅由采购经理来制定,没有相关部门和基层采购人员的智慧支持,从而失去了实际的资料和最有创造性的建议,而且缺乏采购人员的共识,致使采购计划因不够完善而影响采购运作的顺利进行。因此,在编制采购计划时,不应把采购计划作为一个部门的事情,应该广泛听取各部门的意见,吸收采纳其合理和正确的意见和建议,在计划拟成文之后,还需要反复征询各方意见,以使采购计划真正切合企业的实际,适应市场变化。

4. 编制采购计划应注意的其他问题

在把握好编制采购计划的方法外,采购部门在编制采购计划时,还应注意以下问题:

(1)应尽量具体化、数量化,说明何时、何人实施,以便于计划管理、执行和控制。

(2)应适时对计划进行修改和调整。

例如,某企业为了规范公司采购行为,降低公司经营成本,制定如下采购计划和申请管理办法:

①根据公司年度经营计划、材料消耗定额、各部门物资需求以及现有库存情况可以制定年度采购计划预案。

②根据年度生产进度安排、资金情况和库存变化,相应制定年、季度或月度的具体采购计划,该计划按期滚动。

③公司年度采购计划须经总经理办公会议批准,实施半年、季度采购计划须经总经理审批,月度采购计划变化不大的经主管副总经理核准。

④根据采购计划制作的采购预算表,以一式多联方式提交,分别经采购部经理、主管副总经理、总经理按权限签批核准。

⑤公司物料原存量达到安全库存量或控制标准时,可及时提出采购申请,并分定量订购和定时订购两种方法实施采购。

四、采购计划的编制流程

采购计划是根据生产部门或其他使用部门的采购需求制定的包括采购物料名称、采购数量、需求日期等内容的计划。

采购计划属于生产/销售计划中的一部分,也是企业年度计划与目标的一部分。通常,销售部门的计划(即销售收入预算)是企业年度计划的起点,生产/销售计划随之确定。而生产/销售计划则包括采购预算(直接原料/商品采购成本)、直接人工预算及制造/销售费用预算。由此可见,采购预算是采购部门为配合年度的销售预测或采购数量,对所需求的原料、物料、零件等的数量及成本作出的详细计划。采购计划虽是整个企业预算的核心,但是如果单独编制,不但缺乏实用价值,也失去了与其他部门的配合。

编制采购计划大体分为以下三个阶段。

(一)准备阶段

(1)参加编制计划的人员,一定要在保证物资使用功能的条件下,以降低采购成本为原则,审定所需购买的物资。

(2)要做好内部资料的收集、准备工作;挖掘物资潜力,修订物资消耗定额,预计期末库存,以便做好物资平衡。

(3)要从外部收集有关资料,如产品样本、出厂价格、产品质量、运费、市场货源、市场价格、产地、规格、数量等情况,以便有选择地安排计划。

(4)在编制计划过程中,要对选定的物资进行审查,主要是研究每项选定物资在技术、经济和供应条件等方面是否合理。

(二)平衡阶段

物资平衡主是指资源与需要在数量品种、规格上的平衡,以及各类物资之间的平衡衔接。其计算公式为:

某种物资的采购量=该种物资本期的需要量+计划期末库存量-计划期初库存量-企业内部可利用资源

物资平衡表如下表所示。

表 2-13 物资平衡表

年　　月

编号	物资名称	计量单位	预计期初库存①	企业可利用资源			计划期需用量⑤	计划期末余额⑥	平均余缺⑦	采购量⑧	备注
				合计②	改用③	原来入库量④					
				②=③+④					⑦=(⑤+⑥)-(①+②)		

(三)编制采购计划

采购计划都是由下而上逐级进行编制,各级物资申请单位可按生产、基建、市场需要等不同情况,提出计划期需用量,编制物资申请计划,并按规定时间和要求逐级汇总上报。基础单位的物资申请计划是上一级单位制定采购计划的基础,所以一定要如实填报。

(四)采购计划的相关表格

采购计划确定后,接下来要编制采购计划表。如年度采购计划表(表 2-14)、月度采购计划表(表 2-15),通过采购计划表完成采购工作。

表 2-14　年度采购计划表

编号：　　　　　　　　　　　　　　　　　　　　　　　　　制表人：

物品种类 序号	品名	规格	单位	单价	年度用量	现有库存量	年计划采购量	年计划采购金额	计划采购日期
1									
2									
3									
4									
5									
6									
7									
……									

制表日期：　　年　月　日　　　　　　　　本表有效期：　　年　月　日至　　年　月　日

表 2-15　月度采购计划表

编号：　　　　　　　　　　月份

序号	采购商品名称	型号规格	计划数量	采购数量	计划到货日期	实际到货日期	备注

具体执行采购计划,向供货商订货,应使用订购单,一般格式如下表所示。

项目二 采购与供应计划

表 2-16 订购单

订购单编号：　　　　　　　　日期：

厂商		编号		地址		电话			
订购内容									
交货地点									
项次	商品名称	编号	单 位	订购数量	单价	金额	交货日期	数量	
1									
2									
3									
4									
……									
合计									
合计金额(大写)				万 仟 佰 拾 元 角 分					

交易条款
1.交期
承制厂商须依本订单之交期或本公司采购部以电话或书面调整之交期交货,若有延误,逾一日扣批款的％。
2.品质
(1)依照图面要求。
(2)进料检验:依 MIL－STD－105D Ⅱ 抽样检验,AQL＝0.65％。
3.不良处理
(1)经检验后之不合格品,应于三日内取回,逾时本公司不负责。
(2)如急用需选别的产品,所产生的费用,依本公司的索赔标准计费。
4.附件
(1)产品图纸：　　　张。
(2)检验标准：　　　份。

总经理		经理		主管	
承办人		承制厂			

五、采购计划的审批和执行

(一)采购计划的审批

采购计划的审批是指企业内主管物资采购的部门对采购计划的审查和批准。有的采购计划审批还包括企业上级领导机关对物资采购计划的批准。

物资采购是由下而上进行的,在编制过程中各部门虽然做了不少的工作,一般比较符合实际,但也可能会存在一些问题,所以要进行审批。

审查的内容主要包括：
(1)是否符合上级计划安排的原则和国家的方针政策;
(2)任务是否合理适当,物资消耗定额是否准确、先进、可靠;

(3)各期的库存储备量的预计有无高估或低估现象;

(4)各种采购物资是否配套;

(5)是否遵循了成本最优化原则,在保证质量的前提下,企业是否达到了先进性和效益性;

(6)计算是否有误,计划表格中各栏填写是否符合规定要求等。

(二)采购计划的执行

计划的制定是为了组织执行,而执行又是检验计划正确与否的过程。企业在执行采购计划的过程中,要做好计划执行情况的检查,如经常检查采购计划的执行情况(包括时间、地点、质量、数量、价格)、主要物资消耗定额的情况、关键物资的储备定额与储备资金定额的情况。检查手段主要是利用各种统计资料的对比分析以及现场的核对,通过检查便于及时发现问题并加以纠正,具体要做好以下工作。

1. 组织物资的订货与采购

一般来说企业需要物资的具体品种规格,由哪些单位供应、什么时候供应,都需要由企业的物资供应部门通过订货才能具体确定。具体地讲,大宗物资可通过参加有关订货会议与物资生产企业签订订货合同,直接从生产企业取得,不需经过中转机构,这样可优化供需要求的衔接,缩短供货时间,减少流通费用等,这就是直接订货方式。它适宜于企业产品定型、生产稳定、需求量大的原材料、燃料、大件设备和专用物资。小额物资可通过中转机构,即通过物资流通企业订购,一般采用就近就地原则,这样可使企业进行灵活采购、减少库存费用等,但需支付中转费用,这就是间接订货方式。它适宜于使用量不大但使用范围较广的通用物资。

非计划分配物资或零星需要物资可按实际需要,根据经济合理性原则,向物资部门、商业部门、供销系统和其他企业单位自由组织采购。

2. 慎重选择合适的供货商

在选择供货商时,应考虑对方的生产能力、技术能力、信誉度和所供物资的质量、价格数量、服务质量、运输等对本企业是否有利,尽量选择供应条件好的厂家,并尽可能节省采购费用。

3. 加强采购合同管理

采购合同是根据采购双方协议条件而签订的责任契约。采购合同应明确规定物资的牌号、规格、质量、数量、交货期、交货方式、运输方式、验收方法、付款形式、违规的处理方法和罚金、赔偿金额等。

同步练习

一、单项选择题

1.( )是采购作业的起点。
   A. 采购订单　　B. 采购申请单　　C. 采购计划　　D. 采购合同

2.下面不属于供应市场中五种力量的是( )。
   A. 供应商之间的竞争　　　　B. 新供应商进入市场的可能性
   C. 下游客户的议价力量　　　D. 购买者的议价力量

3.采购产品市场生命周期中哪个阶段产品的销售量增长最快?( )
   A. 导入期　　B. 成长期　　C. 成熟期　　D. 衰退期

4.评价按地理区域细分市场——POCKET方法中P指的是( )。
   A. 政治、法律和社会文化因素　　B. 出口物流
   C. 竞争水平　　　　　　　　　　D. 技术因素

5.在下面的采购申请注意事项中错误的是( )。
   A. 谁负责采购谁写申请　　　　B. 最好不要口头提出请购
   C. 请购中需要确定需求的内容　D. 请购汇总用规格表明需求的水准

6.在明确采购需求中的明确供应商服务与响应不包含哪项内容?( )
   A. 供应商的服务水准　　　　B. 供应商的技术支持与培训
   C. 供应商的维护和维修　　　D. 交货地点

7.某电冰箱厂明年准备生产3万台电冰箱,需要采购3万台压缩机,则压缩机属于何种需求的物料?( )
   A. 独立需求　　B. 相关需求　　C. 离散需求　　D. 连续需求

8.企业为实现一次订货而进行的各种活动的费用为( )。
   A. 购置成本　　B. 订货成本　　C. 储存成本　　D. 缺货成本

9.经济订购批量公式适用的采购环境为( )。
   A. 季节性需求　　　　　　B. 市场价格变动很大
   C. 产品生命周期短　　　　D. 以上答案均不正确

10.某公司每年需要购入原材料9000件,每件单价10元,假设每次订购费用为20元,单位年存储成本按原材料价值10%计算,那么该原材料经济订购批量为( )。
   A. 400件　　B. 200件　　C. 500件　　D. 600件

二、填空题

1. ABC分析法的流程:_____、_____、_____、_____、_____。
2. 在确定分析优先级时需考虑采购品的这几个因素:_____、_____、_____、极大地影响企业的利润和竞争力。
3. 在高技术产业中,开发新产品和降低成本的能力通常是使企业成功的决定因素。_____和_____将成为最重要的市场驱动力。

4.采购申请单根据不同的物资也有一定的区别,一般分为:＿＿＿＿＿＿、＿＿＿＿＿＿、＿＿＿＿＿＿。

三、简答题
1.简述采购申请中的注意事项。
2.简述采购需求的资料基础包括哪些。
3.采购计划对企业的生产经营活动具有重要的作用,具体表现在哪些方面?
4.简述 ABC 分析方法的原理。

四、计算题
1.某公司每年需要某材料 6000 件,每次订货成本 30 元,每件材料年储存成本为 1 元,该材料的采购价格为 20 元/件,一次订货量在 2000 件以上时可获 3％ 的折扣,则公司采购成本最低的订货量是多少?

2.某施工企业正在进行一高层住宅项目的基础工程施工,根据材料采购计划,该项目普通硅酸盐水泥的年订货总量 $D=18000$ 吨,并与业主约定由一个指定供货商供货。参考本企业其他类似工程历史资料一次采购费用 $S=75$ 元;水泥的单价 $C=500$ 元/吨,仓库年保管费率 $I=0.03$,合同规定按季平均交货,供货商可按每次催货要求时间发货。现有两种方案可供选择。方案甲:按每月交货一次。方案乙:按每 20 天交货一次。

思考题
(1)应选择哪种方案比较合适?
(2)计算经济订购批量和订货周期。

任务实训

实训项目 企业采购需求分析与预测

【实训目的】
1.加深学生对采购需求分析和采购预测内涵的理解。
2.理解采购需求分析中常用的方法。
3.理解采购预测的基本步骤。
4.培养学生的团队合作精神,提高归纳分析及与人沟通的能力。

【实训组织】
1.学生分组:本着自愿原则,每个小组人数以 3～5 人为宜,小组中要合理分工,每组选出一位组长,由组长分工及协调实训小组的实训任务,并带领大家完成实训任务。
2.实训以实地调查为主,同时通过互联网、问卷调查等方式收集资料,辅助实训任务的完成。
3.就近推荐各类企业若干家,包括商业连锁企业、小型商业企业、大型制造企业、小型制造企业,或者自主选择调研企业。

【实训要求】
1.明确小组内成员之间的分工,尽可能调动所有成员参与的积极性,达到实训的效果。

2.了解调研企业采购部门如何进行采购需求的分析与预测,都采用了什么方法,并做好记录。

3.小组讨论,整理并统计各成员的发言,以便最后进行比较分析。

【实训成果】

1.小组内讨论,最后撰写企业调研报告。

2.本着互惠双赢的原则,小组讨论,依据自己的看法,提出企业采购需求分析的改进措施。

【实训考核】

1.实训过程中职业素养是否得到体现;

2.小组分工是否明确和均衡,小组成员的能力是否得到充分的发挥;

3.实训方法选择是否得当,操作是否规范;

4.小组调研报告思路是否清晰,内容是否充实,重点是否突出。

项目三
供应商选择与管理

学习目标

知识目标

1. 掌握供应商开发的含义以及供应商开发的步骤;
2. 了解供应商选择的原则和目标;
3. 掌握供应商选择需要考虑的主要因素以及供应商选择的方法;
4. 了解供应商评估和考核的目的、标准、流程以及评估指标体系;
5. 知道供应商的分类;
6. 了解供应商关系管理的关键技术。

技能目标

1. 学会对供应商展开调查;
2. 能够根据实际情况选择合适的方法来选择评价供应商;
3. 能对供应商进行评估;
4. 能够针对不同的供应商选择评估标准;
5. 能够对供应商进行关系维护和友好解除关系。

任务一　供应商的开发

导入案例

上海通用汽车"16步原则"严选供应商

　　上海通用汽车对供应商的选择、能力开发和质量管理有一整套严密的体系,严格遵循通用全球供应商开发的"16步原则",覆盖从新品立项时的潜在供应商评审到整个生产周期中对供应商实施质量管理的全部流程。一家新供应商必须通过上海通用汽车采购部、工程部(泛亚汽车技术中心)、物流部3大部门,Q(质量)、S(服务)、T(技术)、P(价格)4大功能块,近10次专业评审,才能进入采购体系。

　　越来越多的全球车型项目带来了大量新供应商,以新君威为例,有92家供应商通过全球供货或在中国建新厂进入上海通用汽车的供应链。一方面,上海通用汽车严把供应商质量关；另一方面，积极帮助新供应商改进工作，供应商质量工程师主动跟踪新供应商的基础建设和生产线建设，帮助其理解中国市场、协调全球资源、培训管理团队。

稳定的、高品质的供应商团队，为产品品质带来了保障。上海通用汽车的长期合作供应商数量迅速增长，目前与之保持业务往来3年以上的供应商已占其国内供应商总数的80%以上，保持5年以上的供应商已占其总数的60%以上。

（资料来源于网络，作者有改动）

任务目标

通过本任务的学习，能够了解供应商信息搜集的渠道和供应商调查的内容，掌握供应商调查的方法，能够结合实际案例对供应商展开调查。

任务学习

一、供应商开发的定义

供应商开发是指采购组织为帮助供应商提高运营绩效和供应能力，以适应自身的采购需求而采取的一系列活动。供应商开发是有效降低所有权总成本的战略举措。

通常情况下，需要"开发"的供应商一般具备独特的技术、设施、生产工艺等别的供应商不具备的优势，但其往往存在管理、质量体系欠完善，缺乏相应的管理人才、知识或技能等问题。这在小公司、成立不久的公司比较常见。而采购方一般规模较大，管理、质量体系较完善，往往有这些领域的专家。简单地说，供应商开发就是帮助供应商改进需要改进的地方以达到采购方的要求。供应商开发是一项非常重要的工作，也是一个庞大的系统工程，需要精心策划、认真组织。

二、供应商开发的步骤

供应商开发是采购体系的核心，其表现也关系到整个采购部门的业绩。一般来说，首先供应商开发要确认供应商是否建立一套稳定有效的质量保证体系，确认供应商是否具有生产所需特定产品的设备和工艺能力。其次是考虑成本与价格，要运用价值工程的方法对所涉及的产品进行成本分析，并通过双赢的价格谈判实现成本节约。在交付方面，要确定供应商是否拥有足够的生产能力，人力资源是否充足，有没有扩大产能的潜力。最后，是调查供应商售前、售后服务的记录。其具体步骤如下。

（一）分析市场供应的竞争状况

应分析目前市场的发展趋势是怎样的、各大供应商在市场中的定位是怎样的，从而对潜在供应商有一个大概的了解。再将所需产品按ABC分类法分为重点物资、普通物资和一般物资，根据物资的重要程度决定供应商关系的紧密程度。

(二)供应商调查

在对供应商进行选择之前,采购方最基本的工作就是充分收集供应商的相关信息。然后,相关人员再利用这些信息,划定企业的供应商选择范围,同时要坚持利用科学的方法,对选择范围内的供应商进行选择和评价工作,筛选出优秀且适合本企业的供应商来合作,以保证稳定、高质量的供应货源。

1. 供应商信息来源

根据供应商信息搜集的方式不同,采购方所得资料可以分为两类:第一手资料和第二手资料。这里的第一手资料是指采购与供应部门主动收集的原始资料;第二手资料是采购方为了其他目的收集起来的信息。

第一手资料是采购部门为了了解供应商的相关情况而主动收集的,具有针对性强、精确等优点,但相对获取成本较高。第二手资料则包括一些已经出版或发表的文章、内部资料等,收集起来虽然相对容易,但是针对性不强,时效性也差。通常,获得第二手资料相对比较容易,可以作为供应部门分析研究的起点,如果该部分资料尚不能满足需求或者不够充分,再转而寻求昂贵的第一手资料。

一般情况下,供应商的主要信息来源于网络、商品目录、行业杂志、企业名录、销售商、贸易博览会、电话联系、各类广告以及采购部门自己的记录等。

(1)网络。通过上网查询,采购方可以了解市场行情及供应商的情况。在信息时代和全球化市场下,对供应商信息的发现过程得到了前所未有的解放。网络平台为现代的采购部门提供了一条便捷的途径。通过搜索引擎搜索供应商,或者在电子商务平台上发布需求信息,都可以获得充分的供应商资源。

现在,越来越多的供应商都开设网站,提供产品和服务的详细信息,网络提供的信息费用很低甚至是免费的,而且信息量很大,对采购方和供应商来说都是低成本高效率的。要注意的是,这些信息都需要采购方仔细筛选和辨别,因为网上获得的信息毕竟是有关供应商的二手信息,有些信息准确度不高,甚至是虚假信息。采购部门应注意区别,并及时地对上网得到的资料进行归类,便于以后使用。

(2)商品目录。一般的供应商在从事经营活动时都会有各自商品目录,不仅可以具体介绍自己供应的各类产品,也便于提供给采购方,采购方可以直观地通过商品目录找到能提供所需产品的供应商。

一份完整的商品目录包括商品的性能、价格、技术参数、联系方式、售后服务等,这些资料都是采购人员所需要的,尽管上面介绍的性能、价格、技术参数等不一定与实际提供的完全相符,但至少为采购人员提供了众多的供应商的信息,使他们有选择的余地。

采购方可以通过市场调查获得这些商品目录,当然采购人员也要注意平时的积累,搜集尽量多的商品目录作为后备。通常情况下,供应商在把商品目录交给采购人员的同时,也会把名片等一起递上,采购人员要把名片与商品目录放到一起,事后再归类。最后,采购人员应将所收集到的商品目录建立索引,索引要专业、明确、易懂,方便下一次采购时参考。

(3)行业杂志。行业杂志是潜在供应商的另一个重要信息源。每个行业都有该行业有价值的行业杂志,其中会包含该行业的技术进展和市场信息,而且基本每一类行业协会都会定时发布本行业内各类企业的相关情况,特别是最近一段时业绩比较好,或者技术、管理方面有新发展的企业,行业内企业也会借助专业媒体发布和宣传本企业的产品和服务信息。因此,行业杂志往往是采购人员了解行业和供应商情况的很好途径。行业杂志也有缺点,即时效性不强且不能全面地介绍产业内的所有供应商。采购人员可以参考这类杂志,并与其他供应商信息来源相互补充、佐证和修正,如果这类杂志比较多,采购人员还需要广泛涉猎与自己行业以及所采购物资相关的读物,同时也不能过于依赖文字表述来确定供应商,需要进一步地科学选择。

(4)企业名录。企业名录也叫商业注册簿,类似企业黄页,但是内容却丰富得多。它会列出一些供应商的地址、分支机构数、从属关系、产品等,有时还会列出这些供应商的财务状况及其在本行业中所处的地位。一般企业聚集地区的管理部门会定时编制管理辖区内的商业注册簿。注册簿的分类索引主要是按商品名称分类,查找速度快,也比较直接,很多企业都以这种方式为主来联系供应商。

但商业介绍也有缺点,即由于版面的限制,很多商家只列出了简单的联系方式,至于产品性能、价格、技术参数、售后服务并没有具体写明。这就需要采购人员与他们进行联系,并及时总结。另外,商业介绍在准确性与有用性方面差别很大,采购方使用时必须格外小心。

(5)销售商。销售商是采购方能够接触到的重要信息源之一。他们具备相关的特殊专业化知识,能为采购方提供合适供应源、产品型号、商业信息等方面的信息。通过与许多公司合作,销售商可以获知更多的产品和服务资料,这对采购方是很有价值的。采购者应当在不影响其他工作的前提下,尽可能地注意销售代表。

(6)贸易博览会。地方性和全国性的贸易博览会是采购人员发现潜在供应商的另一种方式。他们在贸易博览会上可以发现各式新产品和经改良的老产品,增加、增强自己的专业知识和鉴别能力,同时能收到组织者提供的名单和介绍。

(7)其他渠道。除了以上几种渠道外,供应商的信息来源渠道还有电话咨询、供应商咨询、同行咨询等。比如可以通过当地的114查号台和企业黄页来查询供应商的情况,还可在市场调查时向供应商询问。此外,国际上流行的企业采购指南、产品发布会、产品展销会、政府组织的各类商品订货会、各种厂商联谊会或同行业工会、政府相关统计调查报告或刊物等都可以作为采购方获得供应商的相关信息的备选途径。

以上就是获取供应商信息的几种渠道。当然,如果能通过较好的途径发布采购信息便可免去这么多麻烦。但在特定的条件下,尤其是采购信息不方便公开发布以及所采购的产品市场上并不多见时,多渠道获取供应商信息还是十分重要的。另外,获取了供应商信息后,采购部门还应该及时建立供应商的分类档案,便于查用。

知识拓展

CPM:寻找供应商的18个渠道

(1)互联网;

(2)电台广告;

(3)电视广告;

(4)硬拷贝或供应商在线名录(如:"托马斯登记簿");

(5)贸易杂志;

(6)贸易展览;

(7)外国领事馆;

(8)邮局;

(9)贸易协会;

(10)运动俱乐部的公告牌;

(11)现有的供应商;

(12)其他采购专家;

(13)组织内的工程师和技术人员;

(14)金融名录;

(15)"黄页"/电话目录;

(16)临时到访的销售人员;

(17)专业协会;

(18)接待人员。

2. 供应商调查内容

收集供应商信息的过程是比较长的,需要采购人员平时注意通过各种途径积累信息,以便于有突发的新原料需求时能快速找到合适的供应商,保证企业的生产。收集供应商的相关信息是供应商选择的第一步,合作供应商不能依据获得的书面甚至间接信息来确定。选择过程中需要通过分析企业的需要,进一步对供应商进行深入调查,调查的相关内容应该包括以下几个方面。

(1)供应商的基本情况。

①企业的经营环境,主要包括企业所在国家或地区的政治、经济和法律环境的稳定性、进出口是否有限制、倾向的可兑换性、近几年的通货膨胀情况、基础设施情况、有无地理限制等内容。

②企业的员工情况,主要有员工的受教育程度、出勤率、流失率、工作时间、平均工资水平、生产工人与员工总数的比例等。

③企业近几年的财务状况,包括各种会计报表、银行报表、企业经营报告,执行这类调查需要有充分的供应商管理经历或者是专业的财务人员。对此项信息的初步调查,可以避免采购方进一步研究的耗费,财务状况和信誉等级的调查能够清楚地揭示出供应商是否有能力令人满意地履行义务,对保证供应的连续性和产品质量的可靠性,供应商财务状况的稳定

性是非常关键的。

④企业在同行业中的信誉及地位,主要包括同行对企业产品质量、交货可靠性、交货周期及灵活性、客户服务及支持、成本控制能力等各个方面的评价。

⑤企业近几年的销售情况,包括销售量及趋势、人均销售量、本公司产品的市场份额。

⑥企业现有的紧密的伙伴型的合作关系,包括与本公司的竞争对手、其他客户或供应商之间的关系。

⑦企业的地理位置,主要包括与本公司的距离和通关海关的难易程度。

(2)供应商的设计、工程和工艺情况。

①相关机构的设立与相应职责。

②工程技术人员的能力,主要包括工程技术人员的受教育情况、工作经验、在本公司产品开发方面的水平、在公司产品生产方面的工艺水平、工程人员的流失情况等。

③开发与设计情况,主要包括技术是自行开发还是从外引进、有无与国际知名技术开发机构的合作、现有产品或者试制样品的技术评价、开发设计的实验情况、与顾客共同开发的情况、与供应商共同开发的情况、产品开发的周期及工艺开发程序、对采购商资料的保密等。

(3)供应商的生产能力。主要包括生产机构、生产工艺过程及生产人员情况。

①生产机构的设置情况及职能。

②生产工艺过程情况,主要有生产设备是否先进、生产能力是否充分利用、工艺布置、设备/工艺的可靠性、生产工艺的改进情况、设备利用率、工艺的灵活性、作业指导的情况、生产能力等。

③生产人员的情况,主要有职工参与生产管理的程度、生产现场管理情况、生产报表及信息的控制情况、外协加工控制情况、生产现场环境与清洁情况、厂房的空间距离以及生产作业的人力是否充足等。

(4)供应商企业的管理制度。主要包括生产流程是否顺畅合理、产出效率如何、物料控制是否计算机化、生产计划是否经常改变、采购作业是否为成本计算提供良好的基础。

(5)质量控制能力。企业保证质量的能力是需要调查的重要方面,还要调查高层管理者对质量控制的认识。质量控制能力主要包括质量管理的方针、政策是否争取、质量制度是否得到落实、对安全事故的反应处理是否有预案、年度质量检验是否使用科学的统计技术、有无政府机构的评鉴等级等。

除此之外,采购方还应针对所采购物资的具体特性和要求,将调查的范围、内容、深度等适当拓宽,以适应其采购策略的需要。

3.供应商调查方法

(1)问卷调查法。问卷调查法是目前国内外社会调查中较为广泛使用的一种方法。问卷是指为统计和调查所用的、以设问的方式表述问题的表格。问卷法就是研究者用这种控制式的测量对所研究的问题进行度量,从而搜集到可靠的资料的一种方法。

问卷调查是标准化的书面调查,这就决定了问卷调查法既有许多突出的优点,又有许多明显的缺点。其优点是:操作方便,时间省,能同时对众多调查对象进行,便于对调查结果进行定量研究。问卷调查法的缺点主要有：调查内容的局限性较大，对调查对象的要求较高，回复率和有效率较低以及真实性、准确性有待提高。因此，问卷调查法应与其他调查方法结合使用，才能较好地完成对供应商的调查任务。

（2）实地观察法。实地观察法，是观察者有目的、有计划地运用自己的感觉器官或借助科学观察工具，能动地了解处于自然状态下的社会现象的方法。实地观察法的主要优点有二：一是由于实地观察是调查者直接观察被调查者的设施和活动，所以这种方法具有较强的直观性和可靠性；二是简便易行，适应性强，灵活度高。实地观察法的主要缺点是具有一定的表面性和偶然性，受时间、空间等客观条件的限制较大以及调查费用高、时间长等。

（3）文献调查法。文献调查法就是指通过寻找文献搜集有关市场信息的调查方法，它是一种间接的非介入式的市场调查方法。文献调查法的优点是信息量大、内容广泛、获取方便、速度快和费用低等。主要缺点是真实性和可靠性较差、工作量大和所获资料不够完整等。

（三）筛选供应商

面对收集到的供应商资料，企业可以将供应商条件列成比较表，进行初步筛选，从中筛选出一批供应商以作为后期合作之用。筛选供应商应对以下因素进行综合考虑：

（1）价格是否合理；

（2）品质能否达到公司的要求，是否具备品质保证能力；

（3）交货是否有保证；

（4）生产能力是否符合企业要求；

（5）服务质量如何；

（6）财务状况是否稳定；

（7）采购条件优惠与否；

（8）技术指导的能力足够与否。

当采购项目对企业影响较大时，或供应商地址相距较近、能方便地进行考察时，采购部门应提出考察计划，呈请批准后进行考察。

（四）实地考察供应商

邀请质量部门人员和工艺工程师一起参与对供应商的实地考察，他们会提出专业的要求，他们共同审核的经历也会有助于公司内部的沟通和协调。在实地考察中，应该使用统一的评分标准进行评估，并着重对供应商管理体系进行审核，如作业指导书等文件、质量记录等，其他重要的还有销售合同评审、供应商管理、培训管理、设备管理及计量管理等。考察中要及时与团队成员沟通，交流供应商的优点和不足之处，并听取供应商的解释、如果供应商有改进意向，可要求供应商提供改进措施报告，作进一步评估。

（五）向供应商询价与报价

对合格的供应商发出询价文件，一般包括图纸和规格、样品、数量、大致采购周期、要求交付日期等细节,并要求供应商在指定的日期内完成报价。在收到报价后,要对其条款仔细分析,对其中的疑问要彻底澄清,并作相应记录,包括传真、电子邮件等。根据报价中大量的信息进行报价分析,比较不同供应商的报价,选择报价合适的供应商。

（六）合同谈判

对报价合适的供应商进行价格、批量产品、交货期、快速的反应能力、供应商成本变动及责任赔偿等方面的谈判。一般来说,供应商是所在领域的专家。多听取供应商的建议往往会有意外的收获。比如,个案中曾有供应商主动推荐替代的原材料,如用韩国的钢材代替瑞士产品,其成本节约高达50%,而且性能完全满足要求。这是单纯依事谈判所无法达到的降价幅度。

（七）确定需要开发的供应商

通过策略联盟、参与设计,供应商可以有效帮助采购方降低成本,采购周期、库存、运输等是看不见的隐性成本,要把有条件的供应商纳入适时送货系统,尽量减少存货,降低企业的总成本。

知识拓展

宫老师讲供应商筛选——如何"3个步骤"筛选出最合适的供应商

宫老师认识 P 公司的一个采购总监,采购总监说老外面试他的时候,问他一个问题:"你在中国,我在外国,用什么来证明你选的供应商是合理的?"他回答说:"我让所有供应商都填一个表格——供应商基本信息表,这样我就可以快速考察300家供应商,从中筛选觉得有希望成为供应商的,再让他们作一个供应商自我评估,这样再筛选一轮,就只剩30家了。30家还是太多,而且之前所有的信息提供和评估都是供应商自己做的,接下来我们就要做正式的评审,建一个供应商评估模型,这样就可以从30家中选出3家了。每一步都有筛选的工具,每一步都有筛选的记录。SBI是一个长清单,SSS是一个短清单,最后评估,得到的是潜在供应商清单。"

这个模式可以解决什么问题呢？之前一个下属和宫老师说,有个供应商想和他们作生意。负责人对那家供应商很熟悉,说他家不行。下属说,他手头只有这个供应商了。宫老师说,苏州不是还有个供应商吗？他说苏州那个供应商价格太高。那宁波那家呢？他说质量不好。上海那家呢？他说,人家不愿给我们供货。这个下属到底有没有努力去找过供应商？不知道,因为没有手段和工具,也没有记录来判断供应商行还是不行。

有一次在 C 公司做培训,集团副总裁带着各个公司的采购总监和采购经理一共10多个人来听课。讲到上面3个步骤的时候,副总裁说:"宫老师,你停下。"然后转身跟他的采购总监说:"以后你们再不许跟我讲没有供应商,就按照这个工具先把那300个供应商找来再说。"

宫老师自己也用过这个筛选方法。他做一家企业的全球采购经理时,要在中国找供应商满足国外的采购要求。全球企业的采购员原来是怎么工作的呢？国外发来一个报价请求（RFQ），他们转发给中国的供应商；中国供应商回一个标价，他们再转发给国外的工厂。国外的工厂要是没有反馈，国内的采购员就干等着。所以采购员的工作内容就只有两项：转发和等待。宫老师觉得这样做不行。因为国外的工厂其实不愿意到中国来找供应商，如果他们再不能创造价值，那今后很可能要被缩编或者被降薪。采购员说：那怎么办？宫老师就给他们下任务。他问做冲压件采购的人："你能找到300家供应商吗？"采购员说找不到。又问："那100家呢？80家呢？"采购员说差不多。他说："你去找80家供应，质量好不好、交货期、价格等是否满足要求，你一概不用管。先让供应商填一个SBI表，然后从中步步筛选。这样即便经过一段时间，没有找到新的供应商，我们也是做过相关工作的，这个工作是有记录的。"也有人可能会质疑，这样会不会费事啊？其实并不费事。平时可能公司内部的使用部门会推荐供应商，领导也会推荐供应商，还有的供应商来找采购员好多次，这些采购员都不好意思拒绝。每家都直接去考察？去了一看，不怎么样，反倒浪费时间。而用SBI表，就是一句话的事儿，把表格发给供应商，让他们填一下，不用采购员亲自去填。后面的SSS也不需要采购去做，也是让供应商自我做评估，这其实是正式评审前让他自己先说自己怎么样。最后实际去考察的那些供应商，都是基本合格的，这样效率反而提高了。而且我们通过这种方式建立了供应商数据库，收集了行业信息，对我们开展供应市场分析也是有好处的。打个比方，以上说到的3个步骤，其实是一个筛选供应商的"漏斗"，而且漏斗里的水是在不断流动的。对于那些通过人情关系进来的供应商，我们如果不好意思拒绝，就可以把他们放在"漏斗"的大口中，让他们在里面转悠，什么时候流到小口里要看后面的评审结果。

任务二　供应商的选择

导入案例

当今社会，采购方与供应商之间的关系愈加密切。在互相依赖的前提下，双方都会理性地处理问题，努力朝双赢方向发展。供应商早期介入也就成为供应商关系管理过程中合作伙伴关系建立的一个有利条件。

日本的一些公司是供应商早期介入的典范。他们只跟数量有限的供应商合作。供应商在参与设计时就知道双方交易已达成，但在目标成本和长期合作关系的约束下，供应商还是会积极配合，实现采购方的目标。

越是复杂、技术含量高的行业，产品设计与工艺设计越紧密，供应商早期介入就越重要。比如在飞机制造行业，一款机型从研发到量产动辄十年，投资上百亿美金，产品设计复杂，工艺设计也复杂，专业化分工很细，采购方与供应商需要密切合作，供应商早期介入极为重要。在研发787时，波音公司向前迈了一大步，把系统、子系统和模块的设计外包给一级供应商，由他们负责产品设计和工艺设计。在电信行业，AT&T（美国电话电报公司）推行供应商早期介入，在技术开发阶段就只选择两个供应商，在保持一定竞争的同时，也能够深度合作。他们对供应商的期望也不仅提供产品，还要提供解决方案。

采购方在处理供应商早期介入问题时，一定要理性。对于采购方来说，理性意味着采购方得承认供应商有赚取合理利润的权利。这看上去是大实话，是常识，但常识并非一定执行。有些企业中部分人的心态是见不得供应商赚钱。如果供应商赚钱了，采购部门就好像是失职的；采购的任务就是确保供应商少赚钱。在这种心态主导下，采购方很难与供应商建立长期共赢关系。

（资料来源于网络，作者有改动）

任务目标

通过本项目的学习，能够根据实际情况选择合适的方法对供应商进行选择和评价。

任务学习

一、供应商选择的原则

选择供应商是指搜寻供应源，即对市场上供应商提供的产品进行选择。根据全面、具体、客观的原则，建立和使用一个全面的供应商综合评价指标体系，对供应商做出全面、具体、客观的评价。要综合考虑供应商的业绩、设备管理、人力资源开发、质量控制、成本控制、技术开发、用户满意度、交货协议等可能影响供应链合作关系的因素。许多成功企业的实践经验表明，开发、选择供应商的基本要点是：做目标明确、深入细致的调查研究，全面了解每个候选供应商的情况，综合平衡、择优选用。一般来说，供应商选择应遵循以下几个原则。

（一）目标定位原则

这个原则要求供应商评审人员应当注重对供应商进行考察的广度和深度，应依据所采购商品的品质特征、采购数量和品质保证要求去选择供应商，使建立的采购渠道能够保证品质要求，减少采购风险，并有利于自己的产品打入目标市场，让客户对企业生产的产品充满信心，选择的供应商的规模、层次同采购方相当。同时，采购时的购买数量不超过供应商产能的50%，反对全额供货的供应商，最好使同类物料的供应商数量为2或3家，并有主次供应商之分。

（二）优势互补原则

每个企业都有自己的优势和劣势，选择开发的供应商，应当在经营方面和技术能力方面符合企业预期的要求水平，供应商在某些领域应具有比采购方更强的优势，在日后的供应中才能在一定程度上优势互补。尤其在建立关键、重要零部件的采购渠道时，更需要对供应商的生产能力、技术水平、优势所在、长期供货能力等方面有清楚的把握。要清楚地知道之所以选择这个厂家作为供应商而不是其他厂家，是因为它具有其他厂家没有的某些优势。只有那些在经营理念和技术水平方面符合或达到规定要求的供应商，才能成为企业生产经营和日后发展的忠实、强有力的合作伙伴。

（三）择优录用原则

在选择供应商时,通常先考虑报价、质量以及相应的交货条件,但是在相同的报价及相同的交货承诺下,毫无疑问要选择那些企业形象好、可以给知名企业供货的厂家作为供应商,信誉好的企业更有可能兑现承诺。在此,必须强调的是一定要综合考察、平衡利弊后再择优录用。

（四）共同发展原则

如今市场竞争越来越激烈,如果供应商不全力配合企业的发展规划,企业在实际运作中必然会受到影响。若供应商能以荣辱与共的精神来支持企业的发展,把双方的利益捆绑在一起,这样就能对市场的风云变幻作出更快、更有效的反应,并能使企业以更具竞争力的价位争夺更大的市场份额。因此,与重要供应商发展战略合作伙伴关系,也是值得考虑的一种方法。

二、选择供应商应考虑的主要因素

选择供应商时,有许多因素需要考虑,诸如产品或服务质量以及按时运送都很重要。另外,各因素的重要性因企业而异,甚至因同一企业里的不同产品或服务而异。由此可见,供应商的选择是一个多准则评价问题,是在对各个准则定量和定性分析的基础上对供应商给出综合量化指标,以选择最合适的供应商。通过多个行业的调查分析,对供应商的评价多集中在质量、交货期、批量柔性、交货期与价格的权衡、价格与批量的权衡、多样性等指标因素。对于供应商来说,要想在所有的内在特性方面获得最佳评价是相当困难的,或者说是不可能的,一个有高质量产品的供应商就不可能有最低的产品价格。因此,在实际的选择过程中必须综合考虑供应商的主要影响因素。

（一）质量

质量是供应商选择的首要参考目标,它也是采供双方合作达成的基本条件。质量指标对于一个企业的重要性,这里不再赘述,它等同于企业的生命。质量指标主要是指供应商所供给的各类物资,包括原材料、初级产品或消费品组成部分的质量。通常情况下,采购方在与某家供应商合作之前,必然会考察该供应商所生产产品的质量。考察活动可能有样品质量检验、实际生产和质量监控流程的参观以及供应商质量控制体系的考评等。

与生产工艺能达到的最高质量水平相比,供应商能够持续保持的质量水平更有意义。当然,如果样品或少量交付的样品质量就很低劣的话,那这个供应商就更不能考虑了。一般来说,采购物资的质量并非越高越好,关键在于满足企业所要求的质量水平,如果质量水平过高,需要采购方支付相应的超质量成本,那么高质量可能会成为企业的负担,与企业的产品定位及竞争策略产生冲突。而在考察供应商的产品质量要求方面,采购方关键要看供应商是否有一套有效执行的产品质量检验制度,即控制质量的能力。在对供应商的质量管理要求上,考察的因素包括质量管理方针、政策、质量管理制度的执行及落实情况、有无质量管理制度手册、有无质量保证的作业方案和年度质量检验的目标和改善的目标、有无权威评价机构的评鉴等级、是否通过了1SO900质量体系认证。

（二）价格

在满足质量要求的供应商间选择的时候,采购方首先考虑的因素是各个供应商的报价,尤其是采用招标方式采购的标准件,价格更是决定哪几个供应商被选择的最关键指标。价格因素主要是指供应商所供给的原材料、初级产品或消费品组成部分的价格,供应商的产品价格决定了采购方或说下游企业的产成品的价格以及整条供应链的投入产出比,对生产商和销售商的利润率有相应程度的影响。在采购谈判中,价格经常是采供双方争执和博弈最激烈的一个环节。

相关调查研究表明,20世纪90年代,我国企业在选择供应商时,主要的标准是产品质量,其次是价格。虽然近几年来,非质量和价格因素越来越多地被供应商选择的研究人员所关注,但是这两个因素的重要性仍未降低。

（三）交货能力

供应链管理的思想摒弃了传统企业与企业竞争的狭隘竞争理念,转为供应链与供应链之间的竞争。对于企业来说,供应链上的其他企业以及市场都是外在系统,它的变化或波动都会引起企业或供应链的变化或波动,市场的不稳定性会导致供应链各级库存的波动。而交货提前期的存在又必然造成供应链各级库存变化的滞后性和库存的逐级放大效应。交货提前期越小,库存量的波动越小,企业对市场的反应速度也越快,对市场反应的灵敏度也越高。由此可见,交货提前期是一个重要的概念。

交货能力的概念比交货提前期更为丰富。它包括交货提前期、交货准时性、对采购方变更交货数量和交货时间的反应水平等这些与准时按需交付满足采购方需求物资的所有能力。

交货准时性是指按照采购方所要求的时间和地方,供应商将指定产品准时送到指定地点。如果供应商的交货准时性较低,必定会影响生产商的生产计划和销售商的销售计划及时机。沃尔玛为其供应商设定了交货时间窗,每个供应商必须在规定时间范围内(通常精确到分钟)交付沃尔玛超市所订购的商品,超过时间交付将会被拒绝接收。这一交付条件就考验了供应商的交货准时水平。

（四）服务水平

服务水平因素指的是在采购合同执行过程中,供应商对采购方在物资或设备的使用、残次品的调换、设备使用方法培训、相应故障的排除等方面的帮助,即供应商为采购方提供质量保证和相应售后服务的所有活动。如果销售过程中的相关服务跟不上,产生的相关问题会给采购方带来诸多麻烦,轻者增加企业的物料成本和生产成本,重者影响生产的连续性和新设备的上马进度,给企业带来重大经济损失。因此,现在很多采购企业都很重视客户服务水平这一因素,它已成为供应商选择过程中的另一重要因素。

（五）供应商的地理位置

对于不同的物资,供应商的地理位置这一因素的重要性也不相同。物资的配送成本尤其是运输成本占采购方采购成本的比例越大,供应商相对采购方的地理位置就越重要；如果所采购的物资或设备需要采供双方频繁密切地配合,尤其是在供应商参与新产品开发的过程中,地理位置无疑也会给直接沟通的难易程度以及相应差旅成本造成直接重要的影响。另外,供应商所在的地理位置有时候也决定了它获得某种原材料的稳定程度和价格水平,这可能直接影响采购方采购物资的成本,进而左右采购方对供应商的抉择。最后,供应商的地理位置不同,各类自然灾害,如旱灾、涝灾、地震、台风等发生的风险也各不相同,如果采购物资易于受这些灾害影响,那么供应商的地理位置就决定了它发生停产、减产甚至倒闭等风险的可能性,这些在供货伙伴尤其是长期合作伙伴的选择过程中都应该考虑。

（六）供应商的信誉

供应商信誉是供应商与采购方或其他买家合作过程中积累起来的声望。它可以看作供应商无形资产的组成部分,优秀供应商为了维护其良好声誉,按约保质保量地履行合同的愿望要远远高于那些声名狼藉的供应商。

（七）供应商的财务状况

采购方的供应部门有时还会把供应商的财务状况纳入考核的指标体系之中,原因在于制造企业供应部门担心本企业财务部门及时支付货款的比例不足,如果制造企业的货款支付制度是财务中心根据销售部门或其他资金进项的时间安排支付应付账款,而不是按照应付账款到达财务部门的时间去筹措相应资金,那么供应部员工在选择供应伙伴时就不得不把对方的财务状况考虑在内。如果供应商是其他条件优越而财务链条管理比较紧张的小型供应商,而采购方的份额又占供应商销售额较大比例,采购方财务部门拖欠货款可能给供应商造成巨大风险,严重时甚至直接导致其停工停产以及双方的法律纠纷。而这种情况对于资金雄厚的大型供应商来说问题就不会这么严重。

此外,有时还有一些其他因素,如提前期、交货准确率、快速响应能力、供应商的信用状况、互惠经营、供应商是否愿意为采购方建立库存等。

技能训练

马自达选择供应商的五点标准

一汽马自达在选择供应商时严格按照马自达企业制定的五点国际标准。第一,考察供应商的产品开发能力。由于设备、工艺都不一样,因此供应商开发能力的强弱就成了部件质量的关键。第二,考察供应商的质量保证体系。第三,考察供应商的成本控制能力,以此降低一汽马自达的采购成本。第四,考察供应商的生产和销售能力,评估其管理理念和销售计划。第五,考察供应商的售后服务能力,确保在市场上产品一旦出现质量问题,就能及时提出有效的应对措施,切实保证用户的利益。

【思考】

1. 从马自达的供应商选择标准中,结合本节的内容,谈谈供应商选择的标准体系应当如何确立。

2. 请总结供应商选择应该考虑的因素。

二、供应商选择的步骤

供应商选择是供应管理中的一个重要决策,目前在市场上,同一产品的供应商数目越多,供应商的选择就越复杂,这就需要有一个规范的程序来操作。一个好的供应商拥有持续制造高质量产品的加工技术,拥有足够的生产能力以及能够在获得利润的同时提供有竞争力的产品。不同的企业在选择供应商时,所采用的选择步骤千差万别,但基本的步骤应包含下图所示的几个方面。

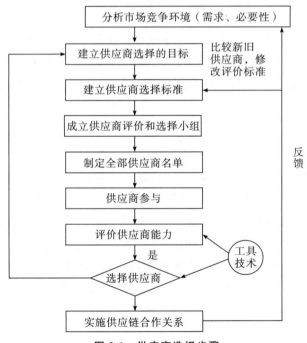

图 3-1 供应商选择步骤

(一)分析市场竞争环境

若要建立基于信任、合作、开放性交流的供应链长期合作关系,采购方首先必须分析市场竞争环境,这样做的目的在于找到针对某些产品的市场来开发供应链合作关系。企业必须知道现在的产品需要是什么、产品的类型和特征是什么,以此来确认客户的需求,确认是否有建立基于供应链的合作关系的必要。如果已建立供应链合作关系,采购方则需要根据需求的变化确认供应链合作关系变化的必要性,同时了解现有供应商的现状,分析、总结企业存在的问题。

(二)建立供应商选择的目标

企业必须确定供应商评价程序如何实施,而且必须建立实质性的目标。供应商评价和选择不仅仅是一个简单的过程,它本身也是企业自身的一次业务流程重构过程。如果实施得好,就可以带来一系列的利益。

一般而言企业供应商评价的目标包括:
(1)获得符合企业总体质量和数量要求的产品与服务;
(2)确保供应商能够提供最优质的服务、产品及最及时的供应;
(3)力争以最低的成本获得最优的产品和服务;
(4)淘汰不合格的供应商,开发有潜力的供应商,不断推陈出新;
(5)维护和发展良好的、长期稳定的供应商合作伙伴关系。

(三)建立供应商评价标准

供应商评价指标体系是企业对供应商进行综合评价的依据和标准,是反映企业本身和环境所构成的复杂系统的不同属性的指标,是按隶属关系、层次结构有序组成的集合。不同行业、企业,不同产品需求和环境下的供应商评价应是一样的,不外乎都涉及几个可能影响供应链合作关系的方面。

(四)成立供应商评价和选择小组

供应商的选择,绝不是采购员个人的事,而是一个集体的决策,企业必须建立一个由各部门有关人员参加的小组以控制和实施供应商评价,进行讨论决定。

供应商的选择涉及企业的生产、技术、计划、财务、物流、市场等部门。对于技术要求高、重要的采购项目来说特别需要设立跨职能部门的供应商选择工作小组。选择小组的组员应包括研究开发部、技术支持部、采购部、物流管理部、市场部和计划部,组员必须有团队合作精神,具有一定的专业技能。评价小组必须同时得到制造商企业和供应商企业最高领导层的支持。

(五)制定全部的供应商名单

通过供应商信息数据库以及采购人员、销售人员或行业杂志、网站等媒介渠道,了解市场上能提供所需物品的供应商。

(六)供应商参与

一旦企业决定实施供应商评选,评选小组必须与初步选定的供应商取得联系,确认他们是否愿意与企业建立供应链合作关系,是否有获得更高业绩水平的愿望。所以,企业应尽可能早地让供应商参与到评选的设计过程中。然而,企业的力量和资源毕竟是有限的,只能与少数关键的供应商保持紧密的合作关系,所以参与的供应商应该是经过精选确定的。

（七）评价供应商的能力

为了保证评估的可靠,评价供应商的一个主要工作是调查、收集有关供应商的生产运作等各个方面的信息。在收集供应商信息的基础上,就可以利用一定的工具和技术方法进行供应商的评价。

对供应商的评价共包含两个程序:一是对供应商进行初步筛选;二是对供应商进行实地考察。在对供应商进行初步筛选时,首要的任务是使用统一标准的供应商情况登记表,来管理供应商提供的信息。这些信息应包括供应商的注册地、注册资金、主要股东结构、生产场地、设备、人员、主要产品、主要客户以及生产能力等。通过分析这些信息,可以评估其工艺能力、供应的稳定性、资源的可靠性及其综合竞争能力。在这些供应商中,剔除明显不适合进一步合作的供应商后,就能得出一个供应商考察名录。接着,要安排对供应商的实地考察,这一步骤至关重要。必要时在审核团队方面,可以邀请质量部门人员和工艺工程师一起参与,他们具有专业的知识与经验,共同审核的经历也有助于公司内部的沟通和协调。

（八）选择供应商

在综合考虑多方面的重要因素之后,就可以给每个供应商打出综合评分,选出合格的供应商。

（九）实施供应链合作伙伴关系

在实施供应链合作伙伴关系的过程中,市场需求将不断变化。企业可以根据实际情况的需要及时修改供应商评选标准,或对供应商重新评选。在重新选择供应商的时候,应给予新旧供应商以足够的时间来适应变化。

三、供应商选择方法

选择合乎要求的供应商,需要采用一些科学、严格的方法。选择供应商的方法很多,具体要根据供应商的数量、对供应商的了解程度、采购物品的特点、采购的规模以及采购的时间性要求等确定。目前国内外常用的供应商选择的方法通常有以下几种,适用于不同的情况。

（一）经验评价法

经验评价法是根据征询和调查的资料并结合采购人员的经验对合作伙伴进行分析评价的一种方法,通过调查征询意见、综合分析和评价来选择供应商,是一种主观性较强的方法,主要是倾听和采纳有经验的采购人员的意见,或者直接由采购人员凭经验做出判断。经验评价法根据其评价过程和分析工具的结构化程度分为非结构化方法和结构化方法。

1. 非结构化方法

非结构化方法包括头脑风暴法和德尔斐法。

(1)头脑风暴法。头脑风暴法是由美国创造学家奥斯本于1939年首次提出并于1953年正式发表的一种激发参与者思维的群体决策方法。头脑风暴法又可分为直接头脑风暴法(通常简称为头脑风暴法)和质疑头脑风暴法(也称反头脑风暴法)。前者是在专家群体决策时尽可能激发群体中每一位个体的创造性,产生尽可能多的设想的方法;后者则是对前者提出的设想和方案逐一质疑,分析其现实可行性的方法。

采用头脑风暴法组织群体决策来选择供应商时,要集中有关专业人员(包括采购专家和内部客户的专家)召开专题会议,主持者以明确的方式向所有参与者阐明供应商选择的原则,说明会议的规则,尽力创造融洽轻松的会议气氛,主持者一般不发表意见,以免影响会议的自由气氛。由专家们"自由"充分地发表意见,推荐优秀的供应商并给出依据,或对备选供应商进行充分的评价。最终,可通过少数服从多数的原则确定最优供应商。

(2)德尔斐法。德尔斐法是在20世纪40年代由赫尔姆(Olaf Helmer)和达尔克(Norman Dalkey)首创,经过戈登和兰德公司进一步发展而成的一种利用群体智慧预测未来的方法。德尔斐是古希腊的一座城市,相传城中的阿波罗圣殿能预卜未来,德尔斐法便由此命名。德尔斐法依据设定好的程序,采用向专家发出问卷、专家匿名发表意见(即专家之间不得互相讨论,不发生横向联系,只能与调查人员发生关系)的方式通过多轮次调查专家对问卷所提问题的看法,经过反复征询、归纳、修改,最后汇总专家基本一致的看法,作为预测的结果。

德尔斐法用于决策具有如下特征:充分利用专家的智慧;采用匿名或背靠背的方式,能使每一位专家独立地做出自己的判断,不会受到面对面讨论问题时权威的影响;经过问卷—归纳—再问卷的多次循环,最终会收到理想的决策结果。

正是由于德尔斐法具有以上这些特点,它广泛用于诸多决策过程中。这种方法的优点主要是简便易行,具有一定科学性和实用性,可以避免会议讨论时产生因害怕权威而随声附和,或固执己见,或因顾虑情面而不愿与他人意见冲突等弊病;同时也可以使大家发表的意见较快收敛,参加者也易接受结论,具有一定程度综合意见的客观性。

2. 结构化方法

将供应商选择评价的维度(或指标)明确下来,并定义不同的级别,之后再由相关专家基于其经验来评价的方法,就是结构化的经验评价法。

结构化经验评价法的具体操作步骤是:首先,列举出评价供应商的各项指标;其次,按供应商的优劣档次,分别对各供应商进行评分;最后,将各项得分相加,得分高者为最佳供应商。

例如,某采购单位列出了评价供应商的10个指标:产品质量;技术服务能力;交货速度;能否对用户的需求作出快速反应;供应商的信誉;产品价格;延期付款期限;销售人员的才能和品德;人际关系;产品说明书及使用手册的优劣。每个评分标准分为5个档次并赋予不同的分值,即极差(1分)、差(2分)、较好(3分)、良好(4分)、优秀(5分),满分50分。然后在表上对供应商评分,根据最后的评分情况,在各个供应商之间进行比较。最后确定供应商,并据此要求选定的供应商对存在的不足之处进行改进。下表所示为对某供应商进行评分的情况,表中的各项平均得分为4.0分,总分为5+5+3+4+4+4+5+5+4+3=42分。供应商得分为42分,为满分50分(理想供应商)的84%。

表 3-1　某采购单位对供应商的评分情况

供应商评价表

供应商名称:××公司

序号	指标	极差 1分	差 2分	较好 3分	良好 4分	优秀 5分
1	产品质量					√
2	技术服务能力					√
3	交货速度			√		
4	能否对用户的需求做出快速反应				√	
5	供应商的信誉				√	
6	产品价格				√	
7	延期付款期限					√
8	销售人员才能与品德					√
9	人际关系				√	
10	产品说明书及使用手册的优劣			√		
	合计得分			42分(百分制84分)		

(二)综合评分法

评分法是现行企业应用比较普遍的一种供应商评价选择方法,它比直观判断法更加科学,易于理解,操作起来也较为方便。企业的一般物资大多采用这种方法选择供应商。此外,该方法也易于程序化,虽然在打分过程中不可避免地带有主观色彩,但用打分的方法量化评价效果还是比较好的。其不足之处在于无法体现不同评选指标的不同重要性,这与现实情况并不符合,所以这一方法也渐渐被综合权重评分法或层次分析法等方法所代替。

综合评分法的操作流程是:

(1)针对要采购的资源和内部客户要求列出评价指标和相应的权重;

(2)列出所有的备选供应商;

(3)由相关人员对各供应商的各项指标打分;

(4)对各供应商的所有指标得分加权求和得到综合评分;

(5)按综合评分将供应商排序;选择得分最高,也就是综合评价结果最好的供应商。

综合评分法的过程如表所示。

表 3-2 供应商选择综合评价表

评价指标		K_1	K_2	...	K_n	总分	排序
指标权重		w_1	w_2	...	w_n		
供应商	S_1	a_{11}	a_{12}	...	a_{1n}	$\sum_{j=1}^{n} a_{1j}w_j$	
	S_2	a_{21}	a_{22}	...	a_{2n}	$\sum_{j=1}^{n} a_{2j}w_j$	
	...	...	...	...	...	...	
	S_m	a_{m1}	a_{m2}	...	a_{mn}	$\sum_{j=1}^{n} a_{mj}w_j$	

表中，S_i 表示第 i 个供应商；K_j 为选择供应商的第 j 个评价指标；w_j 为第 j 个评价指标的权重；a_{ij} 是第 i 个供应商的第 j 个指标的得分。在这里，要求评价打分都用百（十或五）分制；权重应规一化，即权重满足 $0 < w_j < 1 (j=1,2,\ldots n)$；$\sum_{j=1}^{n} w_j = 1$。

（三）采购成本比较法

对质量和交货期都能满足要求的供应商，则需要通过计算采购成本来进行比较分析。采购成本比较法是针对各个不同供应商的采购成本进行计算分析，选择采购成本较低的供应商的一种方法。

【例 3-1】 某企业在计划期需要采购某种物资 200 吨，甲、乙两个供应商供应的物资质量均符合企业的要求，信誉也比较好。距企业比较近的甲供应商的报价为 320 元/吨，运费为 5 元/吨，订购费用（采购中的固定费用）为 200 元；距企业比较远的乙供应商的报价为 300 元/吨，运费为 30 元/吨，订购费用为 500 元。

根据以上资料，可以计算得出从甲、乙两个供应商采购所需的成本。

甲供应商：200×30+200×5+200＝65200（元）

乙供应商：200×300+200×30+500＝66500（元）

甲供应商的采购成本比乙供应商的采购成本低 1300 元，在交货时间与质量都能满足企需求的情况下，甲供应商为合适的供应商。

技能训练

某厂与供货商签订了一笔合同，价值 100 万元并付 5 万元，一旦不成交，此 5 万元将不再退还。假设该厂签订合同后发现了一种同样功能的新型材料，总价 96 万元。

【思考】
请问此时该厂可否考虑购买该种新型材料？为什么？

（四）招标法

招标采购也是一种使用越来越广泛的采购方法，已经受到业界的普遍关注。所谓招标采购,就是通过招标方式寻找最好的供应商,它是政府及企业采购中的基本方式之一。招标采购最大的特征就是具有公开性,凡是符合资源规定的供应商都有权参加投标。招投标业务通常集中在建设工程、生产设备或资本品采购以及政府采购中。在政府采购过程中,强调公开、公平和公正的原则,招标采购方式具有不可替代的优势。在企业经营活动中,生产性原材料的采购或各类业务外包,也可以用招标来确定一个阶段的最佳供应商。

因为招标采购程序复杂,涉及面广,会产生一定的人、财、物的耗费,所以,并不是所有的物资采购都适合招标的方法。招标确定的供应商在合作过程中一般会产生短期行为,因此,招标采购也会有一些缺点。

采购方采用招标法选择供应商的流程是这样的。首先,由采购方提出招标条件;然后,符合条件的各投标单位进行竞标;最后,采购方决标,并与提出最有利条件的供应商签订协议。招标方法可以是公开招标,也可以是选择性招标。公开招标也叫竞争性招标,指由招标人在国家指定的报刊、信息网络或其他媒体上发布招标公告,邀请不特定的企业单位参加投标竞争,招标人从中选择中标单位的招标方式。按照竞争程度,公开招标又可分为国际竞争性招标和国内竞争性招标。而选择性招标也称邀请招标或有限竞争性招标,指由招标单位选择一定数目的企业,一般选择 3~10 家供应商参加较为适宜,向其发出投标邀请书,邀请他们参加投标竞争。由于被邀请的投标者有限,招标方可以节约招标费用,缩短招标有效期,增加每个中标者的中标机会。

具体的招标流程和评标方法参见《中华人民共和国招标投标法》。

招标法竞争性强,企业能在更广泛的范围内选择适当的供应商以获得供应条件有利的、便宜而实用的物资。但招标法往往手续繁杂,所需时间长,订购机动性差,有时双方未能充分协商而造成货不对路或不能按时到货。目前,采用招标采购法的企业多将该方法与谈判结合使用,以规避招标采购法的诸多不足。

(五)协商选择法

在可选择的供应商较多,企业难以抉择时,可以采用协商选择的方法选择供应商,即由企业先选出供应条件较好的几个供应商,同他们分别进行协商,以确定适宜的合作伙伴。和招标法比较,协商选择法因双方能充分协商,在商品质量、交货日期和售后服务等方面较有保证;但由于选择范围有限,不一定能选出最便宜、供应条件最有利的供应商。当采购时间紧迫、投标单位少、供应商竞争不激烈、订购物资规格和技术条件比较复杂时,协商选择法比招标法更合适。

知识拓展

采购过程中供应商应该向企业提交的资料

(1)盖公章的企业营业执照复印件(并已办理当年度年检);
(2)盖公章的企业税务登记证复印件(并已办理当年度年检);
(3)企业法人代码证书;

(4)商标注册证明;

(5)代理商经销商的代理、经销许可(授权书);

(6)企业开户行资料;

(7)盖公章的增值税发票复印件;

(8)盖公章的商品报价表;

(9)其他相关资料;

(10)食品类商品供应商还应提供食品生产企业许可证、食品卫生许可证、产准防疫检测报告、销售地当地的卫生防疫检测报告、进口商品卫生许可证;

(11)药字号保健品供应商还应提供药品生产企业许可证、药品生产企业合格保健品批准证书等。

任务三　供应商的评估与考核

导入案例

沃尔玛对订单的要求非常高,一张订单发出去,供应商要在24小时之内确认是否能够按照订单上面的时间、数量送货,必须在24小时之内给予回复。零售业效益提升的最大问题是零售资源的抢夺的问题,即谁能以最快的速度、最低廉的成本,将优秀的产品送达顾客。所以,供应商管理能力将成为零售业下一步发展的核心竞争力。

沃尔玛对供应商的绩效管理形成了一个完整的体系,包括以下方面。

1. 设计对供应商的考核指标

(1)陈列单位销售,也就是说每一直线陈列数和销售一天的钱数。这需要非常精细地测量每一米的货架一天的销售量是多少、能够给零售商带来的毛利是多少、一年的销售总额能够有多少等。

(2)资金回报比率,也就是零售商把某个地方提供给供应商来做陈列,它的资金回报比率是多少。这个指标的权重最大。

(3)营业外收入。

(4)财务收益。账期天数(零售商和供应商之间结算的天数)和库存天数的差异,在银行当中产生的利息称为财务收益。对于零售商来说,关键看其在整个商品周期中的快速周转能力,商品周转得越快,给供应商的账期越短。对于供应商来说,只要账期天数大于等于库存天数,对于他们来说,采购考核就合格了。

沃尔玛利用拥有的强大渠道力量和客户信息强迫供应商与其一样努力地降低价格,而减少库存是其中的重要步骤。沃尔玛要求所有的供应商都能通过网络实时了解自己产品的销售情况,以便及时地安排生产计划,帮助供应商大大地降低库存水平。沃尔玛通过各种方式向供应商传递自己的需求信息,同时让供应商通过网络实时地了解沃尔玛销售产品的成本构成,从而探求如何在生产中降低成本。

(5)促进支持频率。一般来说,每个超市每个月都会有至少两次海报活动。那么,供应商愿意支持多少促销单品,就是促进支持频率所要考核的内容。

(6)促销力度。促销力度就是在零售商进行促销活动中,供应商愿意就产品价格进行多大幅度的降价。

(7)产品的质量投诉。这是对供应商产品质量的考核。沃尔玛基于的理念是"总成本最低",即成本是产品的销售成本和退货成本的总和。如果产品质量不能让客户满意而引起的退货一样会加大企业的成本。所以,在与供应商的合同中,沃尔玛有权随时对供应商的产品进行质量检验,同时也可以在未经供应商同意的情况下,允许第三方对产品质量进行抽查。这就迫使供应商必须达到一定的产品质量标准。

(8)送货的少缺次数。对于零售业来说,资源就是竞争的砝码,特别是对畅销产品来说,缺货是面临的关键问题。因此,一家供应商缺货次数的多寡对于零售商选择长期合作伙伴也是个不可或缺的评价指标。

(9)退货期限。很多时候,供应商给零售商送货很愿意,退货就不大重视了。沃尔玛会开出退货通知单,希望供应商能够在14天内给予积极的配合。于是退货期限内供应商的配合情况也就成了一个新的考核指标。

另外,沃尔玛还制定了"供应商守则",对合格供应商资格进行界定。只要在工厂发现雇佣童工、使用强制劳动力、体罚殴打员工等问题中的任何一个,该工厂的供应商资格就会被一票否决。哪怕是某些企业宣称的暑期工、临时工,只要年龄未满16周岁,同样免不了"出局"命运。

2.汇总分数,对供应商进行等级划分

这些考核标准最后汇总成为供应商的分数。事实上零售商对于供应商的管理并不是一刀切的,根据不同的分数,也会将供应商划分为不同的等级。

比如,考核分数在80分以上的,可以划分为A类供应商,表示其业绩优秀;得分为60～80分的,可以划分为B类供应商,表示其业绩合格;得分为50～60分的,可以划分为C类供应商,表示这部分供应商还需要改进;得分在50分以下的,归为D类供应商,这部分供应商的业绩基本不合格。

对于A类供应商,也就是所谓优秀供应商,沃尔玛提供一系列优惠的政策,以此激励更多的供应商更加努力,争取得到这些优惠。比如:优先考虑优秀供应商产品摆放的位置;对优秀供应商产品放置通道的费用进行减免;适当地开放数据;增加订单数量;收退换货优先考虑。

对于B类供应商,也就是所谓合格供应商,按照原先的正常程序进行合作。

对于C类供应商,通道费用可能是加收的,订单也可能比较少,产品摆放位置也不会特别好。但是为了提高他们的业绩,沃尔玛会为他们组织专门的培训。

对于D类供应商,其有被替代的危险,很有可能被淘汰。

任务目标

通过任务的学习,了解供应商评估的标准、流程以及评估指标体系。

任务学习

一、供应商评估概述

一般来说,对供应商要从技术水平、产品质量、供应能力、价格、地理位置、可靠性(信誉)、售后服务、提前期、交货准确率、快速响应能力等方面来综合考察。但在实际操作中,不论是经销商还是生产厂商,许多企业对供应商的选择、评估以及采购量的分配,都是由总经理或采购部经理等少数人来决定的。其结果并不能准确地体现供应商在各个方面的表现,同时带有个人主观色彩的评估,也使得供应商之间并不真正具有可比性。因此,企业需采取系统的供应商评估方法,由企业各个部门的代表组成一个小组,对供应商进行评估。

二、供应商评估标准

在对不同供应商进行对比的过程中,公司应尽可能使用某些特定而共同的评估标准以保证对比结果的可靠性。所有的供应商评估标准最终都是为以下四个供应目标中的某一个服务的。

图 3-2　四个供应目标

(一)常规采购品

对于这一类采购品,公司关注的是如何最大限度地降低采购所需的时间和精力,所以我们选择的供应商应该具备在不需要公司花费时间和精力的情况下,处理大量常规采购品业务的能力。在评估这些供应商时,我们主要考虑以下方面。

(1)供应商的产品范围有多广?公司能够从同一个供应商处采购多少常规采购品?
(2)供应商是否能够在未来几年时间内连续供应这些产品?
(3)供应商是否愿意签署长期合同(如:无定额或者定额合同)?
(4)在快速处理问题及对疑问作出快速响应方面,供应商是否响应灵敏?
(5)供应商的交货速度和可靠性如何?
(6)当公司与供应商签订的是无定额合同,供应商需要履行授权公司随时订货的责任时,供应商的订货系统能够在这个方面提供何种程度的方便?
(7)供应商是否接受采购卡?

(8)供应商是否使用电子商务？
(9)供应商是否提供合并账单（例如：把许多张发票合并成每月账）？
(10)供应商拥有的该采购品的库存有多少，是否可以最大限度地降低公司的库存？
(11)供应商是否能够持续提供满足说明要求的产品，并保持最低的废品率？
(12)供应商是否准备指定一名客户经理专门处理公司的业务？

（二）杠杆型采购品

杠杆型采购品的支出费用较高，但是可能给公司带来的风险却比较低，因此，针对这一类采购品，公司的目标是降低价格和成本。

针对定期合同的杠杆型采购品的评估需要考虑能够说明供应商是否是低成本提供者的因素，主要包括直接原材料成本、劳动力成本、公司管理费用、分销成本、生产效率和生产力、投资水平和融资能力。

同时还需要考虑在合同期内，供应商能否持续供货，主要包括：财务的稳定性、供应商市场地位的持久性、供应商产品所处的产品生命周期阶段、生产投入供应的安全性、我方此类产品采购是否为该供应商的核心业务、供应商能够提供何种持续供应保障。

如果是现货采购，在评估阶段，我们只需要研究供应商的产品质量和遵守承诺的交货时间的可靠性即可。

（三）瓶颈型采购品

这一类产品可能给公司带来很高风险。这一类产品总体支出水平不高，对供应商也没有多大的吸引力。这一类产品公司最关注的是产品的质量和持续供货。

因此这一类产品的供应商评估标准要考虑：供应商的财务稳定性、市场地位的持久性、其产品所处的产品生命周期阶段、所采购的产品在供应商那里是否处于核心地位、对方是否愿意签署长期合同、参与联合质量和应变计划的能力、针对紧急订单能否及时响应等。

（四）关键型采购品

这一类产品高支出高风险，需要花费大量的时间和精力去评估，主要的标准因素有：供应商是否愿意签订长期合同、我方与供应商的业务战略是否一致、供应商与我方的任何竞争者建立了任何优待管理、供应商能否持续供应低成本产品（成本包括直接原材料成本、劳动力成本、公司管理费用、分销成本、生产效率和生产力、设计能力和融资能力）、我方对于此类产品或者服务的采购是否属于供应商的核心业务范围、供应商能否保持持久的市场地位、财务状况是否稳定。

三、供应商评估考核流程

（一）确定考核主策略，划分考核层次

一般是划分出月度考核、季度考核、年度考核的标准和所包括的供应商。月度考核一般

针对核心供应商、重要供应商,每月进行一次,考核的要素以质量和交货期为主。季度考核针对大部分供应商,每季度进行一次,考核的要素主要是质量、交货期和成本。年度考核(或半年考核)则一般针对所有供应商,每半年或每年进行一次,考核的要素包括质量、交货期、成本、服务和技术合作等。

进行分层次考核的目的在于抓住重点:对核心、重要的供应商进行关键指标的高频次评估,能够保证尽早发现合作过程中的问题,以便及时解决;对于大部分供应商,则主要进行季度考核、年度考核,并通过扩充考核要素进行较为全面的评估。

(二)对供应商分类,建立评估准则

考核策略和考核层次确定之后,接下来要对供应商进行分类,进一步建立评估细分准则。这一阶段的重点在于要根据供应商供应的产品进行分类,对于不同类别的供应商建立不同的评估细项,包括各种不同的评估指标和每个指标所对应的权重。

(三)划分绩效等级,进行三个层次的分析

采用平衡记分卡,对供应商的每一项指标进行具体考核后,接下来要对供应商的绩效表现进行等级划分。比如,将供应商绩效分成 5 个等级,依据等级划分,可以非常清楚地衡量每家供应商的表现。在掌握了每家供应商的表现之后,要对评估结果进行有针对性的分类,采取不同的处理策略。先要进行供应商的绩效分析。具体来说,绩效分析可以分为 3 个层次:一是根据本次考核期的评分和总体排名进行分析;二是根据类似供应商在本次考核期的表现进行对比分析;三是根据该供应商的历史绩效进行分析。通过这些不同维度的分析,我们可以看出每家供应商在单次考核期的绩效状况、该供应商在该类供应商中所处的水平、该供应商的稳定性和绩效改善状况等,从而对供应商的表现有清晰、全面的了解。

(四)实行二维分析,定位新的采购策略

根据供应商的绩效表现,对供应商进行重新分类,有针对性地调整采购战略。供应商绩效表现相对良好的,购买该供应商的产品或服务的多少可以暂时不用过多关注。向某供应商购买的金额很大,而该供应商的绩效表现并不好,这是最需要研究的地方,要据际情况作出决定,要求供应商改善或者更换供应商。对于绩效表现不好,采购金额不大的这类供应商可以采取更换的策略。

(五)监督供应商,改善不足的方面

进行供应商分类之后,对于希望继续合作但表现不够好的供应商要尽快设定供应商改善目标。及时反馈给供应商,让供应商了解自己哪里做得好,哪些地方表现不足。改善的目标一定要明确,要让供应商将精力聚焦在需要改善的主要方面。比如,进行绩效考核之后,可能某供应商有 5 个方面做得不好,但是希望该供应商在其中的两个方面上能够尽快加以改善,那就将这两个方面及所希望达到的水平反馈给供应商,让供应商充分了解到其在下一

个周期里需要重点改善的是这两个方面,而不是其他另外三个方面,从而让供应商努力同我们的期望达成一致,一起为实现同一个目标而努力。

四、供应商评估的指标体系

质量、成本、交货、服务、技术、资产、员工与流程,前三个是硬性指标,是供应商管理绩效的直接表现,后面三个是软性指标,服务指标介于二者之间。

(一)质量指标

产品质量是最重要的因素,质量指标常用的是百万次品率,优点是简单易行,缺点是一个螺丝钉与一个价值 10,000 元的发动机的比例一样,质量问题出在哪里都算一个次品。供应商可以通过操纵简单、低值品的合格率来提高总体合格率。在不同行业,标准大不相同。质量的好坏用合格率来表示,合格率越高质量越好。

(二)成本指标

成本指标常用的有年度降价。要注意的是,采购单价差与降价总量结合使用,如年度降价 5%,总成本节省 200 万元。在实际操作中,采购价差的统计远比看上去复杂。如新价格什么时候生效,采购方按交货期定,而供应商按下订单的日期定,这些一定要与供应商事前商定。

(三)按时交货率

按时交货率与质量、成本并重,概念很简单,但计算方法很多,如按件、按订单计算,按时交货率都可能不同。按时交货率一般用百分比表示。其缺点与质量百万次品率一样:一个螺丝钉与一个发动机的比例相同。生产线上的人会认为,缺了哪一个都没法组装产品;但从供应管理的角度来说,采购一颗生产周期只有几天的螺丝钉与采购一台前置期几个月的发动机,是不一样的。

(四)服务指标

服务没法直观统计,但是,服务是供应商价值的重要一环。服务在价格上看不出,在价值上却体现得很明显。比如同样的供应商,一个有设计能力,能对采购方的设计提出合理化建议;另一个则只能按图加工。二者哪一个价值大,不言而喻。

(五)技术指标

对于技术要求高的行业,供应商增加价值的关键是有独到的技术。供应管理部门的任务之一是协助开发部门制定技术发展蓝图,寻找合适的供应商。这项任务对公司之后的成功至关重要,应该成为供应管理部门的一项指标,定期评价。遗憾的是,供应管理部门往往忙于日常的催货、质量与价格谈判,对公司的技术开发没精力或没兴趣,选择供应商随随便便,这为之后的种种问题埋下祸根。

(六)资产指标

供应管理直接影响公司的资产管理,比如库存周转率、现金流等。供应管理部门可通过供应商管理库存(VM)转移库存给供应商。但更重要的是,通过改善预测机制和采购流程,降低整条供应链的库存。如在美国半导体设备制造行业,由于行业的周期性太强,过度预测、过度生产非常普遍,大公司动辄注销几千万美金的库存。虽然整个行业看上去赚了很多钱,但扣除过期库存所剩无几。有些公司通过完善预测和采购机制,成功地降低了库存,因而成为行业的佼佼者。所以,供应管理部门的绩效指标应该包括库存周转率。这样也可避免为了价格优惠而超量采购。

(七)员工与流程指标

对供应管理部门来说,员工素质直接影响整个部门的绩效,员工高素质是获得相关部门尊重的关键。学校教育、专业培训、工作经历、岗位轮换等都是提高员工素质的方法。相应地,可确立相关指标,如10%的员工每年接受1周的专业培训、50%的员工通过专业采购经理认证、跳槽率低于2%等。

任务四 供应商关系管理

导入案例

PPI(Planning Perspectives Inc)的一份研究报告显示,美国市场上各车企同供应商之间的关系并不理想,这也严重影响了整车企业的盈利业绩。

2014年5月,PPI发布了当年北美地区整车厂-供应商关系排行榜,罗列了丰田、通用、福特等9家车企同供应商关系融洽度的排名,其中丰田、宝马和本田同供应商的关系相对最为融洽,通用、奔驰和大众则排名垫底。

PPI每年在北美调查供应商对整车企业的看法,发布整车厂-供应商协作关系指数WRI(OEM-Supplier Working Relations Index)。该公司之前主要调查丰田、本田、日产、福特、克莱斯勒和通用六大车企,近年来新增了宝马、奔驰和大众。

PPI的研究报告显示,整车厂如果之前同供应商保持了更为融洽的合作关系,那么就可能获得更为先进的技术、更加丰富的供应商资源、更为有效的沟通,以及更短的产品面市周期,而这一系列好处帮助上述六大车企在2013年总计获得14亿美元的额外利润。以通用为例,如果通用改善了同供应商的关系,那么该公司2013年的单车营业利润有望提升152美元,并总计为该公司带来4亿美元的营业利润。而如果整车厂-供应商合作关系改善10%,整车厂的单车利润就能够提升至少58美元。

PPI指出,如果克莱斯勒同供应商保持着更为良好的合作关系,那么在2000年至2012年,该公司将获得240亿美元的额外利润。

项目三 供应商选择与管理

总体来讲,底特律三巨头在同供应商之间的关系方面不及日本竞争对手,PPI 的 CEO John Henke 指出:"通用正在讨论企业文化的转变,而采购与工程领域才是该公司需要真正作出改变的地方,克莱斯勒和福特同样如此。"

任务目标

通过本任务的学习能够理解供应商关系管理给企业带来的好处,以及对企业竞争力提升的好处。

任务学习

一、供应商关系的演变

供应商管理的核心是把供应商纳入客户关系管理的范畴,企业的管理流程除以商品管理为主体外,还应将管理的起点延展到上游供应商,设计一种能最大限度地降低风险、强化竞争优势的合理供应结构,并且与供应商建立一种促使其不断降低成本、提高产品质量的长期战略合作关系,借此增强企业的核心竞争力。

因此,正如客户关系管理(CRM)是用来改善与客户的关系一样,供应商关系管理(Supplier Relationship Management,SRM)是用来改善与供应链(Supply Chain)上游供应商的关系的,它是一种致力于实现与供应商建立和维持长久、紧密伙伴关系的管理思想和软件技术的解决方案,旨在改善企业与供应商之间关系的新型管理机制。它通过对双方资源和竞争优势的整合来共同开拓市场,扩大市场需求和份额,降低产品前期的高额成本,实现双赢;同时,它又是以多种信息技术为支持和手段的一套先进的管理软件和技术,将先进的电子商务、数据挖掘、协同技术等信息技术紧密集成在一起,为企业产品的策略性设计、资源的策略性获取、合同的有效洽谈、产品内容的统一管理等过程提供了一个优化的解决方案。实际上,它是一种以"扩展协作互助的伙伴关系、共同开拓和扩大市场份额、实现双赢"为导向的企业资源获取管理的系统工程。

传统的企业与供应商的关系是一种短期的、松懈的、互为竞争对手的关系。在这样的基本关系下,采购方和供应商的交易如同"0—1"对策,一方所赢则是另一方所失,与长期互惠相比,短期内的优势更受重视。采购方总是试图将价格压到最低,而供应商总是以特殊的质量要求、特殊服务和订货量的变化等为理由尽量提高价格。哪一方能取胜主要取决于哪一方在交易中占上风。

另一种与供应商的关系模式,即合作共赢模式在当今受到了越来越多企业的重视,即企业与供应商的战略同盟关系。它是存在于企业与其供应商之间的双方合作的长期的产品交易关系。这是一种基于相互信任,通过彼此间的信息沟通,实现风险共担和利润共享的企业合作关系。双方通过精密合作所产生的利润比各自独立运作所产生的利润更大,因而这是一种"1+1>2"的对策。

合作伙伴供应商在一个特定长的时间内与其客户就某些产品和服务达成一定的承诺和协议，包括信息共享和分担伙伴关系带来的利益与风险，也就是说伙伴关系必须建立在合作和信任之上，在没有共同所有权的情况下达到横向系统集成和业务集成的效果。

供应商是资源还是对手

现在流行一句话，"企业间的竞争就是供应链的竞争"。这句话有的人理解了，有的没理解，还有的甚至不知道。但从事采购供应链管理的人，一定要知道和理解这句话。企业的成败和采购供应链管理是有很大关系的。道理很简单，大家都在竞争这个市场，那么我们一定要比竞争对手做得好。什么叫好？质量要好一点，价格要便宜一点，交货要及时一点。要想质量好、价格便宜、交货及时，供应商也一定要有同样的水准，供应商的供应商也是一样。我们、供应商、供应商的供应商就组成了一个供应链，所以企业间的竞争是供应链的竞争。从这个角度考虑，采购在企业中的作用就非常大。为什么？因为供应链是采购主管的，采购要把供应商当作资源来看，当成供应链条中非常重要的一环。甚至有人说，供应链这个"链条"的总体强度不是取决于最强的一环，而是取决于最弱的一环。如果有一个供应商不好，就会给企业带来问题。

供应商是资源，有的企业甚至可以把供应商资源垄断。举个铁矿石的例子。我们以前以为铁矿石买的量大，一定会便宜。做采购的很多人都这么认为。结果中国在国际市场上发现，买的量大，反而贵了，中国买什么什么涨价。为什么呢？日本的新日铁、韩国的浦项钢铁，为什么它们买这些铁矿石就不涨价呢？那是因为它们在铁矿石产业中有股份，而中国没有。也就是说，我们对供应链缺少控制，缺少控制就竞争不过人家。

有些企业觉得供应商是资源，有的觉得不是而频繁地换供应商。有人说，供应商不好，就换啊。不好就换，这体现的是"竞争"关系，那么供应商还会跟你长期合作吗？供应商跟你没有长期合作关系，会为了你做很多投入、很好地配合你吗？会把成本对你公开吗？会跟你团结一致应对你的客户吗？都不会。如果我们把供应商当成对手，双方就会在很多地方彼此设防，比如成本不公开、评审时不让你看到真实情况、报价时投机。由于信息沟通不充分，可能带来很多成本浪费，失去很多改进机会，那你的供应链就会变得很虚弱。

为了跟供应商长期合作，我们有很好地培养供应商吗？很多企业是没有的。这方面日企做得比较好，不管是松田还是索尼、松下，日企非常在意对供应商的培养。他们在选择供应商时先作个简单的评估，然后会派人进行辅导，甚至辅导两三年，当能满足他们的要求的时候再确定其成为他们的供应商，这样就形成长期合作关系。而且一旦供货，轻易不换供应商。所以日本企业里买卖双方的关系比较持久，是真正的长期伙伴关系。供应商作为资源，也源源不断地提供产品和输入改进意见。

再换一个角度：什么叫好的采购？价格便宜、质量好、送货及时？这只能叫满足基本需要，是60分水平，还不能叫好的采购、优秀的采购、卓越的采购。好的标准为是否能让供应商的价值最大化。很多供应商在技术、质量甚至物流方式上有很多好的主意。我们有认真听吗？如果没有，那供应商的资源被最大化了吗？所以优秀的、卓越的采购人员，要善于倾听供应商的声音，倾听供应商在交付方式上、质量上甚至在合作方式上，是否有一些改进的意见。能把供应商当作资源，才是优秀的采购。

二、供应商分类

供应商分类是指在供应市场上，采购方依据采购物品的金额、采购商品的重要性及供应商对采购方的重视程度和信赖度等因素，将供应商划分为若干个不同的群体。供应商分类是对不同供应商进行分别管理的首要环节，只有在供应商细分的基础上，采购方才能依据供应商的不同类别实施恰当的供应商管理策略。任何一个企业都不应该用同一模式去管理所有的被采购物资和供应商。为了将供应商管理的有限精力在不同供应商间合理分配，加强管理的针对性，提高管理的效率，采购方应根据自身特点将供应商分类，并依据类别进行切实的关系管理。

（一）按照采购方与供应商采购业务关系的重要程度分类

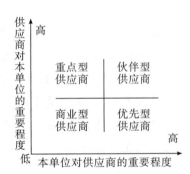

图 3-3　采购方与供应商采购业务关系的重要程度

1. 商业性供应商

当采购方与供应商对对方的重要程度都不高时，双方可以很方便地选择和更换对方，此时的供应商就是"商业性供应商"。

2. 优先型供应商

如果采购方认为某个供应商对企业并不十分重要，但是供应商认为该采购方对于自己来说非常重要，这种情况显然对于采购方非常有利，这样的供应商就是采购方的"优先型供应商"。

3. 重点型供应商

如果供应商认为采购方对自己无关紧要，但采购方认为供应商对本企业却十分重要，这样的供应商就是采购方的"重点型供应商"。

4. 伙伴型供应商

如果采购方认为供应商对自己很重要，而且供应商也认为采购方对于自己非常重要，那么这样的供应商就是采购方的"伙伴型供应商"。

（二）按供应商 80/20 规则分类

ABC 分类法是将采购方的采购物资进行分类的方法，而不是针对供应商分类的，但是将采购物资分门别类自然就可以将提供这些物资的供应商相应地区别开来；相应地，采购精力分配也应有所侧重，针对不同重要程度的供应商采取不同的策略。ABC 分类法的思想源于 80/20 原则，大意是采购数量仅占 20% 的物资的采购价值常常占到 80%，而剩余采购数量为 80% 的物资的采购价值却只有 20%。80/20 原则将供应商按照物资的重要程度划分为两类：重点供应商和普通供应商，即占 80% 采购价值的 20% 的供应商为重点供应商，而其余只占 20% 采购价值的 80% 的供应商为普通供应商。对于重点供应商，应投入 80% 的时间和精力进行管理与改进。而对于普通供应商则只需投入 20% 的时间和精力就足够了，因为这类供应商所提供的物品的运作对企业的成本、质量和生产的影响都较小。

（三）按照合作关系的深浅分类

1. 短期目标型

短期目标型是指采购方和供应商之间是交易关系，即一般的买卖关系。双方的交易仅停留在短期的交易合同上。双方最关心的是如何谈判、如何提高自己的谈判技巧和议价能力使自己在谈判中占据优势，而不是如何改善自己的工作而使双方都获利。供应商根据合同上的交易要求提供标准化的产品或服务，保证每一笔交易的信誉。当交易完成之后，双方的关系也就终止了，双方的联系仅仅局限在采购方的采购人员和供应商的销售人员之间，其他部门的人员一般不会参加双方之间的业务活动。

2. 长期目标型

长期目标型是指采购方与供应商保持长期的关系，双方可能为了共同的利益对改进各自的工作感兴趣，并以此为基础建立起合作关系。长期目标型的特点是建立了一种合作伙伴关系，双方工作的重点是从长远利益出发，相互配合，不断改进产品质量与服务质量，共同降低成本，提高共同的竞争力。

3. 渗透型

这种关系是在长期目标型基础上发展起来的，其指导思想是把对方公司看成自己公司的延伸，作为自己公司的一部分。为了能够参与对方的活动，采购方甚至会在产权上采取一些恰当的措施，如相互投资、参股等，以保证双方利益的共享与一致性。同时，在组织上也应采取相应的措施，保证双方派员加入到对方的有关业务活动，发现需要改进的地方，双方均可以提出相应的改进要求。

4. 联盟型

联盟型是从供应链角度纵向链条上管理成员之间的关系，联盟成员的增加往往需要一个处于供应链上核心位置的企业出面协调各成员之间的关系，它常被称为供应链上的核心企业。

5. 纵向集成型

这种类型是最复杂的关系类型,即把供应链上的成员企业整合起来,像一个企业一样。但是各成员又是完全独立的企业,决策权属于自己。在这种关系下,要求每个企业充分了解供应链的目标与要求,以便在充分掌握信息的条件下,自觉地作出有利于供应链整体利益而不是企业的个体利益的决策。

三、供应商关系管理的关键技术

(一)数据仓库

数据仓库是 SRM 的基础,能满足系统对各方面数据的要求。传统的数据库技术是以单一的数据资源,即数据库为中心,进行事务处理、批处理、决策分析等各种数据处理工作,主要划分为两大类:操作型处理和分析型处理(或信息型处理)。操作型处理也叫事务处理,是指对数据库联机的日常操作,通常是对一个或一组记录的查询和修改,主要为银行业务服务,注重响应时间、数据的安全性和完整性;分析型处理则用于管理人员的决策分析,经常要访问大量的历史数据。

(二)数据挖掘

在数据仓库中进行数据挖掘是 SRM 系统接口的核心,是 SRM 系统中实现数据分析的技术基础。数据仓库中信息数据量非常大,这些数据中大部分用于内部统计和账务核算,想找出与供应商相关的有价值的信息,找出这些信息的关联,就需要从大量的数据中经过深层分析,获得有利于商业运作、提高竞争力的信息。数据挖掘就是从海量数据中抽取出潜在的、有价值的知识、模型或规则,挖掘出更有价值的信息,它是供应商关系管理最关键的技术之一。

(三)商业智能,数据分析

数据挖掘可以把企业现有的供应商分成不同的种类,每个种类里的供应商拥有相似的属性,而不同种类里的供应商属性也不同。有了数据挖掘的基础,通过数据的分析就可以给企业带来一个满意的结果,能使企业对供应商的风格及习性有非常深刻的了解。数据挖掘同样也可以帮助我们进行供应商分类,细致而切实可行的供应商分类对企业的经营策略有很大益处。通过对企业内各种业务(产品)的总投入产出分析、不同供应商在各种业务(产品)中的贡献分析,制定针对性的供应策略。通过对不同分支机构经营业绩的分析和评价,可以发现特性,找出差距,分析原因,采取相应的措施,实现业绩的提升并发现新的改进方法。

(四)电子数据交换(ED)与电子商务

与供应商之间的电子数据交换是供应商关系管理系统所追求的基本功能。企业的客户关系管理与供应商关系管理应当包含接口功能和支持标准化的数据交换与业务规则,二者分别与上游及下游伙伴的系统连接构成了完整的、企业间集成的供应链管理系统。

四、供应商的激励与控制

为了保证供应商供应工作的正常进行,必须采取一系列的措施对供应商进行激励和控制。对供应商的激励与控制应当注重以下几方面。

(一)逐渐建立一种稳定可靠的关系

与供应商签订一个较长时间的业务合同。时间太短,供应商不可能全心全意为搞好企业的商品供应工作而倾注全力。只有长时间地合作,供应商才能全力与企业合作、做好物资供应工作。特别是当业务量大时,供应商会把企业看作自己生存和发展的依靠与希望,这就会更加激励供应商努力与企业合作。长期合作关系下双方是一个利益共同体。

合同时间一般以一年较为合适,如果双方均满意,第二年可以续签;如果有一方不满意,则合同终止。这样签订合同,既让供应商感到放心,可以有一段较长时间的稳定工作,又让供应商有危机感,保持竞争、进取精神。如此,双方才能继续合作。

(二)有意识地引入竞争机制

有意识地在供应商之间引入竞争机制,促使供应商之间在产品质量、服务质量和价格水平等方面不断优化和努力。

例如:在几个供应量比较大的品种中,每个品种可以实行 AB 角制或 ABC 角制。所谓 AB 角制,就是一个品种设两个供应商:一个 A 角,作为主供应商,承担 50%~80%的供应量;另一个 B 角,作为副供应商,承担 20%~50%的供应量。在运行过程中,对供应商的运作过程进行结构评分,一个季度或半年评比一次,如果主供应商的月平均分数比副供应商的月平均分数低 10%,就可以把主供应商降级成副供应商,同时把副供应商升级成主供应商。ABC 角制则是实行三个角色的制度,原理与 AB 角制一样,也是一种激励和控制供应商的方式。

小知识

供应商 AB 角儿怎么定?

很多公司会采用"一品两点",或者叫 AB 角儿供应商的管理方法。就是一项物品,选两家供应商。这里隐含着一个问题:究竟该选一家供应商,还是两家?如果采购量特别大,一家供应商满足不了当然应该选两家;或者,在我国的商业环境下,有时候就算想跟供应商长期合作,人家也不一定愿意,人家会选择更好的客户,这时候只好找两家供应商。

这本质上是"供应来源"的问题。常见的策略有三种:第一种是唯一来源。市场上只有一家供应商,想选但没得选。第二种是单一来源。市场上有多家可以供货,但只选一家。第三种是多个来源,如 AB 角儿。唯一来源是无奈之举,不是公司主动选择的。那么单一来源和多个来源之间,怎么取舍呢?可以参考以下建议。

1. 选择单一来源

(1)基于过去成功经验与某个供应商签订长期合同。

(2)供应商质量服务等非常出色,无须考虑其他。

(3)订单太少。

(4)集中购买可获得折扣或优惠。

(5)供应商会更积极主动。

(6)涉及模具等,备货过程长或备货成本昂贵。

(7)容易安排交付。

(8)使用准时化生产、无库存购买、系统合同或电子数据交换(ED)。

(9)达成和供应商的高效关系需要可观的资源和时间,因此数量越少越好。

(10)单一供应源是建立合作关系的前提。

2. 选择多个来源

(1)传统习惯。

(2)造成竞争态势。

(3)开发备份,避免意外,确保供应。

(4)采购方具备协调管理多供应源能力。

(5)避免供应商依赖采购方。

(6)充分利用供应商尚未使用的生产能力,以获得更大柔性。

(7)战略原因,如军事、保证供应等,需要多供应源。

(8)政策要求使用多供应源。

(9)没有足够能力满足采购方现有或未来的需求。

(10)潜在的新供应商在进行订货测试,需保证现供应源供货。

如果实行AB角儿制,还存在一个采购量的问题。有的公司说,我们先选好两个供应商,但平时所有的采购量都给A,不到万不得已不用B。但问题是,总是用A不用B,结果B从来没有准备过。等到万不得已的那一天,B现用也来不及。所以平时总要给B一定的采购量。就像话剧演员也有AB角儿,那个B角儿偶尔也要登场去演。那么给B多大比例合理?这个不能一概而论。我们来看一个更实际的问题:如果我们原先主要采购A的产品,过了段时间B的产品质量超过了A,且价格更低,该怎么办?选A还是选B?如果选B,那和A的关系也就终止了。以后如果又有C超过B,还要不要建立的新关系?

解决方案:实行AB角儿制,供应由A和B两家供应商来完成。B的产品质量好、价格低,多买一些;A的产品少买一些,但要让A知道选择的标准。在交货期满足的情况下,订货量应满足下列公式:

$$订货量 = (质量/价格) \times 关系$$

即采购量与产品质量成正比,与产品价格成反比,关系要素通常都视为1(不合格供应商视为0)。这样,只要采购方做到公开、公平、公正,则会使A供应商心服口服,从而更注重提升品质,改善管理,努力在竞争中做得更好。

这里还隐含着一个问题:很多公司做采购,寻找供应商的是采购部门,但具体下订单的是另一个部门,结果采购员心里的想法,到了操作层面就不一样了。所以,采购部门要制定出一份明确的计划,计划一要清晰,二要可执行,三要简单方便操作,并清晰地传达给操作部门,让操作部门去执行。

(三)与供应商建立相互信任的关系

与供应商建立信任关系包括很多方面。例如:不定期地开一些企业管理者的碰头会,交换意见、研究问题、协调工作,甚至开展一些互助合作;或对信誉高的供应商的产品进行有针对性的免检,显示出企业对供应商的高度信任。特别对涉及企业之间的一些共同的业务、利益等有关问题,一定要开诚布公,把问题谈透、谈清楚。彼此之间需要建立起"双赢"的指导思想,一定要兼顾供应商的利益,让供应商有利可图,这样双方才能建立协调、可靠的信任关系。

(四)建立相应的监督控制措施

在建立信任关系的基础上,企业也要建立比较得力的、相应的监督控制措施。特别是一旦供应商出现了一些问题,或者一些可能发生问题的苗头,一定要采取相应的监督控制措施。根据情况的不同,可以分别采取不同的措施。

1. 视供应商重要性、问题严重性灵活处理

对于一些非常重要的供应商,或是当问题比较严重时,可以向供应商派常驻代表。常驻代表的作用包括技术指导、沟通信息、监督检查等。常驻代表应当深入生产线各个工序各个管理环节,帮助发现问题,提出改进措施,切实保证彻底解决有关问题。

对于那些不太重要,或者问题不那么严重的供应商,则视情况定期或不定期到工厂进行监督检查;或者要求供应商自己报告生产条件情况、提供产品检验记录,采用让大家分析、评议等办法实行监督控制;或者设监督点对关键工序或特殊工序进行监督检查。

2. 成品检验和进货检验

企业应加强成品检验和进货检验,做好检验记录,退还不合格品,甚至追究赔款,督促供应商改进。

3. 对供应商进行辅导

组织本企业管理技术人员对供应商进行辅导,提出产品技术规范要求,使其提高品质量水平或企业服务水平。

五、供应商关系维护及采供关系友好结束

(一)供应商关系维护

供应商关系维护指采购方与供应商合同合约的执行过程中,为巩固并不断发展完善供

货、合作甚至联盟关系而做出的所有努力。采供双方签订合作协议,只是供应商开发过程的开始,在此基础上的供应商关系维护对于保证采购物资的高质量供应有着非常重要的作用。关系维护涵盖的范围很广,比如采供双方的技术交流,双方管理者互访和座谈,采购人员与供应企业的销售人员组织的联欢趣味竞赛等旨在增进友谊、促进了解的节目。

采供双方一旦签订供货或者合作协议,二者就成为一条供应链上的两个利益相关节点。如果其中一方在生产经营、资金运作、人力资源等领域遇到困难,那么另一方应给予最大可能的支持帮助。这种帮助也是对双方合作关系的一种投资,既有资本上的,也有感情上的。这种互惠互助的关系对双方合作的忠诚度和诚信程度都有很大帮助,在中国这个讲究非结构化合作关系的国家尤其如此。在合作的过程中,若曾经施予帮助的一方遭遇类似或者其他需要对方协助的问题,对方一般都会在前期合作关系的基础上给予相应的帮助作为回报。

采购方的业务人员与供应商的相关部门之间定期或不定期的技术与信息交流对维护双方关系也是大有裨益的。对于供应商在供货过程中表现优秀的方面、不尽如人意的地方甚至出现的纰漏和造成的损失,采购方都有义务以平和的心态与供应商进行及时有效的交流。这种交流有助于改善供货绩效并提高供应商的竞争能力,对双方都是有利的。除了业务层面的交流之外,双方高中层管理人员的定期互访对于增进双方的信任和感情都是必要的。此外,采购方组织的文化、娱乐项目等都能增进采供双方人员的相互了解和友谊,对于长期稳定的合作关系是有百利而无一害的。

(二)采供关系友好结束

采购方与供应商之间的关系不是永恒的。当采购方决定停止或暂时停止某种产品的生产时,当采购方转换生产产品的品种时,当供应商提供的物资或服务不尽如人意时,或当采购方找到了更优秀的供应商时,原来的采供协议和合作关系都不得不被考虑终止。无论是出于什么原因终止采供关系,采购方与供应商之间都不该在敌对的气氛下拆伙,应采用恰当的、友好的以及专家应有的态度终止合作。因为采供关系当前被终止并不一定意味着两家企业在未来没有合作的可能。说不定某天出于某种考虑,采购方会重新找上已终止合作的供应商。如果采购方简单粗暴地停止与偶尔出现纰漏的供应商的合作关系,并给予其相应的惩罚,甚至发誓永远不与其有任何合作,同时这家企业的负责人跳槽到另一家企业,而这家企业恰恰是采购方所倚重的,那么采购方给这位负责人所留下的糟糕印象可能会使以后与倚重企业的合作阻碍重重。采购方对少数供应商的恶劣态度还可能影响与现有合作伙伴的感情,使他们对合作前景产生不必要的担心和恐慌。

因此,采购方在更换供应商这一过程中应尽量做到完美,在不损害企业采购绩效、运营绩效和名誉的基础上,尽量采取协商、调解以及规劝为主的温和方式,最大限度地保护供应商的名誉和双方之间感情。

1. 终止合作的原因

采购双方拆伙的方式有很多种,从采购方的角度来看,可以分为自愿拆伙和非自愿拆伙两种。

自愿拆伙的原因中最常见的是对供应商的供货表现不满。这种不满可能来源于供应商未能按照合同规定的标准来供货或提供服务，交货时间频频延迟或缺乏积极的售后服务等原因都会使采购方自愿终止合作关系。采购方不满还可能是现有供应商与供应商所在行业的其他供应商相比缺乏优势造成的。

非自愿拆伙大多由供应商破产或遭遇无法预测的风险所引起，这种拆伙也可能是供应商被别的企业收购导致企业所依靠的工厂或生产设备行将关闭或转让而不得不作出的反应。这种拆伙也是采购方在选择供应商时必须考虑到的，它可能会导致断货，给企业正常运营带来风险。采购方生产计划的突然调整也会导致采供关系的断裂。

除此之外，采供双方失去了对彼此的基本信任也是采购方与供应商伙伴关系破裂的一个普遍原因。采购方与供应商沟通不足，尽管双方都不是故意损害合作关系，但是却直接影响了双方的互相信任程度。为了公司的利益，为了使彼此的伤害最小，在任何情况下（即使在采购方的采购人员极度气愤的时刻）都应尽可能地减少对供应商的敌意和讽刺，这样才能在更换供应商的过程中得到他们的协作，才不会伤害其他正在合作的供应商的积极性。

2. 终止合作的途径

在与供应商的合作过程中，采购方要及时监控供应商的表现，对供应商的绩效考核结果也要及时告知供应商。密切关注其供货，表现不尽如人意的时候先提出口头警告，无效情况下再提出书面警告。除非事发突然，否则采购方不应该在事先没有通知对方的前提下突然以某种理由提出终止合作或者用不光彩的手段来结束采供关系。所有这些做法都会使供应商不满，同时也会打击正在合作的供应商和新的供应商的积极性。

3. 解除关系的过程

虽然双方由于种种原因不得不终止合作关系，但是谁也不能保证将来没有合作的机会，何况解除关系的过程还体现着采购方对供应商的态度，对其他供应商的积极性和采购方的声誉都有重要影响。解除关系的基本态度应该是友好的。

首先，采购人员应向供应商解释解除关系的原因，并阐明解除关系在目前的情况下对双方都是最好的选择，然后再寻求迅速公平可行的方式使解除关系对双方的伤害降到最小。采购方应该清楚并合情理地列出供应商应该做什么。

其次，双方要在协商的基础上确定解除关系过程的时间表，并拟定一份出清存货合同清单，正规地回顾合作过程中的细节，申明双方的职责和最终的关系解除日期。友好地解除关系的条件和期望达到的效果应该是：

(1) 在友好的气氛中有秩序地解除关系；
(2) 不损害采购方客户的利益；
(3) 最低的浪费和成本开支；
(4) 双方都认可的、清晰的结算记录；
(5) 双方对关系解除原因都清楚而且有一致的认识；
(6) 给相关的人员一次教训，以后不再犯已经犯过的错误；
(7) 其他的供应商的积极性和采购方的声誉不受伤害。

项目三 供应商选择与管理

同步练习

一、单项选择题

1. 某采购经理要为企业购买两台设备，现有四家供应商可以提供货源，但价格不同。供应商甲、乙、丙、丁的价格分别为 130 万元、110 万元、140 万元、160 万元，它们每年所消耗的维护费分别为 10 万元、20 万元、6 万元和 5 万元。假设这些设备的生命周期均为 5 年，该经理选择的供应商为（　　）。
   A. 供应商甲　　　B. 供应商乙　　　C. 供应商丙　　　D. 供应商丁

2. 企业在选择供应商过程中，不重要的指标为（　　）。
   A. 产品价格　　　B. 服务　　　C. 产品质量　　　D. 股权结构

3. 当企业采购的原材料数量大，竞争激烈时，企业选择供应商可采用（　　）。
   A. 协商法　　　B. 评分法　　　C. 招标法　　　D. 经验法

4. 通过调查、征询意见、综合分析和判断来选择供应商的一种方法，称作（　　）。
   A. 直观判断法　　B. 评分法　　C. 采购成本比较法　D. 招标法

5. 依据供应商评价的各项指标，按供应商的优劣档次，分别对各供应商进行评分，选得分最高者为最佳供应商的供应商选择方法称作（　　）。
   A. 直观判断法　　B. 评分法　　C. 采购成本比较法　D. 招标法

6. 分析不同价格和采购中各项费用的支出，以选择采购成本较低的供应商，这种供应商选择方法称作（　　）。
   A. 直观判断法　　B. 评分法　　C. 采购成本比较法　D. 招标法

7. 由采购单位提出招标条件，各投标单位进行竞标，然后采购单位决标，与提出最有利条件的供应商签订协议，这种供应商选择方法称作（　　）。
   A. 直观判断法　　B. 评分法　　C. 采购成本比较法　D. 招标法

8. 下面按照采购方与供应商采购业务关系的重要程度分类的是（　　）。
   A. 商业型供应商　　　　　　B. 短期目标型供应商
   C. 渗透型供应商　　　　　　D. 长期目标型供应商

9. 下面是按照合作关系的深浅分类的是（　　）。
   A. 商业型供应商　B. 优先型供应商　C. 重点型供应商　D. 长期目标型供应商

10. 采购方对供应商的供货表现不满而终止合作的是（　　）。
    A. 采购方自愿拆伙　　　　　B. 供应商自愿拆伙
    C. 重点型供应商　　　　　　D. 长期目标型供应商

二、填空题

1. ＿＿＿＿＿＿＿＿是企业对供应商进行综合评价的依据和标准。
2. ＿＿＿＿＿＿＿＿是供应商选择的首要参考目标，它也是采供双方合作达成的基本条件。
3. ＿＿＿＿＿＿＿＿是指采购方为帮助供应商提高运营绩效和供应能力，以适应自身的采购需求而采取的一系列活动。

4. 杠杆型采购品的支出费用较高，但是可能给公司带来的风险却比较低，因此，针对这一类采购品，公司的目标是_____和_____。

5. 供应商评估的指标体系的指标包括：_____、_____、_____、_____、_____、_____、_____。

6. 按照合作关系的深浅分类，供应商可分为：_____、_____、_____、_____、_____。

7. 供应商关系管理的关键技术有：_____、_____、_____、_____。

三、简答题

1. 简述开发供应商的步骤。
2. 简述供应商选择需要考虑的主要因素。
3. 简述供应商选择方法。
4. 企业采用供应商关系管理能够带来哪些好处？
5. 供应商关系管理需要哪些关键的技术？
6. 简述供应商评估考核流程。
7. 供应商主要考核哪些指标？
8. 供应商的激励与控制应当注重哪几方面？

四、案例分析

波导股份有限公司公关部人员介绍，波导一直致力于选择最好的供应商。比如某供应商是给摩托罗、诺基亚长期供货的，波导会尽量与它接触，使其能够为波导供货。但要选择一家完全符合波导心意的供应商，其过程是十分艰辛的。

"我们一直在寻找行业里面前三名的供应商来供货，这是波导的一个硬性指标。有了硬性指标，才有产品质量。选择好一家供应商后，波导并不马上与其签订协议，而是要了解该供应商以往与别的手机厂家合作时的商业信誉，以及其自身的资质，这里面包括质量体系、供货能力等方面的因素，然后才进行评估考核。

在初步符合了波导的要求后，供应商会给波导递交样本，进入到小规模试用期，合格以后再进入批量试用期。在完全符合这些环节的要求之后，双方才会确立长期的合作项目。

"我们在寻找供应商，给它们提要求的同时，反过来也给它们一定的承诺。如果双方合作得好，就会形成长期的战略合作关系。特别是一些主要的供应商，波导会把很大量的采购业务交给它们。这样就避免了竞争对手要采购同样的产品时供应商优先满足他们，从而给波导造成损失。"

一般情况下，波导会把采购总量的60%~70%交给主要的长期供货商。"当然，这么大比例，并不是交给一家供货商，而是两三家主力供应商。"

一般情况下，波导会把所有符合其标准的元器件供应商集中到一起进行选择，选择标准包括手机功能、产品的质量保证体系、系统稳定、供货能力等方面。

思考题

1. 企业如何确定寻找供应商的范围？

2. 你认为寻找供应商的办法有哪些?

3. 波导手机供应商的寻找方法给你什么样的启示?请评价其供应商寻找方法的利弊。

任务实训

实训项目　C公司与复印机供应商的租赁业务

C集团的采购员老王,正面临着一项困难的供应商抉择。复印机租赁业务的竞争者只剩下A和B这两家复印机公司。A公司给出了更为有利的报价,但是老王对与A公司以前的合作并不满意。C集团使用的225台复印机,其中的100台是根据一份4年期的合同从A公司租赁的。

4年前,C集团与A公司签订了一份为期4年的复印机租赁合同。A公司是一家大型的跨国公司,在市场中占主导地位,它以每次复印大约0.07元的投标价格获得了合同。但在合同的执行过程中,A公司表现得很一般。它所提供的所有复印机不仅没有放大功能,而且不能保证及时维修。4年后,合同期满,需要重新签订合同。这一次,当地一家小公司B获得了合同签订机会。激烈的竞争和生产复印机成本的降低,使B公司提出了每次复印0.05元的价格。另外,B公司提供了多种规格和适应性很强的机型,有放大、缩小等多种功能。老王对B公司比较满意,并准备与其签订4年的合同。B公司总经理承诺将提供关于每一台复印机的服务记录,而且允许老王决定何时更换同类型的复印机,即老王有权决定随时更换经常出故障的复印机。在C集团与A公司过去4年的合作期间,A公司曾不断地向C集团介绍A公司的其他系列产品,老王对此很反感。这是因为:①老王从事采购工作的6年间,A公司曾先后更换了13位销售代表;②C集团明确规定,所有采购都要由采购总部来完成,而A公司的代表虽然明知这项规定,有时却仍直接与最终的使用者进行联系而不通过C集团的采购总部。

老王曾进行过招标,共收到了19份复印机租赁合同的投标。老王把范围缩小到5家,其中包括A公司和B公司,最后再经筛选,剩下A和B两家公司。淘汰其他投标者的主要理由是:①那些供应商缺乏供应的历史记录,不能满足C集团的业务要求;②没有计算机化的服务系统,也没有计划要安装。这次A公司在投标中包括了新型号的复印机,并提供了与B公司相似的服务,而且价格竟比B公司还要低20%。老王在考虑这些影响他短期内作出决策的因素时,感到有些忧虑:显然,A公司在价格方面很有吸引力,但在其他方面如何呢?另外,很难根据过去的表现来确定A公司的投标合理性。同时,B公司是家小公司,对老王来说是新的供应商,没有足够的事实能保证的确能提供它所承诺的服务。如果签订的采购合同不公平,很可能日后会带来一些消极的影响。老王必须权衡许多问题,并被要求在3天内向采购部提出一份大家都能接受的建议。

【实训内容】

根据C集团与复印机供应商的租赁业务的情景,通过查阅资料(教材、期刊、网络信息等),运用相关供应商开发选择及考核的知识和技能,向采购部门提供一份对C集团选定复印机供应商的建设方案。

【实训步骤】

1. 准备工作：对学生进行分组，5或6人为一组，进行职业化分工。

2. 教师帮助学生理清供应商开发选择及考核的业务流程和要求，分析供应商开发选择及考核的操作性。

3. 收集并查阅资料，开展讨论与交流，拟定对C集团选定复印机供应商的建议方案提纲。

4. 编写对C集团选定复印机供应商的建议方案报告。

【实训评价】

组建有学生参加的方案论证评审小组，对学生实施过程及撰写的对C集团选定复印机供应商的建议方案的质量进行考核评价，可以将评价分为个人评价和小组评价两个层面。对每份方案进行展示点评，选取优质方案给予表彰和推广，对于存在的问题提出改进意见。

项目四 采购成本和价格管理

学习目标

知识目标

1. 掌握影响采购价格的因素；
2. 掌握采购价格的定义；
3. 熟练掌握采购价格确定的各种方法；
4. 了解采购成本的构成。

技能目标

1. 能够运用信息收集方法帮助企业全面了解采购价格；
2. 能够利用降低采购成本的方法和途径；
3. 能够制定降低采购成本的策略。

任务一 影响价格的因素

导入案例

2014年春节后，国内钢市无论是期货价格还是现货价格都出现了明显的下跌，尤其是建筑用钢材价格更是跌势迅猛。

钢材价格周期性波动是钢铁行业市场周期的综合反映，它是价格—效益—投资—产能—供求关系连锁作用的结果。总体来看，影响钢材价格变化的主要因素有：生产成本，这是钢材价格变动的基础；供求关系，这是影响钢材价格变化的关键因素；市场体系，有缺陷的市场体系可能会放大供求关系的失衡，造成价格的大起大落。

2013年以来在资金总量偏紧的情况下，随着钢贸圈金融危机的愈演愈烈，银行开始大量缩减对钢贸行业的资金供应，直接导致钢市一直处于资金持续紧张的状态，所以钢材价格自2013年春节后昙花一现的上涨行情结束，整体上一直处于震荡下跌的行情。这其实就是之前资金充沛时钢价虚假繁荣的泡沫逐渐破裂，而其自身作为工业和建筑业原料的商品属性逐渐回归的过程。进入2014年以来，钢铁行业尤其是钢贸行业的资金紧张状况并没有明显缓解的迹象，钢贸商反映贷款在银行回收后就很难再贷出，银行也纷纷表示响应国家宏观调控政策,规避资金风险,大量减少甚至停止对钢铁行业的贷款。在资金已经收紧且放松无望的情况下,失去融资能力的钢贸商自然也失去了炒作的能力,只能寄希望于下游用户的采购,选择"降价"销售的办法用库存钢材套现来获取周转资金,钢材也因此丧失了其金融属性。而用户方在资金同样不充裕的情况下是否对某类钢材产品有刚性需求则成为其是否愿意采购当前"低价"钢材的决定性因素,因此钢材的真实需求量会直接影响价格的涨跌,季节性的供需变化规律也再度回归并主导市场价格变化。对此从当前市场上建筑用钢材价格下跌幅度明显大于板材价格下跌幅度这一市场现状中可见。由于板材主要用于加工制造业,对季节性因素不敏感,所以其价格变化也相对缓慢,通过与中国联合钢铁网上公布的钢材价格指数相比较可以明显看到,中厚板的价格春节前后基本上没有变化。而建筑用钢材受季节性因素影响较大,尤其是市场处于一年中对建筑用钢材需求量最小的时期,即使降价出售也少有人问津。

任务目标

通过本任务的学习,了解影响采购价格的七个因素。

任务学习

采购价格的高低受到各种因素的影响。对于国外采购来说,各国、各地区的政治经济等环境均有不同。采购价格受到市场的供应关系以及其他许多因素的影响,包括规格、服务、交货期限、运输及保险等都对价格有相当大的影响。而对于国内采购而言,尽管商业环境、地区、时间与人力关系等方面都有所不同,但其价格变动还是比较易于预测与控制的。其中较为主要的影响因素有以下几个方面。

一、供应商成本的高低

这是影响采购价格的最根本、最直接的因素。供应商进行生产,其目的是获得一定利润,否则生产无法继续。因此采购价格通常在供应商成本之上,二者之差即为供应商的利润,供应商的成本是采购价格的底线,一项卓越的采购业务要在成本、质量、时间这三个要素中找到平衡。

小知识

洛佩兹的铁血压价手段

提起西班牙人洛佩兹,美国汽车部件供应商可谓"小孩不夜啼"。20世纪90年代,为脱离重重困境,通用汽车起用铁血成本专家洛佩兹博士主管采购。此公以年复一年地向供应商强行压价著称。一上任,他便把一些主要合同推翻重来,赤裸裸地向供应商一轮又一轮地压价盘剥。他还召集一些效忠于他的"斗士"(类似于魏忠贤的"五虎""五彪""十狗"等),进行所谓"供应商开发",强行了解供应商的成本结构,强行压价。试想当时汽车行业经历数年低迷期,供应商已经数次降价,大多已入不敷出,还有几个可以承受年复一年数个百分点的压价!血雨腥风,代表世界最大的汽车供应商,洛佩兹此举是对供应商的灾难性的最后一击。大批供应商濒临破产,与通用的关系急剧恶化,有些甚至中断关系。

十几年后的今天,供应商对通用仍不及对福特、克莱斯勒等忠诚。如果有新技术、新工艺,供应商也更愿与后者分享。便宜无好货,重重压价迫使供应商牺牲质量,通用汽车的一些品牌成为美国垃圾车的代表也就不足为奇了。

中国有句古话:己所不欲,勿施于人。西方国家中有类似的说法,这就是《圣经》中的"黄金定律"(Golden Rules)。我们知道洛佩兹的铁血压价手段虽然能解决一时燃眉之急,但无论如何也不能持久。长久以来,弊大于利。既然我们不喜欢别人给我们来这一套,为什么我们会对我们的供应商来这一套呢?纵观近十几年来美国一些主流公司的经验,我们的确有更好的方法来降低采购成本,那就是重新考虑设计的合理性、供应链的有效性、供应商群的优化等。把成本从供应链中剔除,达到真正的双赢,这才是真正的降低成本。

洛佩兹的铁血压价手段会带来短期的效益,但其长期的损害往往未引起重视,两相抵消,往往得不偿失。

(资料来源于网络,作者有改动)

二、规格与品质

价格的高低与采购物料的品质也有很大的关系,采购方对采购品的规格和品质的要求越复杂,采购价格就越高。如果采购物料的品质一般或质量低下,供应商会主动降低价格,以求赶快脱手。

三、采购物料的供需关系

当企业需采购的物料紧俏时,则供应商处于主动地位,它会趁机抬高价格;当企业所采购的物料供过于求时,则采购方处于主动地位,可以获得最优的价格。

四、生产季节与采购时机

当企业处于生产的旺季时,对原材料需求紧急,在此情况下不得不承受更高的价格。避免这种情况的最好办法是提前做好生产计划,并根据生产计划制定出相应的采购计划,为生产旺季的到来提前做好准备。

五、采购数量

如果采购数量大,就会享受供应商的数量折扣,从而降低采购的价格。因此,大批量、集中采购是降低采购价格的有效途径。

六、交货条件

交货条件也是影响采购价格的非常重要的因素,交货条件主要包括运输方式、交货期的缓急等。如果货物由采购方来随运，则供应商就会降低价格，反之就会提高价格。

七、付款条件

在付款条件下，供应商通常都规定有现金折扣、期限折扣，以刺激采购方提前或现金付款。

任务二　采购定价方法

导入案例

海尔集团采购中心收到上海、济南、北京、广州多个供应商关于二极管提价的要求，海尔采购负责人需要进行采购价格调查确认，应该怎么做？采购经理6月份要对转盘电机合同进行谈判，价格不确定，采购负责人又该如何处理这件事情？

任务目标

通过本任务的学习，掌握采购价格的概念，采购价格的类型以及确定采购价格的几种方法。

任务学习

一、采购价格的概念和分类

（一）采购价格的概念

所谓采购价格，是指采购方对外采购产品所支付的成本。采购价格一般由成本结构和市场结构两个方面的变动形成。成本结构是采购价格形成的内在力量，受生产要素的成本，如原材料、劳动力价格、产品技术要求、产品质量要求、生产技术水平等的影响；而市场结构则是采购价格形成的外在因素，包括经济、社会、政治及技术发展水平等，具体有宏观经济条件、供应市场的竞争情况、技术发展水平及法规制约等。市场结构对采购价格具有基础性配置作用，直接表现为供求关系。市场结构同时又会强烈影响成本结构；反过来，供应商自己的成本结构往往不会对市场结构产生影响。依据不同的交易条件，采购价格会有不同的种类。

（二）采购价格的分类

根据不同的交易方式，采购价格会有不同的种类，采购价格一般是由成本、需求和交易条件决定的。

1. 送达价

送达价指供应商的报价,当中包含负责将商品送达时,期间所发生的各项费用。以国际贸易而言,即到岸价加上运费(包括在出口厂商所在地至港口的运费)和货物送达买方之前一切运输保险费,其他有进口关税、银行费用、利息以及报关费等。这种送达价通常由国内的代理商,以人民币报价方式(形同国内采购),向外国原厂进口货品后,售与买方,一切进口手续皆由代理商办理。

2. 出厂价

出厂价指供应商的报价,不包括运送责任。这种情形通常出现在销售商拥有运输工具或供应商加计的运费偏高时,或是卖方市场时,供应商不再提供免费的运送服务。

3. 现金价

现金价指以现金或等价的方式支付的货款,但是"一手交钱,一手交货"的方式并不多见。按零售行业的习惯,月初送货、月中付款或月底送货、下月中付款,即视同现金交易并不加计延迟付款的利息。现金价可使供应商免除交易风险,企业亦享受现金折扣。

4. 期票价

期票价指企业以期票或延期付款的方式支付的货款。通常企业会加计迟延付款期间的利息于售价中。如果卖方希望取得现金周转,企业会使加计的利息超过银行现行利率下的利息,以使供应商舍期票价而取现金价。另外,从现金价加计利息变成期票价,可用贴现的方式计算价格。

5. 净价

净价指供应商实际收到的货款,不再支付交易过程中的任何费用,这点在供应商的报价单条款中,通常会写明。

6. 毛价

毛价指供应商的报价,可以因为某些因素加以折让。例如,供应商会因为企业采购金额较大,而给予企业某一百分率的折扣。如采购空调设备时,商家的报价已包含货物税,只要买方能提供工业用途的证明,即可减免增值税50%。

7. 现货价

现货价指每次交易时由供需双方重新商议的价格,若有签订买卖合约,亦以完成交易后即告终止。在企业众多的采购项目中,采用现货交易的方式最频繁;买卖双方按当时的行情进行交易,不必承担立约后价格可能发生的巨幅波动的风险或困扰。

8. 合约价

合约价指买卖双方按照事先议定的价格,合约价格涵盖的日期依契约而定,短的几个月,长的一两年。价格议定在先,经常造成与时价或现货价的差异,使买卖时发生利害冲突。因此,合约价必须有客观的计价方式或定期修订,才能维持公平长久的买卖关系。

9. 实价

实价指企业实际上所支付的货款。特别是供应商为了达到促销的目的,经常提供各种优惠条件给买方,如数量、免息延期付款、免费运送等,这些优待都会使企业的采购价格降低。

二、采购价格确定的方式、步骤

加强物资采购管理,严格控制物资采购价格,降低采购成本,是企业价值链中的重要环节,对企业提升核心竞争力具有十分重要的意义。因此,应适当的采购价格目标,以期树立企业有利的竞争地位,并在维持买卖双方利益的良好关系下,使物资供应持续不断。企业采购价格确定的方式有很多,这里主要介绍询价采购、招标采购、竞争性谈判采购和使用电子市场四种方式。

(一)采购价格调查

一个企业所需使用的原材料,少的有八九十种,多的万种以上。企业所采购的商品按其性质划分,可分为"高价物品""中价物品"和"低价物品"三类。在采购价格调查前,企业有必要先确定价格调查范围。

1. 调查范围的确定

在大型企业里,原材料不下万种,但限于人手,要做好采购价格调查并不容易。依据帕累托定理中的"重要少数"(就是通常数量上仅占 20% 的原材料,而其价值却占全部总值 70%~80% 的物资),假如企业能掌握住价值占 80% 左右的"重要少数",那么,就可以达到控制采购成本的目的。

根据企业的实际操作经验,可以把下列六大项目列为主要的采购调查范围。

(1)选定主要原材料 20~30 种,其价值占全部总值的 70% 甚至 80% 以上。

(2)常用材料、器材属于大量采购项目。

(3)性能比较特殊的材料、器材(包括主要零配件),一旦供应脱节,可能导致生产中断。

(4)突发事变紧急采购。

(5)波动性物资、器材采购。

(6)计划外资本支出、设备器材的采购,数量巨大,经济效益影响深远。

上面所列六大项目,虽然种类不多,但其所占数值的比例很大,经济效益影响甚广。其中对于(1)(2)(5)三项,应将其每日行情的变动记入记录卡,并于每周或每月作一个"周期性"的行情变动趋势分析。至于(3)(4)(6)三项,则属于特殊性或例外性采购范围,价格差距极大,也应列为专业调查的重点。

对于列入采购价格调查范围的物资,应填写价格调查表进行价格调查。如下表:

项目四　采购成本和价格管理

表 4-1　价格调查表

企业名称								
联系人：		联系电话：				联系人邮箱：		
产品名称	购买数量（套）	今日价格		昨日价格	增减幅度%	上周价格	上月价格	备注（优惠）

2. 信息搜集方式

(1)上游法：了解拟采购的产品是由哪些零部件或材料组成的，也就是查询制造成本及产量资料。

(2)下游法：了解采购产品用在什么地方，查询需求量和售价资料。

(3)水平法：了解采购的产品与哪些产品类似，换言之，查询替代品或新供货商的资料。

3. 信息搜集渠道

信息搜集的常用渠道有：杂志报纸等媒体；信息网络或产业调查服务业；供货商、顾客以及同行；展览会或研讨会；协会或公会。

由于商情范围广阔，来源复杂，加之市场环境变化迅速，因此，必须筛选正确有用的信息以供决策。

最近几年，随着我国国际贸易的发展，企业对于国外采购信息的需要越来越迫切，除了企业派人亲赴国外搜集外，亦可利用外贸协会信息处资料搜集组的书刊（名录、电话簿、统计资料、市场调研报告等）、报纸、非文字资料（录音带、录像带、磁盘、统计微缩片等）及其他小册子、宣传品、新书通告等。

4. 调查所得资料的处理方式

企业可对采购市场调查所得到的资料，加以整理、分析与检讨，在此基础上提出报告及建议，即根据调查结果，编制材料调查报告及分析商业环境，为本企业提出有关改进建议（如提供采购方针的参考，以求降低成本、增加利润），并根据科学调查结果，研究更好的采购方法。

（二）采购价格确定的方式

1. 询价采购

(1)询价采购的含义。

询价采购，是指询价小组（由采购方的代表和有关专家共 3 人以上的单数人员组成，其中专家的人数不得少于成员总数的 2/3）根据采购需求，从符合相应资格条件的供应商名单中确定不少于 3 家的供应商，并向其发出询价单让其报价，由供应商一次报出不得更改的价格，然后询价小组在报价的基础上进行比较，并确定最优供应商的一种采购方式，也就是我们通常所说的"货比三家",它是一种相对简单而又快速的采购方式。政府采购法规定实行询价采购方式的政府采购项目,应符合采购的货物规格、标准统一、现货货源充足且价格变化幅度小。

询价采购是私营企业获取供应商报价的最普遍的方式,比正规的招标法成本更低更快捷。

(2)询价采购的分类。

询价采购可分为报价采购、议价采购和订购。报价采购是指采购方向供应商发出询价或征购函,请其正式报价的一种采购方法。议价采购是指与供应商进行个别谈判、商定价格的一种采购方法。订购是指利用订购单或订购函,列出采购所需物资及标准寄给供应商的一种采购方法。

(3)询价采购的步骤。

①成立询价小组。这是执行询价采购方式的重要环节。要选择专业水平较高、素质全面的人士参加,专家组成的询价小组应对采购项目的价格构成和评定、成交标准等事项做出规定,并且为询价采购做好充分的事前准备,如确定采购的需求、预测采购的风险等。

②确定被询价的供应商名单。询价小组根据所采购商品的特点及对供应商承包商或服务提供者的要求,特别是根据要采购的物品,从符合相应资格条件的供应商名单中,选定三家以上的供应商。选择时必须依据所要采购的物品,同时考察各供应商的供应能力和资格条件,作出慎重选择。

③询价。对所选定的供应商分别发出询价单,询价单的内容除了价格以外,还应包括商品品质、数量、规格、交货时间、交货方式、售后服务等,供应商应就询价单的内容如实填报。询价小组要求被询价的供应商一次报出不得更改的价格。

④确定成交供应商。采购方根据符合采购需求质量和服务相等且报价最低的原则确定成交供应商,并将结果通知所有被询价的未成交的供应商。

2. 招标采购

所谓招标采购,是指通过公开招标的方式进行物资和服务采购的一种行为,是政府及企业采购中的基本方式之一(关于招标的具体操作在项目一"采购的方式"中有详细的论述)。招标采购是获取与选择供应商报价的最正规的方法,采用很全面的、文件化的方式,向潜在的投标人传递需求信息,然后按规定的方法记录和评估供应商的报价。

很明显,招标是最复杂和高成本的采购方式。招标适用于下列情况。

一是,采购相当复杂(如大型建筑项目)且采购过程应以文件的形式较好地记录,以保证管理控制和内部反馈及评估的需要。

二是,采购价值非常高,且公司政策要求有充分的采购理由以及执行程序都是可行的——包括所要求的任何审核。这样的报告可能必须要经过公司董事会或股东的批准。

当只有一个或少数几个供应商时,招标方法是不适用的。在这种情况下,简单直接的谈判更快捷也更有成本效率。

在市场条件或产品变化迅速,或者需要快速行动的情况下,招标方法也是不适用的。

招标的主要有如下特征

手续正式：手续正式是指要遵循一个明确并备有文件证明的程序，以使得决策完全透明并且经得起审计。所以，选择邀请投标供应商的标准、从投标报价中进行选择的标准及所有评估和决策细节等，都要求有清晰的记载。

道德规范：正式招标须建立在牢固的道德规范的基础上，以使偏袒和不公平操作的机会降至最小，并平等对待所有的供应商。提供给某一个供应商的附加材料，也应同时提供给所有其他参与投标的供应商；同意一个供应商延期就必须同意所有的供应商延期；投标人提供给公司的投标资料必须保密且不能透露给任何与投标评估无关的人。

促进竞争：招标鼓励竞争。在市场上，竞争是公司实现利益最大化的最有效的工具。为确保竞争，所列出的规格说明要求不能限制参与投标（如：既不能使用商标或商品名称，也不要针对特定公司产品的特定规格说明）的供应商的数量。

耗费时间和精力、成本：招标方式本身所具有的严格性，加之大部分招标人面对的是复杂的需求，使得这种方法相当耗费时间，付出的精力和成本也相当大。在公开招标的场合，依据所接受的投标的数量，所付出的精力、时间和成本将显著增加。

3. 竞争性谈判采购

（1）竞争性谈判采购的含义。谈判是确定价格的常用方式，也是最复杂成本最高的方式。谈判方式适用于各种类型的采购。

竞争性谈判采购，是指采购机关直接邀请三家以上的供应商就采购事宜进行谈判的采购方式。竞争性谈判采购方式与招标采购方式的相同点在于二者都是一种竞争性程序，不论是竞争性谈判程序还是招标程序中都有三家以上的供应商参与竞争。二者的不同点在于招标程序中供应商是通过招标、投标、评标等一系列流程确定的，而竞争性谈判程序中供应商则是通过谈判时的邀请、要约、反要约等一系列谈判流程确定的。

（2）竞争性谈判采购的优缺点。竞争性谈判采购的优点在于：周期短，工作量小，采购项目能够更快地完成，及时满足使用单位的需求；采购方可以与供应商进行更为灵活的谈判，更好地适应使用单位的需求；更好地保护民族产业。

竞争性谈判采购的缺点在于：①在谈判供应商的选择问题上，采购方享有较大的自由，容易造成采购方权力的滥用；参与谈判的供应商数量较少，一些情况下也可能导致不能采购到符合要求的产品而需要重新进行采购。

（3）竞争性谈判采购的适用条件。符合下列情形之一的货物或者服务，可以依法采用竞争性谈判方式采购。

①招标后没有供应商投标或者没有合格标的或者重新招标未能成立的。

②技术复杂或者性质特殊、不能确定详细规格及具体要求的。

③采用招标方式所需时间不能满足用户紧急需要的。

④不能事先计算出价格总额的。

4. 使用电子市场

利用互联网开展的电子商务为使用电子市场进行采购开辟了一系列新途径。互联网有助于采购方在更大范围内接触供应商,并加速和简化实际的采购操作,因此,采访方利用互联网可以促进竞争、缩短供应提前期、减少管理成本。基于互联网的市场变得愈加普遍和成熟,并且为买方利用高度竞争的方法寻找供应源提供了新的机会。

任务三 采购成本分析

互联网+医药:减少流通环节,降低采购成本

在"互联网+"浪潮下,互联网已经渗透到医药行业的各个领域,医药企业和资本纷纷挖掘医药行业中这一巨大的增量市场。2015年7月30日,试运营一个月的"国裕医药在线"在深圳正式上线,该平台是互联网医药B2B综合性批发采购平台,打通上游医药企业生产厂商/供应商与下游采购商,把线下的药品和医疗器械采购环节搬到网络平台,打破药品采购和流通模式,减少药品流通环节,降低采购成本。

站在"互联网+"的风口上,互联网医药市场不断升温,也迎来了发展的好机遇。数据显示,我国医药电商交易规模由2010年的1.5亿元增至2014年的68亿元,年均增速达到174%。2015年我国医药电商的交易规模达到百亿元。

"做药不触'网',你都不好意思说了。"国裕医药在线CEO说,如今除了阿里巴巴、京东等第三方的医药平台外,医药企业自建的电商平台成为医药电商主流力量。有调查显示:70%的企业将网上药店业务作为公司的一个业务部门运营;10%的企业把网上药店作为公司的主营业务,实体药店为附属经营。

目前,医药企业的电商模式主要是B2C和O2O两个运营模式,前者使用户能够获得方便购药的体验,通过自建网上药店或第三方医药平台,可快速查询、比价甚至咨询药品信息,实现线上购药、送药上门。随着《互联网药品交易服务资格证》A证、B证、C证审批权下放,医药电商的获准资格将不再成为限制,以B2C的模式可快速切入医药电商行业,开展网上药店业务。

而对于线下资源较为丰富的连锁药店而言,整合现有优势资源以及盘活线下网点资源将是拓展电商业务的关键。海王星辰、中联大药房等连锁药企探索的是O2O模式,用户可以在线上下单购药后,到最近的实体零售药店自行取药或选择物流配送,通常可在1个小时内完成配送。

医药和医疗行业一样,存在诸多的痛点,医药电商只要能解决其中的一个痛点,就能进行创业。国裕医药在线CEO说,药品不同于一般商品,除了销量与价格,疗效、安全性都是左右药品采购的重大因素。因此,对于下游的医疗机构、药店等采购商来说,在药品采购前需要投入大量的时间与人力成本作全面的市场调查以确保采购的精准度,包括药品销量、疗效、品质、副作用等药品品类调查以及品牌、信誉、服务质量等医药企业调查。

另外,由于药品等大健康产品层层代理销售,流通价格不透明所带来的采购价格虚高,以及从询盘到药品到货时间周期长等,都严重影响药品采购的效率与性价比。

项目四 采购成本和价格管理

而对于上游的医药生产企业或者代理商来说,自营医药电商平台也有避免不了的苦恼。一是作为采购方的集中采购带来的产品丰富性问题,药企自营的电商平台提供的往往是自家生产的一些产品,品种比较少。二是作为产品流通体系的选择,自营平台盈利空间比较小。而且在医药流通领域,药品物流配送企业务必具备GSP所要求的以冷链配送为核心的储存和运输条件,以保证药品安全。但是,专业医药物流的建设受制于国家政策、专业度和投入的要求,目前具备相关资质和技术要求的医药电商企业数量甚少,服务水平参差不齐,整体发展比较缓慢,这种与医药电商发展严重不对称的现状亟待突破。

"上游生产企业和下游采购商面临的问题,均需要第三方平台来解决,这是第三方平台的先天优势。"国裕医药在线CEO说,国裕医药在线正是为解决医药采购上下游存在的问题而搭建的。国裕医药在线是一个互联网医药B2B综合性批发采购平台,充分利用互联网电商优势,优化传统医药供应链体系,创新药企一站式采销模式,通过多元化金融解决方案、自主研发的电子支付系统、专业医药物流、专业化客户服务等,帮助采购方快速完成精准采购,大大缩减采购时间和人力成本的投入。此外,由于国裕医药在线平台价格透明且可以协商等,采购方可以获取最为合理的优惠价格。在物流上,平台也已经与入局医药物流的顺丰进行合作,"顺丰已顺利研发温控周转箱,实现药品的冷链运输。"国裕医药在线CEO说。随着顺丰等第三方医药物流的介入,医药电商第三方平台也将如虎添翼,原本制约医药电商发展的难题将迎刃而解。

(资料来源于网络,作者有改动)

任务目标

通过本任务的学习,能够了解采购成本的含义和构成,知道从哪几个方面去控制采购成本。

任务学习

一、采购成本的含义和构成

(一)采购成本的含义

采购成本指与采购原材料部件相关的物流费用,包括采购订单费用、采购计划制定人员的管理费用、采购人员管理费用等。采购成本有广义和狭义之分。狭义的采购成本即采购过程中发生的订购成本,包括取得商品和物料的费用、订购业务费用以及因采购而带来的库存维持成本和采购不及时带来的缺料成本。广义的采购成本,即整体采购成本构成,是企业在采购材料过程中的购买、包装、装卸和存储等环节所支出的人力、物力和财力的总和。

(二)采购成本的构成

采购成本对很多制造类和流通类企业的利润水平有着重要的影响。如何缓解成本压力,有效地控制采购成本,提升企业经营效益,是采购成本管理的主要目标。而为了有效地进行采购成本控制,了解、分析采购成本的构成至关重要。一般意义上,主要分析的是狭义的采购成本。

1. 物料成本

物料成本是指由于购买材料而发生的货币支出成本。物料成本总额取决于采购数量、单价和运输成本,计算公式为:

$$物料成本 = 单价 \times 数量 + 运输费 + 相关手续费 + 税金等$$

在物料成本中,最需要考虑的是物料的价格。可以说,物资采购控制的核心是采购价格的控制,降低采购成本的关键是控制采购价格。

2. 订购成本

订购成本是指企业为了完成某次采购而进行的各种活动的费用,包括采购人员的工资、采购设备场所的折旧、采购办公用品的消耗、差旅费、电话传真费等。这一部分成本是需要财务进行全年统计得到最后的结果的,具体包括以下内容。

(1)采购手续费用。这是指因采购活动发生的人工费、办公用品费以及存货检查、采购审核等活动所发生的费用。

(2)采购询价、议价费用。这是指因供应商调查、询价、比价、议价、谈判等活动所发生的通信费、办公用品费、人工费等。

(3)采购验收费用。这是指负责采购事项的采购人员参与物料(或货物)验收所花的人工费、差旅费、通信费、检验仪器、计量器具等所花的费用,以及采购结算发生的费用等。

(4)采购入库费用。这是指入库前的整理挑选费,包括挑选整理过程中的人工费支出和必要的损耗。

(5)其他订购费用。这是指发生在订购阶段的其他费用,如结算采购款项所发生的费用。

3. 持有成本

持有成本是指为保有物料或货物而开展一系列活动所发生的费用。

(1)存货资金成本。这是指因存货占用了资金而使这笔资金丧失使用机会所产生的成本,占用资金应计利息等。

(2)仓储保管费用。这是指物料(或货物)存放在仓库而发生的仓库租金、仓库内配套设施折旧费用,以及因仓库日常管理、盘点等活动发生的人工费等。

(3)装卸搬运费。这是指因仓库存有大量物料(或货物)而增加的装卸、搬运活动所发生的人工费、搬运设备费等。

(4)存货折旧与报废成本。这是指存货在维持保管过程中因发生质量变异、破损、报废等情形而发生的费用。

(5)其他持有成本。这是指发生在维持阶段的其他费用,如存货的保险费用等。

4. 缺料(货)成本

缺料(货)成本是指因采购不及时而造成物料或货物供应中断所引起的损失,包括停工待料损失、延迟发货损失和丧失销售机会损失(还应包括商誉损失)、延误向顾客交货而支付的赔偿金等。

(1)安全库存及其成本。这是指企业因预防需求或提前期方面的不确定性而保持一定数量的安全库存所发生的费用等。

(2)延期交货及其损失。这是指因缺料(或缺货)而延期交货所发生的特殊订单处理费、额外的装卸搬运费、运输费及相应的人工费等。

(3)丧失销售机会损失。这是指缺货致使客户转向购买其他产品而导致企业所受的直接损失。

(4)延期交货失去客户损失。这是指因缺货而失去客户所受的损失。

(三)控制采购成本

1.采购决策过程中采购成本的控制

采购决策过程中采购成本的控制,主要是在每次采购过程中,分析确定采购商品的数量、形式是否合适,采购活动是否达到了总成本最小。

(1)采购数量的控制。企业在生产经营过程中,需要购进大量原材料及零部件,这些物品的采购量应与企业生产经营规模相平衡。又因订货费与储存费存在着二律背反现象,要达到采购总成本最小,就需要确定一个经济订购批量(EOQ)。

(2)采购商品形式的控制。对于所需要的原材料或零部件,企业既可以购买又可以自己制造,企业应从经济效益出发,根据生产能力和成本决定是自制还是外购。

对采购决策过程的分析,可以使决策更加合理,使采购总成本达到最小,并使企业获得更多的效益,所以采购决策的分析应该是全过程的分析。

2.采购实施过程中采购成本的控制

(1)选择适当的采购方式。采购方式是采购主体获取物品或服务的途径、形式与方法。前面曾述及采购方式有多种,划分方法也不尽相同,主要有集中与分散采购、招标采购、电子商务采购、政府采购、JIT采购等。不同的采购方式在降低采购成本方面贡献不同,这里以JIT采购和电子商务采购为例进行介绍。

JIT采购:JIT采购是一种准时化采购模式,可以最大限度地消除浪费,降低库存,甚至实现"零库存"。利用JIT采购可以在以下几方面降低采购成本:降低库存,减少库存成本;提高质量水平,降低质量成本;减少采购环节,降低订货成本;降低采购价格,减少材料成本。

电子商务采购:随着互联网技术的普及和网络优势的凸显,电子商务达到了降低采购成本的目的,具体表现在以下几方面:发布公开信息,获得最低价;减少中间环节,降低交易成本;适时订购,降低库存成本;科学管理,减少损失。

(2)制定适当的底价。底价是采购方打算支付的最高采购价格,制定底价的过程是:确立采购规格,调查收集信息以及分析信息、估计价格。

确立采购规格:确立采购规格不仅决定着物料品质,同时也影响交货日期、价格等。对于常用物料,有统一规格,可直接确定;对于非常用物料以及尚未统一规格的物料,使用单位或技术部门可参考有关标准自行设计;对于事先无法说明的物料,可提供样品作为采购物料的标准。

调查收集信息:对于一般性物品,企业可通过报纸、杂志、市场调查资料、各著名工厂的价格、过去采购记录等多渠道收集采购价格方面的信息。对于专业性强、技术性高的物品企业可聘请专业人员进行评估。

分析信息、估计价格:企业对采购市场调查所得的资料进行整理、分析,编制材料调查报告,并在此结果上,估计出所采购物品的价格。

(3)正确进行询价。采购人员制定好底价后,就可以联络供应商,向供应商进行询价了。询价包括:编制询价文件,确定被询价对象以及发布询价通告。

编制询价文件:一个完整正确的询价文件可以帮助供应商在最短的时间内,进行正确有效的报价。询价文件是供应商进行报价的依据,一个完整的询价文件至少应包括以下内容:询价项目的品名和料号、数量、规格要求、品质要求、报价基础要求、卖方的付款条件、交货期要求、包装要求、运送地点与交货方式、询价项目的售后服务、供应商的报价到期日、保密协定等。

确定被询价对象:采购部门根据采购需求,制定被询价供应商的资格条件,对供应商的供货品种、信誉、售后服务网点等进行资格审查,然后根据资格条件以公平的方式确定被询价供应商的名单,一般选择三家以上的供应商作为被询价对象。

发布询价通告:企业选择一定渠道,与供应商联络,并向这些供应商发布询价通知书。企业在发布询价通知书后,就会吸引供应商报价,为后面完成一系列报价、议价工作奠定基础。

(4)正确处理报价。采购人员在获得供应商的报价单后,需要对其进行处理。

审查报价单:采购部门在接到供应商的报价单后,对其所提供的产品质量、数量、价格以及交货时间等方面进行审查。

分析评价报价单:采购部门在接到报价单后,对各供应商价格的高低、交货期的长短、付款条件的宽紧、交货地点是否合适等内容进行分析评价,以便选择恰当的供应商。

确定成交供应商:采购部门在完成分析评价工作后,形成评价报告,确定成交的供应商,并将结果通知所有报价的供应商,包括未成交的供应商。

通过对供应商报价单的审查、分析,并与自己所制定的底价进行比较,确定供应商。

3.采购管理过程中采购成本的控制

企业采购管理过程中的成本控制主要包括以下几个方面。

合理划分采购管理权限:尽量减少紧急采购现象;严格控制采购费用;选择恰当的业务控制措施;进行规范、有效率的采购活动。

合理划分采购管理权限:根据企业的整体经营管理体制,选择与之对应的采购管理模式,即采取集中管理或者分散管理。但是因为企业采购部门更了解市场情况,为了有效地组织采购业务,即使企业是分权管理体制,也需要某种形式上的集中管理。

通常集中采购规模较大,可以获得供应商的价格折扣,降低采购成本;集中采购可以使物流过程合理化并降低物流成本。

减少加急订单的数量：企业进行紧急采购通常会使采购价格偏高，从而导致成本上升，给企业带来经济损失。

同步练习

一、单项选择题

1.（　　）是指企业为了完成采购而进行的各种活动的费用。
   A. 订货成本　　　　B. 持有成本　　　　C. 缺货成本　　　　D. 进货成本

2.（　　）是指保有物料或货物而开展一系列活动所发生的费用。
   A. 订货成本　　　　B. 持有成本　　　　C. 缺货成本　　　　D. 进货成本

3.（　　）是指因采购不及时而造成物料或货物供应中断所引起的费用。
   A. 订货成本　　　　B. 持有成本　　　　C. 缺货成本　　　　D. 进货成本

4. 采购信息的搜集方法不包括（　　）。
   A. 上游法　　　　　B. 下游法　　　　　C. 水平法　　　　　D. 比较法

5. 采购价格确定的方式不含（　　）。
   A. 报价　　　　　　B. 调查　　　　　　C. 招标　　　　　　D. 谈判

二、填空题

1. _____ 是影响采购价格最根本、最直接的因素。

2. _____ 指供应商的报价，当中包含负责将商品送达时，期间所发生的各项费用。

3. _____ 指企业以期票或延期付款的方式支付的货款。

4. 采购信息调查中的信息搜集方式有：_____、_____、_____。

5. 采购价格确定的方式有：_____、_____、_____、_____。

6. 采购成本指与采购原材料部件相关的物流费用，包括_____、_____、_____等。

三、简答题

1. 什么是采购成本？包含哪些内容？

2. 影响采购成本的因素有哪些？

3. 采购调查的范围有哪些？如何进行采购调查？

4. 采购询价一般包含哪些内容？

5. 采购价格确定的方式有哪些？

四、案例分析

中国石化新闻网讯（刘强）：最近，湖北省气象局发布高温橙色预警，但江汉油田供应处化建科的周洋却在想着冬天的事。

"秦皇岛煤炭的供货价格还没有达到理想的采购价格，我们要时时关注价格的变化趋势。"

2014年7月24日，周洋仔细观察着当天的煤炭价格走势，为持续改进优化煤炭采购打着"小算盘"。

该处为做好油田的冬季储煤工作,于7月初组织油田相关部门和各社区管理服务中心,对2014—2015年度油田的冬季生活用煤计划方案进行会审,制定了《2014—2015年江汉油田冬季生活用煤炭质量控制标准及计价规则》,确定了煤炭的购买数量、购买方案及交货期限。

7月15日,该处派出市场调研小组,奔赴陕西等地对煤炭市场进行了实地考察。在力保煤质最优的同时,实行开门采购,扩大供应商范围,不断寻找低价、优质的货源,以便掌握更多的有利资源,适时调整采购节奏和结构,寻找最经济的煤炭采购方案,从源头上控制煤炭质量,降低采购成本。

一直以来,深入市场调研是该处把握物资工作主动权的重要手段。"努力做到'快半步',踩准采购时点创造的效益往往比单纯的比价要高得多。"供应处主要负责人说。

为了做好2014年生产、生活用煤采购,降低煤炭采购成本,该处从6月份开始就一直重点关注煤炭市场行情的变化,分析煤炭价格走势,巧打"时间差",从容应对市场变化。抓住9月底10月初冬季储煤尚未开始的间隙,以及煤炭生产旺季价格处于季节性谷底的时机,组织煤炭采购工作。2013年,对于油田生活用煤,该处通过巧打"时间差"组织采购,对比市场688.76元/吨的煤炭采购均价,采购价格为620元/吨,每吨煤炭节约采购资金676元,共节约采购资金60多万元。

该处充分发挥科学采购、战略采购及专业化采购的优势,通过"中国煤炭网""渤海煤炭交易所"等专业网站,收集煤炭市场行情,加以对比、分析;加强与供应商之间的沟通联系,引进多家供应商竞争,争取多采购质量相对较好且适合油田生产、生活的煤炭。

"要想打好'时间差',前期要做大量的工作,以应对市场的变化。但从这两年的实际效果看,我们实实在在地享受到了由此带来的好处以及产生的经济效益",该处化建科负责人徐锡林说。

思考题

1. 采购成本中除了包含采购商品的价格之外,还包括哪些部分?
2. 请结合以上这则新闻,谈谈降低采购成本有哪些好的方法。

任务实训

实训项目 美的成本控制

中国制造企业有90%的时间花费在物流上,物流仓储成本占据了总销售成本的30%~40%,供应链上物流的速度以及成本更是令中国企业苦恼的"老大难"问题。美的针对供应链的库存问题,利用信息化技术手段,一方面从原材料的库存管理做起,追求零库存标准;另一方面针对销售商,以建立合理库存为目标,从供应链的两端实施挤压,加速了资金、物资的周转,实现了供应链的整合成本优势。

一、零库存梦想

美的虽多年居空调产业的"三甲"之列,但是不无"一朝城门失守"之忧。自2000年以来,在降低市场费用、裁员、压低采购价格等方面,美的频繁变招,其路数始终围绕着成本与效率,在广东地区已经悄悄为终端经销商安装进销存软件,即实现"供应商管理库存"(以下简称 VMI)和"管理经销商库存"中的一个步骤。

对于美的来说,其较为稳定的供应商共有 300 多家,其零配件(出口、内销产品)加起来一共有 3 万多种。2002 年中期,利用信息系统,美的集团在全国范围内实现了产销信息的共享。有了信息平台做保障,美的原有的 100 多个仓库精简为 8 个区域仓,在 8 小时内可以运到的地方,全靠配送。这样一来,美的集团流通环节的成本降低了 15%~20%。运输距离长(运货时间为 3~5 天)的外地供应商,一般都会在美的的仓库里租赁一个片区(仓库所有权归美的),并把其零配件放到片区里面储备。在美的需要用到这些零配件的时候,它就会通知供应商,然后再进行资金划拨、取货等工作。这时,零配件的产权,才由供应商转移到美的手上——而在此之前,所有的库存成本都由供应商承担。此外,美的在 ERP(企业资源管理)基础上与供应商建立了直接的交货平台。供应商在自己的办公地点,通过互联页(WEB)的方式就可登录到美的公司的页面上,看到美的的订单内容,包括品种、型号、数量和交货时间等,然后由供应商确认信息,这样一张采购订单就合法化了。

实施 VMI 后,供应商不需要像以前一样疲于应付美的的订单,而只需做一些适当的库存准备即可。供应商不用备很多货,一般能满足 3 天的需求即可。美的零部件年库存周转率,在 2002 年上升到 70~80 次/年。其零部件库存也由原来平均的 5~7 天存货水平,大幅降低为 3 天左右,而且这 3 天的库存也是由供应商管理并承担相应成本。

库存周转率提高后,一系列相关的财务"风向标"也随之"由阴转晴",让美的"欣喜不已":资金占用降低、资金利用率提高、资金风险下降、库存成本直线下降。

二、消解分销链存货

在业务链后端的供应体系进行优化的同时,美的也正在加紧对前端销售体系的管理进行渗透。在经销商管理环节上,美的利用销售管理系统统计经销商的销售信息(分公司、代理商、型号、数量、日期等),而近年来则公开了与经销商的部分电子化往来资料,以前半年一次的手工性的繁杂对账,现在则转变为对于业务往来的实时对账和审核。

在前端销售环节,美的作为经销商的供应商,为经销商管理库存。这样的结果是,经销商不用备货了,"即使备也是五台十台这种概念"——不存在以后在淡季打款。经销商缺货,美的立刻就会自动送过去,而不需经销商提醒。经销商的库存"实际是美的自己的库存"。

2002 年,美的以空调为核心对整条供应链资源进行整合,更多的优秀供应商被纳入美的空调供应体系,美的空调供应体系的整体素质有所提升。依照企业经营战略和重心的转变,为满足制造模式"柔性"和"速度"的要求,美的对供应资源布局进行了结构性调整,供应链布局得到优化。通过厂商的共同努力,整体供应链在"成本""品质""响应期"等方面的专业化能力得到了不同程度的发育,供应链能力得到提升。

目前,美的空调成品的年库存周转率接近 10 次,而美的的短期目标是将成品空调的库存周转率提高 1.5~2 次。目前,美的空调成品的年库存周转率不仅远低于戴尔等电脑厂商,也低于年周转率大于 10 次的韩国厂商。库存周转率提高一次,可以直接为美的空调节省超过 2000 万元人民币的费用。由于采取了一系列措施,美的已经在库存上尝到了甜头,

2002年度美的销售量同比2001年度增长50%～60%,但成品库存却降低了9万台,因而保证了在激烈的市场竞争下维持相当的利润。

【实训内容】

根据美的成本控制情景,通过查阅资料(教材、期刊、网络等),运用控制与降低采购成本的相关知识和技能制定一份控制采购成本的方案。

【实训步骤】

1. 准备工作:对学生进行分组,5或6人为一组,进行职业化分工。
2. 教师帮助学生理清控制与降低采购成本的业务流程和方式,分析控制与降低采购成本的策略。
3. 收集并查阅资料,开展讨论与交流;拟订控制与降低采购成本的方案提纲。
4. 编写公司控制与降低采购成本的方案报告。

【实训评价】

组建有学生参加的方案论证评审小组,对学生实施过程及撰写的美的采购成本控制方案的质量进行考核评价,可以将评价分为个人评价和小组评价两个层面。对每个方案进行展示点评,选取优质方案给予表彰和推广,对于存在的问题提出改进意见。

班级		小组		日期	年　月　日
序号	评价要点		标准分	得分	总评
1	团队成员能相互协作		15		
2	及时完成老师布置的任务		15		
3	小组完成老师布置任务的质量		40		
4	小组汇报情况		30		

项目五 采购谈判

学习目标

知识目标

1. 掌握采购谈判的概念；
2. 了解采购谈判的重要性以及采购谈判的主要内容；
3. 掌握采购谈判的程序；
4. 掌握采购谈判方案的制定过程；
5. 理解采购谈判的指导思想；
6. 了解采购谈判的主要技巧。

技能目标

1. 能够根据具体情景制定采购谈判方案；
2. 能够灵活运用采购谈判策略与技巧。

任务一 采购谈判基础

导入案例

有一位妈妈把一个橙子给了两个儿子。这两个儿子便就如何分这个橙子讨论起来。两个人争来争去，最终确定方案：由大儿子负责切橙子，而小儿子负责选橙子。这两个孩子按照既定方案各自取得了一半橙子，大儿子把半个橙子的皮剥掉扔进了垃圾桶，然后将果肉放到果汁机里打果汁喝。小儿子把果肉挖掉扔进了垃圾桶，把橙子皮留下来磨碎了混在面粉里烤蛋糕吃。

从上面这则小故事中，我们可以看出，虽然两个小孩各自拿到了"公平"的一半，但他们却没有做到物尽其用。这就是没有在事先做好沟通，未得到"共赢"的结果。

假设两个孩子充分交流各自所需，或许有多个情况和方案出现。其中一种，就是将果皮和果肉分开，一个用果肉去打果汁，一个用果皮去烤蛋糕。

再假设，其中一个孩子既想喝果汁，又想吃蛋糕，这个时候，创造价值的重要性就凸显出来了。一个孩子就可以对另一个小孩说："如果将橙子都给我，你欠我的巧克力就不用还了。"这个小孩的牙齿被虫蛀了,爸妈几天前就不让他吃巧克力了。另一个小孩想到妈妈刚给他五块钱,正打算买巧克力,就答应了。

这两个孩子的谈判过程就是不断沟通,创造价值的过程,两个人在寻求自己最大利益的同时,也在满足另一方的最大利益需求,这就是"双赢"。

如何才能在谈判过程中达到双赢呢?

任务目标

通过本任务的学习,能够掌握采购谈判的概念及其内容,理解采购谈判的重要性。

任务学习

一、采购谈判

(一)采购谈判的概念

谈判是指人们为了改善彼此之间的关系而进行相互协调和沟通,以及在某些方面达成共识的行为和过程。作为协调各方关系的重要手段,谈判既是一门科学,也是一门艺术。它可以应用于政治、军事、外交、经济、科技等各个领域,并发挥着独特的作用。

当今世界,以经济问题为内容的谈判是最广泛的谈判类型。个人与个人之间、个人与组织之间或者组织与组织之间可以就某一项经济问题或某几项经济问题进行谈判。一次商品的交易过程,实际上就是一次浓缩的经济谈判过程——报价、讨价、还价、成交。当然,一次重要的经济谈判远比一次商品交易复杂。

采购谈判是指企业在采购时与供应商所进行的贸易谈判。采购方想以自己比较理想的价格、产品质量和供应商服务条件来获取供应商的产品,而供应商则想以自己希望的价格和服务条件向采购方提供自己的产品。当二者未统一以前,就需要通过谈判来解决,这就是采购谈判。另外,在采购过程中,由于业务操作失误发生了货物的货损、货差、货物质量数量问题在赔偿上产生争议而进行的谈判,也属于采购谈判。

(二)采购谈判的重要性

采购谈判的成功与否决定着商品交易的成功与否,良好的谈判会对企业竞争力与利润的提高起到重要的作用。采购谈判的重要性具体体现在以下几个方面。

1. 可以争取降低采购成本,提高企业的盈利能力

企业通过采购谈判,可以比较低的价格获取供应商的产品,降低购买费用;可以比较低的进货费用要求供应商送货,降低采购进货的费用;最终降低采购成本。比如,以制造业的平均水平而言,购买原材料的费用一般会占公司营业额的60%,如果通过有效谈判将采购原材料的总成本减少10%,将会使总营业额中原材料成本份额从60%降到54%,这可以提高企业的盈利能力,如图所示。

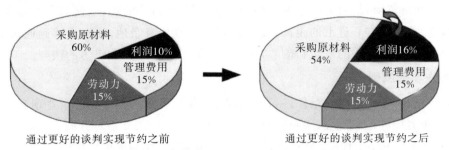

通过更好的谈判实现节约之前　　　　通过更好的谈判实现节约之后

图 5-1　一个典型制造业企业营业额的成本构成

2. 可以争取保证产品质量

在进行采购谈判时,产品质量肯定是一个重要的内容,通过谈判可以让供应商对产品提供质量保证,使企业能够获得质量可靠的产品。

3. 可以争取采购物资及时送货

通过采购谈判,可以促使供应商保证交货期、按时送货、及时满足企业物资需要,并且可以降低企业的库存量、提高其经济效益。

4. 可以争取获得比较优惠的服务项目

产品购买伴随有一系列的服务内容,如准时交货、提供送货服务、提供技术咨询服务、售后安装、调试、使用指导、运行维护以及售后保障等。这些服务项目,供应商都需要花费成本,供应商希望越少越好,而企业希望越多越好,这就需要谈判。

5. 可以争取降低采购风险

采购进货过程风险大,途中可能发生事故,造成货损、货差甚至人身、车辆的重大损失,只有通过谈判,才可以让供应商分担更多风险,承担更多风险损失。这样企业就可以减少甚至避免采购风险,减少或者消除风险损失。

6. 可以妥善处理纠纷

采购过程中极易发生各种纠纷,通过谈判可以妥善处理纠纷,维护双方的效益、维护双方的正常关系,为以后的继续合作创造条件。

总之,通过谈判,可以争取降低采购成本和采购风险、及时满足企业物资需要、保证物资质量、获取优惠服务、降低库存水平、提高采购的效益。谈判如果能够成功,则对企业是非常有利的。

(三)采购谈判的原则

1. 公平与合作性原则

供应商和采购方是两个既对立又必须相互合作的经济独立体。双方要想发生交易,必须本着合作的原则进行谈判。双方平等互利,协商所需,但非利益均分。

2. 诚信原则

谈判人员要重视作为谈判对方的每一个客户,要采取一切措施,使谈判对方对谈判保持极大的兴趣。通过给予对方心理上更多的满足来增强谈判的吸引力,例如,在谈判中注意表现出个人的独特气质,给对方树立诚实、可信、富于合作精神的形象,使对方产生可信赖、可交往的感觉,缩短对方心理上的距离;或在谈判中注意留有余地,让对方感到通过洽谈可以获得成功,使其保持良好的情绪和信心,从而使对方不轻易中断和己方的谈判。

3. 充分准备原则

在进行正式谈判前,应在条件许可的情况下,事先掌握谈判对方的企业现状,如企业的信誉、优势和劣势等;弄清本次谈判的利益何在、问题是什么、谁是对方的决策人物等有关资料,只有充分了解对方,才能有针对性地制定谈判策略,击中对方的要害,使己方处于优势。

注意信息的收集、分析和保密。在信息时代,信息收集是至关重要的一环,谁掌握的信息多,谁就在谈判中处于主动地位;谁把握信息快,谁就在谈判中占据优势,这就要求参与谈判的时候,只有在十分必要的情况下,才能将有关的想法一点一滴地透露出去,绝不要轻易暴露自己已知的信息和正在承受的压力,并且应想方设法多渠道地获取有关的信息,以便及时调整己方的谈判方案。

4. 求同存异原则

要与对方所希望的目标保持接触,适当地妥协以寻求双方整体的利益;在采购谈判中,应与对方所希望的目标保持恰当的接触,如果发现己方的要求和对方的要求之间差距较大,则应及时发出信号。例如,通过与旁人进行闲谈,故意把信号传递给对方,或通过中间人的联系,把己方的意图告诉对方,以避免加大不必要的谈判成本。

5. 多听、多问、少说原则

谈判中应多听、多问、少说。谈判不是演讲,演讲的目的是要把自己的主张和想法告知听众,而谈判的目的是通过语言交流实现自己的谈判目标,分得更多的"蛋糕"份额。这就要求谈判人员尽可能多地了解和获悉对方的意图。倾听是发现对方需要的重要手段;恰当的提问是引导谈判方向、驾驭谈判进程的工具,所以谈判能手往往是提问的专家。而说得过多则会产生不应有的失误,所谓"言多必失",极易使自己陷于被动。同时,多听、多问有助于发现事情的真相,探索对方的动机和目的,迫使对方更多地提供信息反馈,从中获悉新的情况,以确立和调整己方的策略、措施和方法。

不要急于向对方摊牌或展示己方的实力,让对方摸不到己方的底牌是重要的谈判计策之一,所以不要轻易把己方的要求和条件,过早地、完整地、透彻地告诉对方。应采取有效的暗示方式,如通过第三方的影响或舆论的压力,沉着应战,使对方陷入疲惫境地,当对方的耐心被攻破时,谈判就会有极大的转机,就会向着对己方有利的方向发展。

6. 分级实现目标原则

谈判时不宜使自己表现出在谈判结果上毫无退让之势。一般来讲,谈判目标可分为三级,即最低目标、可接受目标和最高目标。最高目标是应努力争取的,最低目标是退让妥协的底线,可接受目标是可谈判的目标。具体的策略应根据己方在谈判中所处的地位而定;当想获取时,应提出比预想的目标还高些的要求,不应恰好处于预想的目标上;当要付出时,应提出比预想的目标还低些的要求,而不应恰好处于预想的目标上。虽然没有适当的让步,谈判就无法进行下去,但让步是要有原则的。让步的原则是:让步要稳,要让在明处;要步步为营,小步实施;要让对方知道,提醒对方注意。如果是单方面让步,无论让步的大小,都会削弱己方的谈判地位。让步之后要大肆渲染,即告知对方自己因让步所作出的牺牲和所受到的损失,希望对方予以关注,并要求对方予以补偿。

在采购谈判中,谈判双方虽然站在各自的立场,处于对立的状态,但双方的最终目的都是希望谈判能获得成功,为此,双方都尽量遵守合作原则以显示自己的诚意,确保谈判的顺利进行。但由于种种原因,如谈判策略的需要、各自立场不同等,谈判双方又经常性地违反某些原则,这时,双方就需揣度彼此的弦外之音、言下之意,以决定己方的应对之策,这不仅是智慧的较量,也是语言运用和理解能力的较量。

(四)采购谈判的特点

采购谈判属于商务谈判的范畴,它具有商务谈判的基本特点,但同时也具有自己的特殊性。

第一,采购谈判是采购方为了最终获取本单位或部门所需物资,保障本单位或部门及时、持续的外部供应而与供应商进行的活动。

第二,采购谈判讲求经济效益。在谈判中,买卖双方争议最激烈的问题往往是商品的价格问题。对采购方来讲,当然是希望以最低的价格或者最经济地获得所需商品。

第三,采购谈判是一个买卖双方通过不断调整各自的需要和利益而相互接触,最终争取在某些方面达成共识的过程。

第四,采购谈判蕴含了买卖双方"合作"与"冲突"的对立统一关系。双方都希望最终能够达成协议,这是合作的一面;但各方同时又希望通过协议能够获得尽可能多的利益,这是冲突的一面。正是买卖双方的这种对立统一关系,才体现出了采购谈判的重要性以及在谈判中采用适当策略和技巧的必要性。

第五,在采购谈判中,最终达成的协议所体现的利益主要取决于买卖双方的实力和当时的客观形势。另外,谈判结果还在一定程度上受主观条件的制约,如谈判人员的素质、能力、经验和心理状态以及在谈判中双方所运用的谈判策略与技巧。

第六,采购谈判既是一门学问,又是一门艺术。掌握谈判的基本知识和一些常用策略技巧能使谈判者有效地驾驭谈判的全过程,为己方赢得最大的利益。

在采购谈判的实际组织实施中,要综合考虑采购谈判的上述特点,并综合实际情况,制定合适的谈判计划、方案和策略等。

二、采购谈判的类型和内容

(一)采购谈判的类型

在企业的采购管理中采购谈判是一项长期的工作。参照和归纳外资企业的实际操作,按进行谈判时所处的时期不同,采购谈判一般可分为两类:

1. 采购框架协议谈判

采购框架协议谈判是指采购方与供应商就合作原则对需求预测与订货、交货与付款、技术与质量、保密与知识产权、产品责任与违约责任、售货服务与技术支持等进行的谈判,这种谈判一般在同新供应商建立合作关系时进行。它是进行具体交易合同谈判的基础。

2. 采购业务谈判

采购业务谈判是指企业与合格供应商在持续交货的过程中所进行的定期的洽谈。谈判内容包括具体采购物料品种、规格、技术和质量要求、数量、价格、交货期、运输方式和包装方式等。一年一次或半年一次,提出变更某些交易条款,如要求该供应商降低销售价格、缩短交货周期或提高质量等级等,并最终达成协议。

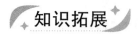
知识拓展

价格透明并不表示不需要采购谈判

首先我们需要重新了解一下为什么需要谈判:当双方的利益有冲突的时候,或者其中一方的利益与目标期望不一致的时候,就会希望通过谈判来消除双方分歧以达到"双赢"。谈判不同于战争,只允许一方获胜利;同样也不同于"拔河"比赛,只能一方赢,一方输。谈判是双方"妥协"以求达到"双赢"。

在采购工作中并不是价格透明,就不需要与供应商谈判。采购是一个不单单考虑价格,还要考虑诸多因素如产品的质量、数量、合同的方式、合同控制付款方式等,与供应商建立长久关系的综合过程。

即使价格透明,我们同样需要谈判。在这里举一个例子。你向供应商询价,供应商给你的价格和市场价格相比高了3个点(又或者是比你所询价的供应商都高了3个点),但是他的质量、付款方式、交货日期等条件完全符合你们公司要求,唯一不符合要求的是这个报价比你的采购目标价格高了2个点。而别的供应商除了价格外其他的条件都没有达到相关的要求。这个时候你不需要谈判吗?你不希望通过谈判来消除这个"价格分歧"吗?还是你会说直接pass掉这个供应商,继续寻找新的供应商?当然这样的行为不是不可以。但是如果这些物料是你们公司近期所需要的或者是急着需要的呢?不谈判行吗?可见即使在价格相当透明的今天,我们同样需要谈判。

谈判是我们日常工作中必不可少的,谈判技巧也是我们必须要学会的,尤其在信息化与效率化的今天,谈判显得越来越重要。谈判不仅是一个人沟通能力的体现,更重要的是它能消除分歧,达到共赢。

(资料来源于网络,作者有改动)

(二)采购谈判的内容

在采购谈判中,双方主要就以下几项交易条件进行磋商:

(1)商品的品质条件;

(2)商品的价格条件;

(3)商品的数量条件;

(4)商品的包装条件;

(5)商品的交货条件;

(6)货款的支付条件;

(7)货物保险条件;

(8)商品的检验与索赔条件;

(9)不可抗力条件;

(10)仲裁。

商品的品质、价格、数量和包装条件是谈判双方磋商的主要交易条件。只有明确了商品的品质条件,谈判双方才有谈判的基础。也就是说谈判双方首先应当明确双方希望交易的是什么商品。在规定商品品质时,可以用规格、等级、标准、产地、型号和商标、产品说明书和图样等方式来表达,也可以用一方向另一方提供商品实样的方式表明己方对交易商品的品质要求。

在国内货物买卖中,谈判双方在商品的价格问题上主要就价格的高低进行磋商;而在国际货物买卖中,除了要明确货币种类、计价单位以外,还应明确以何种贸易术语成交。国际商会制定的《1990年国际贸易术语解释通则》介绍并解释了13种贸易术语,它们清楚地表达了买卖双方各自应当承担的风险、手续责任和相关的费用。

在磋商数量条件时,谈判双方应明确计量单位和成交数量,在必要时订立数量的机动幅度条款。在货物买卖中,大部分货物都需要包装。因此,谈判双方有必要就包装方式、包装材料、包装费用等问题进行洽谈。

交货条件包括商品的运输方式、交货时间和地点等。就货运的保险条件进行磋商时则需要买卖双方明确由谁向保险公司投保,投保何种险,保险金额如何确定,以及依据何种保险条款办理保险等。

货款的支付主要涉及支付货币和支付方式的选择。在国际货物买卖中使用的支付方式主要有汇付、托收、信用证等。不同的支付方式下,买卖双方可能面临的风险大小不同,在进行谈判时,应根据情况慎重选择。

检验、索赔、不可抗力和仲裁条件,有利于买卖双方预防和解决争议,保证合同的顺利履行,维护交易双方的权利,这是国际货物买卖谈判中必然要商议的交易条件。

三、采购谈判的影响因素

在合作经济中,任何企业都不可能完全独立运营,而要进行大量的商务谈判。有效的谈判不仅可以使企业最大程度获得正当利益,而且可以使对方对谈判结果满意,并改善企业间的关系,为日后双方进一步合作奠定良好的基础。

采购谈判是一种既"合作"又"对立"的过程,为了在谈判中取得优势,处于主动地位,获得更多符合企业自身的经济利益,企业必须重视加强谈判实力。

采购谈判也是一种"双赢"和"互利"的过程,谈判各方当事人之间不是"敌人"的关系,而是"合作的伙伴"。但是,这并不意味着双方利益上的平均,而是意味着利益上的均衡,因此,为获得更多有形和无形的利益,谈判双方形成了"冲突",这种既"合作"又"冲突"的特点构成了采购谈判的二重性。二重性决定了采购谈判成功的基础是谈判实力。谈判实力指的是"影响谈判双方在谈判过程中的相互关系、地位和谈判最终结果的各种因素总和以及这些因素对各方的有利程度"。一般来讲,影响谈判实力强弱的因素有七个方面:

（一）谈判时机

虽然谈判双方都希望采购交易成功,但是就交易成功的期望而言,谈判双方是不一样的。交易本身对谈判双方的重要性也不是完全相同的,如果交易对某方更重要,则该方在谈判中的实力就弱。例如,秋季将至,零售商为准备新式的服装,急需将过季的夏装销售出去,然而,提供新式秋装的供应商并不急于将过季服装售尽。所以,在供应商和零售商的谈判中,零售商就处于不利的地位,谈判实力相对较弱。

（二）交易条件

交易中的某一方对承诺的交易条件的满足程度越高,那么在谈判中的实力就越强。反之,则谈判实力弱。

（三）谈判时间

在谈判过程中,哪一方时间紧迫,拖不起,希望早日结束谈判,达成交易,则时间的局限会削弱其谈判实力;反之,最有耐心的一方,能够承受旷日持久的谈判,谈判实力就强。

（四）对行情的了解

商业信息是无形的资源,是值得重视的资源,它可以转化为财富。谈判双方谁掌握的商业行情多,了解的情况详细,谁就在谈判中占主动、有利地位,谈判实力就强。

（五）市场竞争态势

在采购交易中,如果出现一对多的供应态势,则处于垄断地位的供方可以增强谈判实力;而需方在谈判中的实力就会大打折扣。反之,处于多对一的供应态势,会增强需方的谈判实力。从微观经济学的角度讲,即完全垄断的市场有利于卖方,卖方往往拥有物以稀为贵的优势;相反,在一个完全竞争的市场则有利于买方,买方可以挑选卖方的产品和服务。

（六）企业的信誉和实力

从总体上来看,企业实力是指企业规模、技术水平、员工素质、市场占有率等。企业实力虽不等同于谈判实力,但它是形成谈判实力的基础。企业的商业信誉越高,社会知名度越高,企业实力越强,支持和影响谈判的因素就越多,谈判实力就越强。

项目五 采购谈判

(七)谈判的艺术和技巧

谈判人员如果能充分调动有利于己方的各种因素,避免不利因素,就能加强谈判实力,所以谈判人员必须外塑形象,内强素质。素质高,谈判技巧娴熟,就能增强谈判的实力;反之,则会影响谈判实力的发挥。

知识拓展

谈判也是信息战

古人云:知己知彼,百战不殆。知己知彼就是一个信息搜集的过程。那怎么利用信息呢?首先谈判之前要尽量多地去搜集对方的信息,尽量少地暴露自己的信息。当然,有时候也可以故意暴露一些对自己有利的信息。谈判,是一个信息交换的过程。谈判时不仅仅要讨论对方需要什么,还要弄清楚他们的动机是什么,从而针对对方的动机提出对双方都有利的方案,要把对方的要求视作自己的机会。

讲一个小故事。有一位女销售,到一家公司推销环保设备。对方老总说,供应商我们已经决定了,你不用再推销了。一般人可能觉得人家已经决定了,就放弃了,但这位销售没有放弃,而是去跟老总秘书聊天。为什么要跟秘书聊天呢?秘书了解一些文件审批情况,当然了解老总的一些日程安排。聊天时女销售了解到老总最近要到北京出差。干什么去呢?是去考察一家环保设备工厂。这位女销售心中有数了,又在"闲聊"中了解到了老总的航班号。

老总那天如期落地北京,一出机场,就看到迎接他的人,跟来人上了车。车直接把老总送到酒店,一到酒店房间,老总就看到了那位女销售。老总惊问,你怎么在这儿?女销售说,刚才接您的那辆车就是我派的,我们非常期待您的来访,我们总裁正在工厂等您呢。事已至此,老总也不好说什么,就去了工厂。……后来,订单给了这位女销售。有人可能会说,老总不是已经决定了吗?是的,但那是心里决定的,不是经过文件审批决定的。老总说的"决定",无非是个托词。

任务二 采购谈判过程

导入案例

在美国的一个边远小镇上,由于法官和法律人员有限,因此12个农夫组成了一个陪审团。按照当地的法律规定,只有当这12名陪审团成员都同意时,某项判决才能成立,才具有法律效力。有一次,陪审团在审理一起案件时,其中11名陪审团成员已达成一致看法,认定被告有罪,但另一名成员认为应该宣告被告无罪。由于陪审团内意见不一致,审判陷入了僵局。

其中11名成员企图说服另一名成员,但是这名成员是个年纪很大、头脑很顽固的人,就是不肯改变自己的看法。从早上到下午审判一直没结束,11个农夫心神有些疲倦,但另一个农夫还没有丝毫让步的迹象。就在11个农夫一筹莫展时,突然天空布满了乌云。此时正值秋收,各家各户的粮食都晒在场院里。眼看一场大雨即将来临,那11个农夫都在为自家的粮食着急,他们都希望赶快结束这次审判,尽快回去收粮食。

于是他们对另一个农夫说:"老兄,你就别再坚持了,眼看就要下雨了,我们的粮食都在外面晒着,赶快结束审判回家收粮食吧。"可那个农夫丝毫不为之所动,坚持说:"不成,我们是陪审团的成员,我们要坚持公正,这是国家赋予我们的责任,岂能轻易作出决定。在我们没有达成一致意见之前,谁也不能擅自作出判决!"这令那几个农夫更加着急,哪有心思讨论审判的事情。为了尽快结束这令人难受的讨论,11个农夫动摇了,开始考虑改变自己的立场。

这时一声惊雷响起,震动了11个农夫的心,他们再也忍受不住了,纷纷表示愿意改变自己的态度,转而投票赞成另一个农夫的意见,宣告被告无罪。按理说,11个人的力量要比一个人的力量大。可是由于另一个人坚持己见,更由于大雨即将来临,那11个人在不经意中为自己定了一个最后期限:下雨之前。最终他们被迫改变了看法,转而投向另一方。在这个故事中,并不是另一个农夫主动运用了最后期限法,而是那11个农夫为自己设定了一个最后期限,并掉进了自设的陷阱里。

在谈判中,高明的谈判者往往有意识地使用最后期限法以加快谈判的进程,通过巧妙地设定一个最后期限,使谈判过程中纠缠不清、协议难以达成的问题在期限的压力下,得以尽快解决,最终达到自己的目的。

任务目标

通过本项目的学习,了解采购谈判的准备工作有哪些,并掌握采购谈判的程序。

任务学习

一场谈判是否能够取得圆满的结果,要依赖多方面的因素。企业采购部门对谈判组织是否周密严谨,谈判前是否做了充分的准备,谈判中是否能够灵活运用有关策略、技巧等,对谈判的结果有着重要的决定作用。下面分别就采购谈判的准备阶段、开始阶段、进行阶段和结束阶段作详细的介绍。

一、采购谈判的准备

"凡事预则立,不预则废",采购谈判也是如此。准备工作做得如何在很大程度上决定着谈判的进程及其结果如何。有经验的谈判者都十分重视谈判前的准备工作。一些规模较大的重要谈判,往往提前几个月甚至更长的时间就开始着手进行精心的准备。总体上说,前期的准备工作主要从有关资料的收集、谈判方案的制定、谈判队伍的组建等方面展开。

(一)采购谈判资料的收集

通过对谈判有关资料信息的收集、整理、分析和研究,谈判人员就会有较为充分的心理思想准备,明确谈判的主客观环境,以及在谈判中可能会出现的问题。

1. 采购需求分析

采购需求分析就是要在采购谈判之前弄清楚企业需求什么、需求多少、需求时间,最好能够列出企业物料需求分析清单。这一部分的工作主要通过前面几章介绍的方法来完成。

2. 资源市场调查

在作出采购需求分析之后,就要对资源市场进行一番调查,获得市场上有关物资的供给、需求等信息资料,为采购谈判的下一步工作提供决策依据。目标市场调查通常包括以下内容:

(1)产品供应、需求情况。企业通过对所需产品在市场上的总体供应状况的调查分析,可以了解该产品目前在市场上的供应情况,也就是该产品目前在市场上是供大于求、供小于求还是供求平衡。针对不同的市场供求状况,买方就要制定不同的采购谈判方案和策略。例如,当市场上该产品供大于求时,对于己方来说讨价还价就容易些;供小于求情况则相反。

另外,通过对所要采购的产品在市场上的需求情况的调查分析,还可以了解该产品目前在市场上的潜在需求者,他们或者是生产本企业同种产品的市场竞争者,或者是生产本企业产品替代品的潜在市场竞争者。企业也要时刻注意他们对于该产品的采购价格、政策等。

(2)产品销售情况。作为买方,调查准备购买的产品在市场上的销售情况,可以了解该类产品各种型号在过去几年的销售量及价格波动情况,该类产品的需求程度及潜在的销售量,其他购买者对此类新、老产品的评价及要求,等等。通过对产品销售情况的调查,谈判者可以大体掌握市场容量、销售量,有助于确定未来具体的购进数量。

(3)产品竞争情况。产品竞争情况的调查内容包括生产同种所需产品供应商的数目及其规模,所要采购产品的种类,所需产品是否有合适的替代品及替代品的生产厂商,此类产品各重要品牌的市场占有率及未来变动趋势,竞争产品的品质、性能与设计,各主要竞争对手所提供的售后服务方式及中间商对这种服务的满意程度,等等。

通过产品竞争情况的调查,谈判者能够掌握供应己方所需同类产品竞争者的数目、强弱等有关情况,寻找谈判对手的弱点,争取以较低的成本获得己方所需产品。谈判者也能借此预测对方产品的市场竞争力,使自己保持清醒的头脑,在谈判桌上灵活掌握价格弹性。

(4)产品分销渠道。产品分销渠道的调查主要包括:各主要供应商采用何种经销路线,当地零售商或制造商是否聘用人员直接推销,其使用程度如何;各种类型的中间商有无仓储设备;各主要市场地区的批发商与零售商的数量;各种销售推广、售后服务及存储商品的功能;等等。

调查商品的分销路线,不仅可以掌握谈判对手的运输、仓储等管理成本的状况,在价格谈判上心中有数,而且可以针对供应商售后服务的弱点,要求对方在其他方面给予一定的补偿,争取谈判成功。

3. 对方情报收集

(1)对方的资信情况。调查供应商的资信情况,一要调查对方是否具有签订合同的合法资格;二是要调查对方的资本、信用和履约能力。在对对方的合法资格进行调查时,可以要求对方提供有关的证明文件,如成立地注册证明、法人资格等,也可以通过其他的途径进行了解和验证。

对对方的资产、信用和履约能力进行调查,资料可以是公共会计组织对该企业的年度审计报告,也可以是银行、资信征询机构出具的证明文件或其他渠道提供的资料。

(2)对方的谈判作风和特点。谈判作风实质是谈判者在多次谈判中表现出来的一贯风格。了解谈判对手的谈判作风,可以为预测谈判的发展趋势和对方可能采取的策略以及制定己方的谈判策略,提供重要的依据。

此外,还可以收集供应商要求的货款支付方式、谈判最后期限等方面的资料。

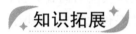

知己知彼,百战不殆——了解对手的谈判风格

谈判风格对于谈判的结果会有直接的影响。一个采购方会碰到多种不同的谈判风格。了解这些谈判风格将有助于取得谈判的成功。

一般来讲,谈判者的谈判风格主要有五种,见下表:

表 5-1 主要谈判风格及其特点

谈判风格	主要特点
温和型	一个友好的、开放的、易接近的谈判者,同时也是一个好的倾听者
强硬型	一个对于问题和对手态度都非常强硬的颇具对抗性的谈判者,常充当领导角色
理智型	一个依靠理性论证、事实和图表数据的谈判者
创新型	一个有创造力和想象力,能提出创新的解决方案,易于产生新想法的谈判者
成交型	一个喜欢在谈判中讨价还价,希望快速解决问题的谈判者

下面是每一种谈判风格的优势和劣势的说明以及应对建议。

1. 温和型谈判者

温和型谈判者		
优势	劣势	如何应对的建议
• 友好易接近 • 好的倾听者 • 表示关心和同情 • 寻求双赢 • 有耐心 • 值得信任 • 重视个人关系	• 过于随和 • 可能失去重点 • 很难处理矛盾和压力 • 容易泄露信息 • 可能过于重视个人问题 • 很难与忽视个人关系的人打交道	• 建立信任 • 用理性来表明理解态度 • 强调他们作为个人合作的重要性 • 经常归纳和集中讨论 • 强调长期关系 • 询问一些开放性的问题,了解他们的需求和关注的问题

2. 强硬型谈判者

强硬型谈判者		
优势	劣势	如何应对的建议
• 天生的领导者 • 有强烈的达成目标的渴望 • 持之以恒 • 会议中的领导者 • 果断且能推动谈判进展 • 能自如地应付压力 • 武断	• 适合强硬的职位 • 不会考虑其他人的想法 • 有选择地倾听 • 易冲动,没耐心 • 对于个人关系不敏感 • 容易制造怨恨	• 没有得到回报就不要让步 • 温和但坚定(并非强硬) • 经常休息来释放压力 • 如果可能,利用组织的力量 • 使用有说服力的论点,不要淡化讨论

3. 理智型谈判者

理智型谈判者		
优势	劣势	如何应对的建议
• 重视问题 • 抓住细节 • 周密 • 讲究方法 • 充分准备 • 用事实、图表和理由来支持论点 • 保持良好的记录	• 总是试图用理智说服他人 • 没有想象力,过于依赖事实和图表 • 不重视所涉及的人员 • 沉溺于细节 • 不能轻易改变谈判风格 • 不能总揽全局 • 容易陷入僵局	• 不要使自己陷入他们的逻辑束缚中 • 在开始时就要得到他们的需求清单 • 仔细倾听并评价他们提出的论据 • 经常休会来分析要点 • 表明对专家意见的尊重 • 用事实和图表来支持自己的论述 • 用情感来进行反向的说服

4. 创新型谈判者

创新型谈判者		
优势	劣势	如何应对的建议
• 富有创造力,擅长设想解决方案 • 有远见,直觉感强 • 能看到整体 • 很容易把问题联系起来 • 很有说服力 • 对于实现目标有很强的驾驭能力	• 可能提出不现实的解决方法 • 忽视短期和中长期的考虑 • 可能忽视细节 • 可能漠视他人的利益 • 对于那些没有整体观的人没有耐心 • 过于轻视眼前的困难和障碍 • 低估事实的重要性	• 仔细倾听并提出很多问题 • 利用他们具有的创造性思维能力去解决共同的问题 • 尽力强调共同的利益 • 尽量把讨论集中在实际问题上 • 利用他们的想法 • 经常总结

5. 成交型谈判者

成交型谈判者		
优势	劣势	如何应对的建议
• 发现机会 • 迅速做出决策 • 很容易建立联系 • 具有实现目标的强烈愿望 • 有活力 • 灵活 • 喜欢讨价还价	• 倾向于忽视长期目标 • 可能忽视细节 • 快速轻易地转换位置 • 倾向于表面的人际关系 • 试图控制人和环境 • 可能会提出一些高风险且难以实施的解决方案	• 尽力去发掘他们最隐蔽的利益 • 经常总结和检验他们的理解程度 • 交易时做出一定的让步 • 不要轻易行动 • 区分事实和假设 • 同意之前确定自己了解交易所涉及的所有隐含的问题

上面的谈判风格也可以认为是不同谈判方法的示例。但要避免陷入一个误区,即认为所有的谈判对手都可以归为以上的某种风格。每个谈判者都有他自己独特的风格,实际上

是对温和型、强硬型、理智型、创新型和成交型风格的不同程度的综合。具体到个人,或许他更喜欢某种风格,或者在某种风格上表现明显。

事先确定谈判者的主要谈判风格有助于我们以一种最佳的方法去准备谈判。因此,在进行一场重要谈判前,要花一定的时间去尽可能多地了解谈判对手的个性、声望和谈判风格。

至于我们自己,重要的是要认识到没有理想的谈判风格,成为一个好的谈判者也并不只是学会一种特定的方法那么简单。个性以及文化背景都会影响我们的谈判风格,表现出自己实际上不具备的风格不会收到好的效果。因此,我们应该充分利用自己的优势,了解你的劣势,并尽量弱化这些劣势。

4. 资料的整理与分析

在通过各种渠道搜集到以上有关资料信息以后,还必须对它们进行整理和分析。这里主要做两方面的工作。

(1)鉴别资料的真实性和可靠性,即去伪存真,这是一个整理的过程。在实际工作中,由于各种各样的原因和限制因素,在收集到的资料中往往某些资料比较片面、不完全,有的甚至是虚假的、伪造的,因而必须对这些初步收集到的资料做进一步的整理和甄别。例如,由于在资料收集的过程中存在一定的难度,有些收集到的资料就有可能不是第一手资料,或者是收集人员作出的估计或预测,那么这些资料的可靠性就值得怀疑,因此也就必须对这些资料进行整理与鉴别,做到去伪存真,为己方谈判所用。

(2)鉴别资料的相关性和有用性,即去粗取精,这是一个分析的过程。在资料具备真实性和可靠性的基础上,结合谈判项目的具体内容与实际情况,分析各种因素与该谈判项目的关系,并根据它们对谈判的相关性、重要性和影响程度进行比较分析,并依此制定出切实可行的具体谈判方案与对策。

(二)采购谈判方案的制定

谈判方案是指在谈判开始前对谈判目标、谈判议程、谈判对策等预先所作的安排。谈判方案是指导谈判人员行动的纲领,在整个谈判过程中起着重要的作用。

1. 采购谈判目标的选择

谈判目标指参加谈判的目的。一般可以把谈判目标分为三个层次:必须达到的目标;中等目标;最高目标。对于采购谈判来讲,首先是为了获得原材料、零部件或产品,所以谈判就以能满足本企业(地区、行业或单位)对原材料、零部件或产品的需求数量、质量和规格等作为谈判追求的目标,也就是谈判必须达到的目标;其次,采购谈判还要追求价格水平、经济效益水平等,这可以作为中等目标;最后,采购谈判还要考虑供应商的售后服务情况,如供应商的送货、安装、质量保证、技术服务情况等,这是采购谈判追求的最高目标。

2. 采购谈判议程的安排

谈判议程要说明谈判时间的安排和双方针对哪些内容进行磋商。

(1)采购谈判主题的确定。要进行一次谈判,首先就要确定谈判的主题,不能漫无边际地进行谈判。一般地讲,凡是与本次谈判相关的、需要双方展开讨论的问题都可以作为谈判的议题。可以把它们一一罗列出来,然后根据实际情况确定应重点解决哪些问题。

对于采购谈判来讲,最重要的就是针对采购产品的质量、数量、价格水平、运输方式等方面进行谈判,所以应把这些问题作为谈判议题重点加以讨论。

(2)采购谈判时间的安排。要确定谈判在何时举行,为期多久;若是一系列的谈判需要分阶段进行的话,还应对各个阶段的谈判时间作出安排。

一般来讲,我们在选择谈判时间时,要考虑下面几个方面的因素:①准备的充分程度,要注意给谈判人员留有充分的准备时间,以免仓促上阵;②对方的情况,不要把谈判安排在对对方明显不利的时间进行;③谈判人员的身体和情绪状况,要避免在身体不适、情绪不佳时进行谈判。

(3)谈判备选方案的制定。通常情况下,在谈判过程中难免会出现意外,令谈判人员始料不及,影响谈判的进程。为了预防这种情况的发生,在接到一个谈判任务时,谈判人员应对整个谈判过程中双方可能做出的一切行动作正确的估计,并依此设计出几个可行性的备选方案。

在制定谈判备选方案时,可以注明在出现何种情况下使用此备选方案以及备选方案的详细内容、操作说明等。

当然,任何一种估计都可能是错误的,这就要求谈判人员不仅在分析讨论问题时,必须以事实为依据,按照正确的逻辑思维来进行,而且在谈判过程中,也要注意对谈判对手的观察和对谈判形势的分析判断,对原定的方案进行不断的修正,并结合具体情况灵活运用。

(三)采购谈判队伍的组建

采购谈判能否取得预期的效果,取决于谈判人员能否审时度势,正确合理地运用谈判策略。采购谈判队伍的组建是指在对谈判对手情况以及谈判环境诸因素进行充分研究的基础上,根据谈判的内容、难易程度选择谈判人员,组织高效、精悍的谈判队伍。

1. 谈判队伍组建的原则

为了保证谈判达到预期的目标,提高谈判的成功率,应根据以下几项原则来选择不同的人员组成队伍。

(1)根据谈判的内容、重要性和难易程度组织谈判队伍。在确定谈判队伍阵容时,应着重考虑谈判主体的大小、重要性和难易程度等因素,依此来决定选派的人员和人数。一般而言,对于较小型的谈判,谈判人员可由2或3人组成,有时甚至由1人全权负责;而对于内容较为复杂且较重要的大型谈判,由于涉及的内容广泛,专业性强,资料繁多,组织协调的工作量大,所以配备的人数要比小型谈判多得多。

(2)根据谈判对方的具体情况组织谈判队伍。在对谈判对方的情况作了基本了解以后,就可以依据谈判对方的特点和作风来配备谈判人员。一般可以遵循"对等原则",即已方谈判队伍的整体实力与对方谈判队伍的整体实力相同或对等。

2. 谈判人员的素质要求

在组织谈判队伍时,关键的一步就是谈判人员的选择。在实际工作中,可以依据以下对谈判人员素质的要求择优选取，从而确定具体的谈判人员。

(1)在政治素质方面，谈判人员必须遵纪守法，廉洁奉公，努力维护国家、本企业（单位）的利益。这是谈判人员必须具备的首要条件。

(2)在业务素质方面，谈判人员要具有良好的专业基础知识和合理的知识结构。谈判人员应对谈判所涉及的有关专业知识比较熟悉，还必须受过特定的谈判技巧的训练，或有谈判的实践经验等。

总体而言，谈判人员应当具有以下几个方面的知识和能力。

①熟知我国有关贸易的方针政策及我国政府颁布的有关法律和规则。

②具有丰富的产品知识。这包括：与本单位采购物料相关的各种产品的性能、特点和用途；产品的技术要求和质量标准；所采购产品在国内外的生产状况和市场供求关系；产品价格水平及其变化趋势的信息；产品的生产潜力及其发展的可能性。

③熟悉不同供应商的谈判人员的风格和特点；懂得谈判心理学和行为科学；有丰富的谈判经验，能应付谈判过程中突然出现的复杂情况；等等。

④懂得国外有关法律知识，包括贸易法、技术转让法、外汇管理法及有关国家税法的知识；懂得有关国际贸易和国际惯例的知识；等等。

(3)在心理素质方面，谈判人员首先应具有强烈的事业心、进取精神和高度的责任感，只有具备了这种基本的心理素质，谈判人员才会在谈判中充分发挥自己的聪明才智，努力争取谈判成功并使己方从中获得最大的收益。其次，谈判人员要具有随机应变的处事能力，特别是在激烈的谈判中，谈判人员要能够根据当时的实际情况随机应变，既要坚持原则，又要有一定的灵活性，具有创新精神。最后，谈判人员要具有较强的自控力和适应性。自控力是指谈判人员在激烈的谈判中控制、调整自己的心理情绪，克服心理障碍，维护本企业（单位）利益的能力。在谈判过程中，谈判人员应尽可能保持稳定的心理状态，避免忽喜、忽忧情绪或过激言行等，同时应善于同己方谈判人员相处和沟通，并善于同不同的谈判对手进行谈判。

(4)在文化素质方面，谈判人员首先应具有良好的语言表达技能，从而准确地向对方表明自己的意图，达到说服和感染对方的目的；其次，谈判人员还要具有一定的文学修养，言谈举止要落落大方、风趣幽默；再次，谈判人员还要注重自己的仪表，因为个人的形象在某种意义上就代表着整个企业（单位）的形象，同时这对谈判的成功率也有一定的影响。

3. 谈判人员的选择与配备

在通常情况下，参加采购谈判的人数往往超过一人，并组成谈判小组。对于复杂的较为重要的谈判来讲，谈判小组首先可以满足谈判中多学科、多专业的知识需求，取得知识结构上的互补与综合优势；其次，可以群策群力，集思广益，形成集体的进取与抵抗的力量。实际谈判活动中，应注意以下问题。

(1)在确定具体谈判人选时，总体上以上述对谈判人员的素质要求为指导，尽量选择"全能型的专家"。"全能"，即通晓技术、经济、法律和语言四方面的知识，"专家"即指能够专长于某一个方面。

(2)在确定谈判小组具体人数时，要以上述谈判队伍组选的原则为指导思想，合理确定谈判小组的规模,同时也要兼顾谈判小组的工作效率,一般情况下,谈判小组由3~5人组成。

4. 谈判成员的角色安排

在确定了具体谈判人员并组成谈判小组之后,需要对小组成员进行角色安排。所谓角色安排是指在对谈判对手情况以及谈判环境诸因素进行充分分析的基础上,根据谈判的内容、难易程度选择谈判人员,组织高效精干的谈判小组成员在谈判中扮演各自的角色。

就像足球队需要前锋、守门员等一样,谈判小组为了使谈判顺利结束需要一些"典型"角色。这些角色包括谈判首席代表、白脸、红脸、强硬派、清道夫。配合每一个特定的谈判场合还需要其他角色。理想的谈判小组应该有3~5人,而且所有关键角色都要有所安排。一般来说,一个人担当一个角色,但事实常常是一个谈判者身兼几个相互补充的角色,这些角色能够反映谈判者自身的性格特点。

具体谈判角色分配如表5-2所示。

表5-2 谈判角色特点及作用

角色名称	角色特点	角色在谈判中的作用
首席代表	任何谈判小组都需要首席代表,由最具专业水平的人担当,而不一定是小组中职位最高的人	组织谈判准备 精心安排谈判事宜 指挥谈判,需要时召集他人 裁决与专业知识有关的事项
白脸	由被对方大多数人认同的人担当。对方非常希望仅与白脸打交道	对对方的观点表示同情和理解 看起来要做出让步 给对方安全的假象,使他们放松警惕
红脸	白脸的反面就是红脸,这个角色就是使对手感到如果没有他或她,会比较容易达成一致	需要时中止谈判 削弱对方提出的任何观点和论据 胁迫对方并尽力暴露对方的弱点
强硬派	这个人在每件事上都采取强硬立场,使问题复杂化,并要其他组员服从	用延时战术来阻挠谈判进程 允许他人撤回已提出的未确定的报价 观察并记录谈判的进程 使谈判小组的讨论集中在谈判目标上
清道夫	这个人对谈判过程进行记录、整理,将所有的观点集中,作为一个整体提出来	设法使谈判走出僵局 阻止讨论偏离主题太远 指出对方论据中自相矛盾的地方

(四)采购谈判的其他准备工作

1. 谈判地点的选择

一般而言,谈判地点无外乎三种情况:己方所在地、对方所在地、双方之外的第三地。最后一种情况往往是谈判双方参加的产品展销会。这三种地点选择各有利弊。

在己方所在地进行谈判,其优点主要是:以逸待劳,无须经历熟悉环境或适应环境这一过程;随机应变,随时调整谈判计划、人员、目标等;创造气氛,可以利用地利之便,通过热心接待对方,关心其谈判期间生活等问题,显示己方的谈判诚意,创造融洽的谈判氛围,促使谈判成功。其缺点主要是:要承担烦琐的接待工作;谈判可能常常受己方领导的制约,不能使谈判小组独立地进行工作。

在对方所在地进行谈判,其优点主要是:不必承担接待工作,可以全心全意地投入谈判中去;可以顺便实地考察对方的生产经济状况,取得第一手的资料;在遇到敏感性的问题时,可以推说资料不全而委婉地拒绝答复。其缺点主要是:要有一个熟悉和适应对方环境的过程;谈判中遇到困难时难于调整自己,容易产生不稳定的情绪,进而影响谈判结果。

在双方之外的第三地进行谈判,对于双方来讲,在心理上都会感到较为公平合理,有利于缓和双方的关系。但由于双方都远离自身公司的所在地,因此在谈判准备上会有所欠缺,谈判中难免会产生争论,影响谈判的成功率。

2. 谈判现场的安排与布置

在己方所在地进行谈判时,己方还要承担谈判现场的安排与布置工作。为了能充分利用上述优点,在做此项工作时,也要讲求科学和艺术,为己所用。具体操作时应注意以下几点。

(1)最好能够为谈判安排三个房间:一间作为双方的主谈判室,另外两间作为双方各自的备用室或休息室。主谈判室作为双方进行谈判的主要场所,应当宽敞、舒适、明亮,并配备应有的设备和接待用品。备用室或休息室作为双方各自单独使用的房间,最好靠近主谈判室,也要配备应有的设备和接待用品,同时也可以适当配置一些娱乐设施,以便缓和双方紧张的气氛。

(2)谈判双方座位的安排也应认真考虑。通常有两种座位安排方式:双方各居谈判桌一边,相对而坐;双方谈判人员随意就座。两种安排方式各有千秋,要根据实际情况加以选择。

3. 模拟谈判

为了提高谈判工作的效率,使谈判方案、计划等各项准备工作更加周密,更具针对性,在谈判准备工作基本完成以后,谈判小组应对此项工作进行检查。在实践中行之有效的方法就是进行模拟谈判。谈判双方可以是己方谈判人员与己方非谈判人员,也可以将己方谈判小组内部成员分为两方进行。有效的模拟谈判可以预先暴露己方谈判方案、计划的不足之处及薄弱环节,检验己方谈判人员的总体素质,提高他们的应变能力,达到减少失误,实现谈判目标的目的。

二、采购谈判程序

采购谈判是由一系列谈判环节组成的。它一般要经历询盘、发盘、还盘和接受四个程序(环节)。其中,询盘不是正式谈判的开始,而是联系谈判的环节。正式谈判是从发盘开始的。中间经历的还盘是双方的讨价还价阶段,持续的时间较长。如果一项交易达成,那么接受就意味着结束。当然,达成交易的谈判可以不经过还盘环节,只经过发盘和接受两个环节。下面对谈判各个环节的基本含义作详细的说明。

(一)询盘

询盘是交易一方为出售或购买某项商品而向交易的另一方询问该商品交易的各项条

件。在国内贸易中,询盘一般没有特定的对象,通常是利用报纸、广播、电视公开询盘。在国际贸易中,由于距离远、信息传递不方便,一般有特定的询盘对象。

询盘的目的,主要是寻找买主或卖主,而不是同买主或卖主洽商交易条件,有时只是对市场的试探。在急需买卖时,也可将自己的交易条件稍加评述,以便尽快找到买主或卖主。但询盘只是询问,是正式进入谈判过程的先导。询盘可以是口头,也可以是书面,它既没有约束性,也没有固定格式。

(二)发盘

发盘就是交易一方为出售或购买某种商品,而向交易的另一方提出买卖该商品的各种交易条件,并表示愿意按这些交易条件订立合同。发盘可以由买方或卖方发出,但多数由卖方发出。

按照发盘人对其发盘在受盘人接受后,是否承担订立合同的法律责任来分,发盘可以分为实盘和虚盘。

1. 实盘

实盘是对发盘人有约束力的发盘。即表示有肯定的订立合同的意图,只要受盘人在有效期内无条件地接受,合同即告成立,交易即告达成;如果在发盘的有效期内,受盘人尚未表示接受,发盘人不能撤回或修改实盘内容。

实盘一般应具备四项条件。

(1)各项交易条件要极其清楚、明确,不能存在含糊不清和模棱两可的词句。

(2)各项交易条件完备,商品品名、计划单位、品质、价格、数量、交货期、支付方式和包装等主要条件要开列齐全。

(3)无保留条件,即发盘人保证按提出的各项交易条件签订合同、达成协议。

(4)规定有限期,即告知对方发盘的终止日期。这个有效期主要是约束发盘人的,对受盘人无约束力。受盘人可在有限期内接受,也可不接受,甚至在不接受时,也无通知发盘人的义务。同时有效期也是对发盘人的一个保障,发盘人只在有效期内负责,如果超过有效期,发盘人将不受所发盘的约束。

在实盘有效期内,如出现下列情况之一,按照国际惯例即告失效,发盘人可以不再受这一项实盘的约束。

第一,过时。

第二,拒绝。即受盘人表示"不感兴趣""不能接受"等,则发盘的效力即告结束。如受盘人拒绝后,重新接受,即使是在有效期内,发盘人也可不承担原发盘的责任,只有在经过发盘人确认后,交易才能成立。假如受盘人对发盘内容进行还盘,原发盘也立即失效。

第三,国家政府法令的干预。如果发盘人在发出实盘后,政府宣布发盘中的商品为禁止进口或出口的商品,该项实盘即无效,对原发盘人的约束力也即告解除。

2. 虚盘

虚盘是指对发盘人和受盘人都没有约束力的发盘;对虚盘,发盘人可随时撤回或修改内容。如果受盘人对虚盘表示接受,还需要发盘人最后确认,才能达成对双方都有约束力的合同。

虚盘一般有以下三个特点。

(1)在发盘中有保留条件,如"以原材料价格没有变动为准""以我方明确确认为准",或标注说明如"仅供参考"等。它对发盘人不具有约束力,受盘人若要接受这一发盘,必须得到发盘人的确认。

(2)发盘的内容模糊,不作肯定表示。如"价格为参考价""商品价格视数量多少给予优惠"等等。

(3)缺少主要交易条件。有些发盘虽然内容明确、肯定,但没有列出必须具备的交易条件,如"价格、数量、交货期"等,也属于虚盘性质。

作为发盘人,可以发实盘,也可以发虚盘,对二者如何选择,这要由自己的经营意图和谈判策略来决定。虚盘通常适用于己方货源尚未组织落实,或者对客户不十分了解,而对方询盘又很急的情况。由于对某一时间内的国外商情和市场情况不明,也可以故意发出虚盘,以作探测。使用虚盘时,多数采用"以我方最后确认为准"的形式。

三、还盘

还盘是发盘后的又一个谈判环节。还盘是指受盘人在接到发盘后,对发盘内容不同意或不完全同意,反过来向发盘人提出需要变更内容或建议的表示。按照这一规定,原受盘人作出还盘,实际上就是要求原发盘人答复是否同意原受盘人提出的交易条件,这样原受盘人成了新的发盘人;其还盘成了新发盘,而原发盘人成了受盘人,原发盘人的发盘随之失效。需要注意,既然还盘成了新发盘,那么,前面实盘的法律含义和实盘的法律责任同样适合于还盘。这一点对于已经改变了地位的原发盘人来说,具有非常重要的意义。作为原发盘人,此时,一方面要明确自己的实盘已经失效,可不受约束了;另一方面要分析对方的还盘是实盘还是虚盘。如果接受对方的是实盘,当然要求对方履约。另外还要注意对方有时发来的表示,貌似还盘,其实不是还盘。这就不能表明自己的实盘失效。比如,对方提出某种希望、请求时,但在法律上不构成还盘。发盘人即使同意这些"希望""请求"仍不表明实盘失效。因此,发盘人一定要能判断出对方的表示是否真正构成还盘,以避免由于判断错误而发生纠纷或处于被动地位。

发盘人如果对受盘人发生的还盘提出新的意见,并再发给受盘人,为再还盘。

在国际贸易中,一笔交易的达成,往往要经历多次还盘和再还盘的过程。

四、接受

接受是继询盘、发盘、还盘之后又一个重要的谈判环节。接受,就是交易的一方在接到另一方的发盘后,表示同意。接受在法律上称为承诺,一项要约(发盘)经受约人有效的承诺(接受),合同才能成立。但一方的发盘或还盘一旦被对方接受,合同即告成立,交易双方就应履行合同。

构成一项有效接受,应具备以下几项基本条件。

（一）接受必须是无条件的

所谓无条件是指受盘人对一项实盘无保留地同意,即接受的内容必须同对方实盘中所提出的各项交易条件严格保持一致。否则就不能表明为有效接受。例如,受盘人在向发盘人表示接受时,又同时对价格、支付、运输等主要条款以及责任范围、纠纷处理程序等具有实质性的内容提出不同意见,则表明受盘人不是无条件的,因而不能表明是接受。

（二）接受必须在一项发盘的有效期限内表示

一般来说,逾期接受是无效的。但也要具体考虑特殊情况。如由于通信、交通等条件出现不正常事态而造成延误;或是受盘人在有效期限的最后一天表示接受,而这一天恰好是发盘人所在地的正式假日或非营业日,使"接受"不能及时传到发盘人的地址;等等。上述情况下发生的逾期接受,可以认为是有效的。另一种情况是,如果发盘人同意对方的逾期接受,并立即用口头或书面形式通知对方,那么此项逾期接受仍视为有效。可见,一项逾期接受最终是否有效,取决于发盘人的态度。也就是说,发盘人根据此项交易在当时对自己有利或无利的情况,可以承认,也可不承认,以决定此项交易可否达成。

（三）接受必须由合法的受盘人表示

这一点是对明确规定了特定受盘人的发盘而言的。一项发盘可向特定的人提出,比如向某人、某单位或其代理人提出;也可向不特定的人提出,如在报刊上公开发盘。对于向特定的人提出的发盘,接受的表示人必须是发盘指定的受盘人。只有指定的受盘人所表示的接受才构成有效接受。任何第三者对该发盘所表示接受均无法律效力,发盘人不受约束。

（四）接受必须以声明的形式或其他行为表示并传达给发盘人

受盘皆要表示接受,必须以一定的形式才能证明表示接受。以"声明"表示,就是用口头或书面文字表示;以其他行为表示,就是按照发盘的规定或按照双方已确定的习惯做法(惯例),比如以支付货款、发运货物等形式表示接受。

接受是达成一项交易必不可少的环节。要么由己方表示接受使交易达成,要么由对方表示接受使交易达成。作为一个谈判者,无论是以发盘人身份还是以受盘人身份与对方洽谈,都必须对上述关于接受的严格含义非常清楚。同时在此基础上灵活运用自己所作出的接受应付对方所作出的接受。

五、签订合同

买卖双方通过交易谈判,一方的实盘被另一方有效接受后,交易即达成。但在商品交易过程中,一般都应通过书面合同来确认。由于合同在双方签字后就成为约束双方的法律性文件,双方都必须遵守和执行合同规定的各项条款,任何一方违背合同规定,都要承担法律责任。因此,合同的签订,也是商务谈判的一个重要环节。如果这一环节发生失误或差错,就会给以后的合同履行留下引起纠纷的把柄,甚至会给交易带来重大损失。只有对这一工作采取认真、严肃的态度,才能使整个商务谈判达到预期的目的。这一环节工作的基本要求是:合同内容必须与双方谈妥的事项及其要求完全一致,特别是主要的交易条件都要交代得明确和清楚。拟订合同时所涉及的概念不应有歧义,前后的叙述不能自相矛盾或出现疏漏差错等。

知识拓展

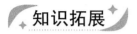

谈判如何开局

很多人谈判的时候不知道该怎么进入角色。谈判开局可以采取以下四种方式。

协商式开局

这种方式比较适合谈判双方地位相当或第一次接触,双方过去没有商务往来的情况。己方可以不卑不亢,以协商口气,多用外交礼节性语言和谈论中性话题,使双方在平等合作的气氛中开局,比如"价格是否可以这样……"。以协商、肯定的语言进行陈述,使对方对己方产生好感,达成双方对谈判的理解的一致性,从而使谈判在友好、愉快的气氛中展开。例如,谈判一方以协商的口吻来征求谈判对手的意见,然后对对方意见表示赞同或认可,双方达成共识。要摆出充分尊重对方意见的态度,语言要友好礼貌,但又不刻意奉承对方。姿态上应该是不卑不亢,沉稳中不失热情,自信但不自负,把握适当的分寸,顺利打开局面。

慎重式开局

慎重式开局指以严谨、凝重的语言进行陈述,表达出对谈判的高度重视和鲜明的态度,目的在于使对方放弃某些不适当的意图,以达到掌控谈判局面的目的。

慎重式开局适用于谈判双方过去有过商务往来,但对方曾有过令人不太满意的表现的情况,己方要通过严谨、慎重的态度,引起对方对某些问题的重视。例如,可以对过去双方业务关系中对方的不妥之处表示遗憾,并希望通过本次合作改变这种状况;可以用一些礼貌性的提问来考察对方的态度、想法,不急于拉近关系,注意与对方保持一定的距离。这种方式也适用于己方对谈判对手的某些方面存在疑问,需要经过简短的接触摸底的情况。当然,慎重并不等于没有谈判诚意,也不等于冷漠和猜疑,这种方式正是为了寻求更有效的谈判成果而使用的。

进攻式开局

进攻式开局是指通过语言或行为来表达己方强硬的姿态,从而获得谈判对手的尊重,并借以制造心理优势,使谈判顺利进行下去。这种开局方式只能在特殊情况下使用。例如,发现谈判对手居高临下,以某种气势压人,有某种不尊重己方的倾向,如果任其发展下去,对己方是不利的,因此要变被动为主动,不能被对方气势压倒。采取以攻为守的策略,捍卫己方的尊严和正当权益,使双方站在平等的地位上进行谈判。进攻式策略要运用得好,必须注意有理、有利、有节,不能使谈判一开始就陷入僵局。要切中问题要害,对事不对人,既表现出己方的自尊、自信和认真的态度,又不能过于咄咄逼人,使谈判气氛过于紧张,将问题表达清楚,对方也有所改观,就应及时调节气氛,重新建立起一种友好、轻松的谈判气氛。举个例子,对方如果对我们根本不重视,我们可以采用一些刺激性的方法,逼着对方做出反应,比如质问:"你们还想不想合作了?"

坦诚式开局

坦诚式开局是指以开诚布公的方式向谈判对手陈述自己的观点或意愿,尽快打开谈判局面。这种开局方式比较适用于长期合作的供应商,双方有过商务往来,而且关系很好,互相了解较深,将这种友好关系作为谈判的基础。这种情况下不需要兜弯子,也不需要用那么多的技巧,有什么说什么,大家都坦诚地进行交流。在陈述中可以真诚、热情地畅谈双方过去的友好合作,适当地称赞对方在商务往来中的良好信誉。由于双方关系比较密切,可以省去一些礼节性的外交辞令,坦率地陈述己方的观点以及对对方的期望,使对方产生信任感。

坦诚式开局有时也可用于实力不如对方的谈判者。己方实力弱于对方,这是双方都了解的事实,因此没有必要掩盖。坦率地表明己方存在的弱点,使对方理智地考虑谈判目标。这种坦诚也表达出实力较弱一方不畏惧对手的压力,充满自信和实事求是的精神,这比"打肿脸充胖子",大唱高调掩饰自己的弱点要好得多。

采用什么方式开局,主要考虑以下两个方面。

(1)双方关系:以前有合作、关系很好、关系一般、关系很差、以前没合作。

(2)双方地位:地位相当、地位弱于对方、地位强于对方。

三、采购谈判的实施

采购谈判开始时,一般首先双方彼此熟悉一下,并就谈判的目标、计划、进度和参加人员等问题进行讨论,尽量取得一致意见,在此基础上就本次谈判的内容分别进行陈述。它是在双方已做好充分准备的基础上进行的。这种商谈,可为以后具体议题的商谈奠定基础。在这一阶段,要注意营造良好的谈判气氛,并为正式谈判做好预备工作。双方应就本次谈判的议题、议程、进度和期限等进行交谈,以谋求谈判双方对谈判程序的意见达成一致。一方主谈人员可以协商的口气对对方主谈人员提出有关谈判进程方面的一些问题,例如:"××先生,在正式谈判之前,我们想就时间安排问题征求您的意见。""××先生,我想先与您谈谈本次谈判的议程问题,您看如何?"等等。

进入正式阶段(或者实质性谈判阶段),双方各自提出自己的交易条件,并且尽量提出有说服性的理由,进行磋商,争取达到一致。当然,双方的意见可能会存在某些分歧和矛盾。因此,谈判可能要经过多轮。双方为了解决分歧和矛盾,就必须进行讨价还价,反复磋商。磋商的结果要么是己方放弃某些利益,要么就是对方放弃某些利益,也可以双方进行利益交换。谈判过程中,一方面要充分阐述自己的观点,合理地坚持自己的观点,维护自己的利益;另一方面也要认真听取对方的意见,分析人家是否真有道理,如果真有道理,就应当适当调整自己的观点立场。这时要随时比较自己调整后的方案与谈判前预定的目标方案之间的差距是否可以接受,如果不能接受,就不要轻易调整;如果能够接受,就可以调整;如果一下子没有把握,就可以暂时休会,会下再好好思考一下,召集己方人员一起仔细讨论,或者电话请示己方领导之后,作出决定,把决定后的方案再拿到谈判桌上讨论磋商。就这样,经过一系列反反复复的磋商,彼此的立场和观点接近或趋于一致,从而达成双方一致同意的协议。

总之,谈判过程中,双方都是力求维护本企业的利益,想方设法让对方让步。如果双方都不让步,谈判就进行不下去,这使谈判破裂、失败。如果双方能够逐步让步、协调,最后大体利益均等,双方意见达成一致,谈判就获得成功,谈判就可以结束了。

谈判结束阶段是较为轻松、活跃的阶段,原先谈判桌上的对手一下变成了亲密的朋友。谈判结束阶段的主要任务是:尽快达成交易;签订书面协议或合同;回收和整理谈判资料;等等。

买卖双方在将要达成交易时,必然会对前几个阶段的谈判过程进行总体回顾,以明确还有哪些问题需要讨论,并据此对某些重要的交易条件目标作出最后的决定,明确己方为实现本次交易所需作出的最后让步的限度,以及最后阶段所要采用的策略和技巧,开始着手安排签约的事宜。

当双方对所有的交易条件都达成共识后,双方就可将谈判结果以法律文件的形式确定下来,即进入签约阶段。在签约前,双方应当确认谈判过程中所作书面记录的真实性,并据此确认合同的条款。如果双方对合同条款无异议,就可以立即进行合同的签订。

另外,在谈判结束后,买卖双方还可以举行一次告别酒会,借以联络感情,保持长期的合作关系。双方回去后,需要立即做的工作是:把谈判资料回收整理入档;开始履行协议的准备;谈判小组进行经验教训的总结;等等。

谈判过程,是一个双方维护各自利益的较量过程。对采购方来说,谈判是否成功,就看谈判结果能为企业带来多大的效益。因此,谈判人员应该认真、冷静、顽强、巧妙、灵活地应对各种情况和问题,以求得到最好的谈判结果。

任务三　采购谈判策略与技巧

采购经理的精彩谈判

2016年11月11日上午9:30,H连锁超市采购经理李大军发了一份传真,这是给S公司的销售经理王小杰的。传真内容大致是对S公司A系列洗发水12元的报价感到意外,只能接受9.96元的采购单价,并表示如果S公司接受此报价就约王小杰12日上午10点到H连锁超市签署合作协议。此外,李大军还打电话给王小杰,表示同等产品SC公司报价9.8元。王小杰与总经理沟通此事,总经理交代,明天必须签下这笔单子,这对公司很重要。

李大军与王小杰通完电话后,又分别给S公司的两个死对头L公司和SC公司的销售经理周五明、郑中斌打了电话:约请周五明12日9:30过来叙叙旧,顺便把L公司独有的要求客户填写的销售经理评议表带给他;约请一直想和H连锁超市合作的SC公司的郑中斌12日10:30带5套新产品样品过来。

11月12日上午9:40,王小杰提前20分钟来到H连锁超市1号洽谈室,却发现李大军正和L公司的周五明在3号洽谈室言谈甚欢。他发现李大军和周五明好像在谈论什么。L公司是H连锁超市最大的合作伙伴，王小杰所在的公司与H连锁超市的关系一直超越不了L公司。最后，李大军在纸上签字，还高兴地把周五明一直送到电梯口。

10:05，李大军来到1号洽谈室，然后让前台又给王小杰加满了水。王小杰想打听李大军和周五明签的是不是明年合作的合同。李大军答非所问。王小杰把新的报价表递给了李大军。李大军看到报价表上10.7元的报价时，心里很开心：这个报价接近了公司要求的10.5元的报价。但李大军未露声色，让王小杰把成本分解表给他看看。李大军看了王小杰带来的成本分解表，直言S公司的生产线已使得原材料成本至少下降了20%，但这份分解表上的原材料价格和去年的一样。S公司的采购成本确实下降了20%，没想到李大军也知道了。

王小杰与李大军商议价格定为多少，李大军语气坚定地说9块9毛6是最高价，如果给这个价可以承诺明年销量增长15%，且若A系列产品定不下来，即将开发的B系列的新产品也别谈了。

10:30，SC公司的郑中斌带着5套新产品样品准时出现在前台。王小杰透过洽谈室的玻璃，发现李大军在3号洽谈室饶有兴趣地看郑中斌带来的样品。二人也是言谈甚欢。王小杰还看到，那些样品好像就是自己公司A系列产品的竞争产品。王小杰拿起电话，给总经理打了过去。看到王小杰挂了电话，李大军才让郑中斌稍等，过来1号洽谈室。李大军明确表示9.96元的单价不可更改，原有条件基础上增加5万元促销费用，这样可以确保18%的增量，一旦双方签订协议，公司不会和SC公司合作。双方还有争议，李大军决定缓一下，告诉王小杰他们总监很赏识他，有空可以过去聊聊。

王小杰回到公司后向总经理汇报情况。半小时后，王小杰走出总经理办公室，一脸轻松，并给李大军打了个电话确认单价10.15元。但李大军依然没有答应，还是坚持9.96元的单价。

11月13日上午10:30，王小杰收到一份快递，是李大军寄过来的，里面是一式两份的合同，单价一栏赫然写着9.96元，确保增量变成18.5%，并且已经签了字盖了章。王小杰硬着头皮，拿着合同审批表走进总经理办公室。总经理看了合同后，犹豫了一下，摇了摇头，最终还是在审批表上签下了自己的名字。毕竟18.5%的增量大大超出了总经理自己的预计，也是针对明年的第一笔大单，总经理心想王小杰这小子干得还是不错的。王小杰拿着审批表走出了办公室，长长地舒了一口气，毕竟明年的业绩有保障了。

11月14日上午10:30，李大军收到一份快递，是王小杰寄过来的，里面就是自己邮寄过去的合同，在乙方一栏也签了字盖了章。李大军开心地笑了。11:00，王小杰接到李大军的电话，李大军夸他是最出色的销售经理，并恭喜他明年业绩再夺第一！

（资料来源于网络，作者有删改）

任务目标

通过本项目的学习，理解采购谈判的指导思想和成功要素，了解不同谈判阶段所涉及的谈判技巧,并能够根据具体情况灵活运用。

任务学习

在采购谈判中,为了使谈判能够顺利进行和取得成功,谈判人员应根据不同的谈判内容、谈判目标和谈判对手等具体情况,灵活运用各种技法。

一、采购谈判的指导思想和成功谈判的要素

(一)采购谈判的指导思想

采购谈判最基本的指导思想是谋求买卖双方的"皆大欢喜"。这个指导思想被一些学者和企业家称为"双赢"原则。其含义是采购谈判应兼顾买卖双方的利益,将谈判成功的希望放置于双方需要的基础上,并在此基础上追求对各方都有利的结果。

贯彻"双赢"的指导思想,就要在谈判过程中努力去寻求满足共同利益的谈判方案。在制定谈判目标、计划、策略时,谈判人员应当从双方的需要出发考虑问题,以这样的思想去指导谈判活动,才能提高成功率。反之,如果在谈判中只顾自身利益,不顾对方利益,最后就很可能以谈判失败告终。

(二)成功谈判的要素

1. 要具备必胜的信念,敢于面对任何困难和挑战

只有具备必胜的信念,才能使谈判者的才能得到充分发挥,成为谈判活动的主宰。谈判者必须具备必胜的信念,不仅仅是指求胜心理,而且要有更广泛的内涵和更深的层次。信念决定谈判者在谈判活动中所坚持的谈判原则、方针,运用的谈判方式与方法。只有满怀取胜信心,才能有勇有谋、百折不挠,达到既定目标;才能虚怀若谷,赢得对方信任,取得合作的成功。

2. 要有耐心,要很好地控制自己的情绪

耐心是在心理上战胜谈判对手的一种战术与谋略,也是成功谈判的心理基础。在谈判中,耐心表现为不急于取得谈判结果,而是能够很好地控制自己的情绪,掌握谈判的主动权。耐心可以使人们更多地倾听对方,了解掌握更多的信息,所以保持耐心是十分重要的。

3. 要有诚意

诚意是双方合作的基础和动力,受诚意支配的谈判心理是保证实现谈判目标的必要条件。诚意是谈判的心理准备,双方只有致力于合作,才会全心全意考虑合作的可能性和必要性,才会合乎情理地提出自己的要求和认真考虑对方的要求。在诚意的前提下,双方求大同、存小异,相互理解,互相让步,以求达到最佳的合作效果。

4. 善于树立第一印象

许多情况下,人们对某人的看法、见解往往来自第一印象。如果第一印象良好,很可能

就会形成对对方的肯定态度;否则,很可能就此形成否定态度。正是由于第一印象的决定作用,所以比较优秀的谈判者都十分注意双方的初次接触,力求给对方留下深刻印象,赢得对方的信任与好感,增加谈判的筹码。第一印象的形成主要取决于人的外表、着装、举止和言谈。通常情况下,仪表端正、着装得体、举止大方稳重,较容易获得人们的好感。但心理学家研究发现,如果一个人很善于沟通、善于感染别人,那么他给人的第一印象也比较好。

5. 营造和睦的谈判氛围

和睦的谈判氛围是谈判双方良好沟通的基础,能够加快谈判目标的达成。谈判气氛和睦,谈判的双方就有了"共同语言",并能够促进双方相互理解。营造和睦的谈判气氛最有效的手段有两种:第一种是尽量使自己的声调和语调与对方和谐;第二种是采用与对方相协调的身体姿势。

6. 表述准确、有效

在任何谈判中,正式谈判的第一项内容都是陈述自己的条件,说明希望达到什么样的目标以及如何实现这个目标。作为良好谈判的基础之一,正确、完整、有效地表述是非常重要的。说话时语调保持平稳,吐字清晰,可以保持较慢的说话速度,但一定要自始至终保持一样的声调,这样会显得权威和自信;同时,在说话的时候切不可埋头,要用温和的目光看着对方。

7. 采用稳健的谈判方式

稳健的谈判方式要求谈判者坚持自己的权利,同时尽可能地顾及他人的权利。因此在谈判中,要考虑他人的要求和意见,开诚布公地陈述自己的要求和意见(并不是说直接将自己的底牌亮给对方)。进攻意味着使双方对立;而稳健的方式是为了找到共同的解决方法而一起努力工作,从而创造"双赢"的局面。

8. 拒绝方式要正确

谈判者在处理对方提出的棘手问题时。需要诚心诚意地说"不",但是在说"不"的时候需要讲究方式和方法。一般来说,成功的谈判者在说"不"的时候,一般将拒绝的原因放在前面,而后才提出拒绝。错误的拒绝方式:"我不同意,因为这个价格超过了我们的进货价格。"正确的拒绝方式:"你的这项价格要求超过了我们进货的价格,所以我们不能接受。"

9. 正确使用臆测

臆测是指某一客观条件下人的主观猜想、揣测。在谈判中,臆测的作用是重要的,它可以帮助企业预测未来可能发生的事情。但应注意不要被头脑中想当然的思想所左右,克服的最好办法就是谈判的双方都参与发现事实、分析论证、寻找真实情况。经过双方确定的事实是解决问题的基本要素,只要有充裕的时间分析和发现事实,就能找出双方的分歧,同时发现有价值的事实。谈判时所坚持的或不可改变的一切不会不可动摇,一切都可以商议。

二、采购谈判技巧

(一)报价的技巧

谈判中的"报价",不仅是指产品在价格方面的要价,而且也泛指谈判一方向对方提出的所有要求。任何一笔交易,谈判双方的报价是整个谈判过程的核心和最重要的环节。谈判双方通过报价来表明自己的立场和利益诉求。但是,任何一方在阐述自己要求的时候都不会一下子就把自己的底价透露给对方,而总是要打个"埋伏",给自己留下讨论协商、讨价还价的空间,或者以优于底价的条件成交,超过既定目标完成谈判;或者以不低于底价的条件成交,完成谈判的既定目标。所以报价是有技巧性的。

1. 报价要果断

报价应该坚定、明确、完整,且不加任何解释和说明。开盘报价要坚定、果断,不保留任何余地,并且毫不犹豫。这样做能够给对方留下己方是认真而诚实的印象。要记住,任何欲言又止、吞吞吐吐的行为,必然会引发对方的不良感觉,甚至会使对方产生不信任感。开盘报价明确、清晰而完整,可以使对方能够准确地了解己方的期望。

2. "低开"方式

"低开"方式,也称"开端"法,是指采购方先提出一个低于己方实际要求的谈判要点,以让利来吸引对方,试图首先去击败参与竞争的同类对手,然后再与被引诱上钩的卖方进行真正的谈判,迫使其让步,达到自己的目的。

3. 影子价格(要约)

影子价格或影子要约是指一方说谎或有意误导对方。例如,买方可以告诉卖方自己收到了另一个供应商的报价,每单位低于 10 美元。如果卖方不对该价格作出相应的变动,说明卖方不想和买方做生意了。卖方也可以使用这种方法。卖方可以通知买方 A,说买方 B 准备以更高的价格采购这些物料。虽然这是一个不道德的、冒险的方式,但如果对方担心丢掉这笔生意,就会在自己期望的成交位置作出相应的让步;反之,对方如果对这种威胁性的报价没有反应,就意味着自己的这一方式失效。

4. 探知临界价格

在谈判中厂家想知道供应商的最低出让价,供应商想知道厂家的最高接受价,以便判断出一个双方都能接受的临界价格,所以要运用一些技巧从对方口中探听出来。下面一些技巧能有效地帮助厂家准确地探知临界价格。

(1)以假设试探:假设要购买更多或额外的东西,看价格是否能降低一些。

(2)低姿态试探:厂家先告诉供应商自己没有那么多钱来购买某些贵重的物料。

(3)派别人试探:先让另一个人出低价来试探供应商的反应,然后厂家再出现。

(4)规模购买试探:对于只卖少量物料的供应商,厂家可以提议成批购买。供应商会认为太荒谬而说出许多不该说的话,使厂家知道供应商真正愿意接受的价格。

(5)低级购买试探:厂家先提出购买品质较差的物料,再设法以低价购买品质较好的物料。

(6)可怜试探:表现出对供应商的产品很感兴趣,但资金有限买不起,看供应商能否出个最低价。

(7)威胁试探:告诉供应商,要卖就是这个价,否则就算了。

(8)让步试探:厂家提议以让步来交换对方的让步,然后再以此为起点继续商谈。

(9)合买试探:厂家先问供应商两种物料多少钱,再问其中一种多少钱,然后以这个差价为基础确定另一种物料的价钱。

5. 灵活把握先报价或后报价方式

先报价或后报价各有利弊,如表 5-3 所示。

表 5-3 先报价或后报价利弊比较

先报价的利弊	
利	弊
在了解行情的情况下,先报价可以降低对方的期望值,缩短谈判进程 先报价,将为以后的讨价和谈判结果设定一个界碑,这个界碑把对手的期望限制在一个特定的范围内,并对谈判全过程中所有磋商持续地发挥作用,有利于己方达到谈判目标	在不了解对方实际成本的情况下,先报价暴露了自己的理想目标,便于对方计算审定,若价格解释缺乏说服力,便给对方提供了突破口 先报价,给自己限定了理想目标价格的界限,又给对方提供了有关信息,有利于对方调整期望值。当报价方缺乏市场行情了解和对方意图资料时,可能会让对方获得本来不曾想也不敢想或估计很难得到的种种好处
买卖双方先报价的有利时机	
买方	卖方
全面掌握交易商品的价格信息和货源数量、分布及市场行情变化趋势;处于货源充足的买方市场;卖方急于脱手,资源紧缺供不应求、卖方价格合理;采购量迅速增加	价格资料准确、充分、全面,可变动性小;交易商品属于卖方市场,商品供不应求,价格适中,成交可能性大;存货不多,市场价格看涨;心理准备充分,定价时间早;对方谈判实力弱,卖方时间紧等

根据习惯,一般由买方先提出需求及交易条件,卖方先报价。

(二)讨价的技巧

讨价是在一方报价之后,另一方认为其报价离自己的期望目标太远,而要求报价一方重新报价或改善报价的行为。讨价可以是实质性的,也可以是方式性的。为了继续谈判,抱着尊重、说理的态度动之以情、晓之以理,说服对方,表明自己的合理要求,改变对方的期望值,要求对方重新报价或改善报价,为己方还价做好准备。

1. 讨价形式

讨价形式及内容如表 5-4 所示。

表 5-4 讨价形式及内容

讨价形式	讨价内容
全面讨价	指买方根据交易条件全面入手,要求卖方发盘人说明报价的理由、成本构成的细项,根据实际情况要求卖方重新发盘的行为。这种讨价形式可以根据情况多次使用,目的是压缩报价中的水分
针对性讨价	指买方有针对性地从交易条款中选择某些条款,要求卖方发盘人就交易中某一个或某几个项目作出调整,然后重新发盘的行为
总体讨价	

讨价的这三种形式可以不断地重复使用。讨价次数的多少,应根据心中保留价格与对方价格调整的幅度及调整的可能性而定。每一次讨价,都要对卖方提出报价理由和成本构成数据,要分析卖方成本构成,找到迫使对方降价的突破口,争取能得到对方的一些让步。

2. 讨价技巧

谈判双方在报价时,往往是卖方喊价高、买方递价低。这是谈判心理或方式要求留有讨价还价的余地。对于对方的重新报价或改善报价,应保持平和信赖的态度,不要被"盲目杀价""漫天要价"所吓倒,应仔细倾听,诱导发言,试探虚实,发现纰漏,认真分析,正确理解报价。这些都取决于受盘人的素质与经验。

(1)仔细倾听。认真仔细倾听对方的报价,是尊重对方的一种体现。这样能鼓励对方多发言,能从健谈的发盘人那里得到有用资料,捕捉还价的理由;也能从内向的发盘人那里引出其心中的秘密,掌握对方的期望值。要倾听谈判对方的副手或经验不足的新手的发言,倾听会使这些人自觉"地位上升"而兴奋度提高,甚至还会满足其虚荣心,导致他们畅所欲言,从而使己方获取更多更重要的信息。

(2)投石问路。这是指讨价一方在不打断对方说话的情况下,顺着对方话题发问,提出多种假设条件,要求对方回答,并捕捉对方回答中对己方有利的信息,以便抓住机会,收集还价的材料。投石问路,既能表达合作的诚意,进一步鼓励、诱导对方打开话匣子,保持平和信赖的气氛,又有利于还价,掌握对方的意图。

知识拓展

采购谈判中的几种提问技巧

提问是进行有效口头沟通的关键工具。谈判的各个阶段意味着达成协议可以提出各种类型的问题。谈判中提问,可以采用以下几个普通的技巧。

(1)开放型问题:不能直接用"是"或"不是"来回答的问题,包括谁、什么、为什么和什么时候。例如:"你为什么那样认为?"

(2)诱导型问题:鼓励对方给出你所希望的答案。例如:"你是不是更喜欢×××?"

(3)冷静型问题:感情色彩较淡。例如:"降价如何影响标准?"

(4)计划型问题:一方谈判者事先准备好在谈判过程中提出的问题,是议程的一部分。例如:"如果我们提出××的价格,你方会怎么考虑?"

(5)奉承型问题:带有奉承的色彩。例如:"你或许愿意与我们分享你在这方面的知识?"
(6)窗口型问题:询问对方的见解。例如:"价格是多少?"
(7)指示型问题:切中主题。例如:"价格是多少?"
(8)检验型问题:询问对方对某一建议的反应。例如:"你对此是否有兴趣?"

(资料来源于网络,作者有删改)

(三)还价的技巧

1. 还价的方式

还价步骤确定后,根据步骤先后顺序,可采用的还价方式有五种。

(1)按比价还价。搜集相同或基本相同的同类商品的价格,以此价格参照比较给予还价。这样既便于操作,又容易被接受。

(2)按分析成本构成还价。运用成本构成资料,进行计算分析,并考虑一定的利润构成商品价格,以此价格作为还价的依据。这样做,可以准确估计对方的利润额,判断其虚报部分,还价准确坚决和有力。

(3)分项还价。可以先提出品质、数量、付款方式、交货期等条件问题,然后提出价格,顺理成章。

(4)分组还价。根据价格分析,划分价格差距档次,分别还价。

(5)总体还价。不分细项,按交易总额还价。

总之,还价应该根据先易后难、易难结合的原则进行,容易取得一致的在先,分歧大、难以一时取得一致的在后。

2. 还价的技巧

(1)化零为整。采购人员在还价时可以将价格集中起来,化零为整,这样可以在供应商心理上造成相对的价格昂贵感,以达成比用小数目进行还价更好的交易。另外,将零碎的采购集中化,就可以基于大的采购批量,迫使供应商调整价格。

(2)化整为零。采购方对涉及供应商承包和分包的采购项目,采用分项还价,压缩分项报价中的"水分",从而达到降低总价的目的。

(3)过关斩将。即采购人员应善用上级主管的议价能力。通常供应商不会自动降价,必须由采购人员据理力争,但是,供应商的降价意愿与幅度,常会因供应商议价层次而异。当买方提高议价者的层次,卖方有受到敬重的感觉,可能同意提高降价的幅度。若采购金额巨大,采购人员甚至可以进而请求与更高层的主管面谈,或直接由本方的高层主管与对方的高层主管对话,此举通常效果不错。因为高层主管不但议价技巧与谈判能力高超,而且社会关系广、地位高,甚至与卖方的经营者有相互投资或事业合作的关系,因此,通常只要招呼一声,就可获得令人料想不到的议价效果。

(4)压迫降价。所谓压迫降价,是买方占优势的情况下,以胁迫的方式要求供应商降低价格,并不征询供应商的意见。这通常是在卖方处于产品销路欠佳或竞争十分激烈,以致发生亏损和利润微薄的情况下,为改善其获利能力而使出的"撒手锏"。

压迫降价在以下情况下更有效：

新厂商原料开发成功；

有代用品开发成功；

采购量增加；

行情变化价格看跌；

汇率变动有利于厂商；

厂商有超量库存或存货；

规格要求变更，采用价廉材质；新机种引进，增加交易机会。

(5)敲山震虎。在价格谈判中，巧妙地暗示对方存在的危机，可以迫使对方降价。通过暗示对方不利的因素，从而使对方在价格问题上处于被动，有利于自己提出的价格获得认同，这就是这种还价技巧的优势所在。但必须"点到为止"，而且要给人一种"雪中送炭"的感觉，让供应商觉得你并非在幸灾乐祸、趁火打劫，而是真心诚意地想合作、想给予帮助。当然这是有利于双方的帮助，那么还价也就天经地义了。

(四)杀价的技巧

1. 先苦后甜

即一开始就"赶尽杀绝"，不仅压低价格，而且提出包括质量标准、送货服务、违约罚款等苛刻条件，视对方反应适当在其他方面作出让步，使供应商乐意接受价格条件。

2. 欲擒故纵

价钱杀不下来，索性不买了，掉头就走，借此迫使对方让步。当对方挽留时，买卖就成交了。

3. 疲劳轰炸、死缠不放

即故意拖延时间，抓住对方弱点发起攻势，但在谈判结束时作出一定让步，促其成交。

4. 吹毛求疵

经过一段时间谈判，在达成价格、交货期、付款期等共识后，挑出对方的瑕疵，迫使对方降价。

5. 权力限制

在供应商急于出货时，经过长时间同供应商谈判，就质量、价格、交货期等项目达成意向后，以支付能力不足为由要求对方降价。

(五)讨价还价的技巧

1. 声东击西

采购方为使对方在价格上让步，先避谈价格，将合作前景或双赢作为谈判重点，使对方看到未来能够带来的可观利益。经过感情铺垫后要求对方在价格上作出妥协，以达到谈判目的。

2. 差额均摊

由于买卖双方议价的结果存在差距,若双方各不相让,则交易告吹,采购人员无法取得必需的商品,供应商丧失了获取利润的机会,双方都是输家。因此,为了促成双方的交易,最好的方式就是采取"中庸"之道,即双方议价的差额各承担一半,结果双方都是赢家。

3. 循环逻辑

若对方以涨价为要挟,就同对方谈质量;若对方要求缩短付款期,就同对方谈交货期;若对方要求增加数量,就同对方谈价格。

4. 直捣黄龙

某些单一来源的总代理商,对采购人员的议价要求置之不理,一副"姜太公钓鱼——愿者上钩"的姿态,使采购人员有被侮辱的感觉。此时,摆脱总代理商,寻求原制造商的报价是良策。

例如,某超市拟购一批健身器材,经总代理商报价后,虽然三番两次应邀前来议价,但总代理商却总是推三阻四,不切主题。后来,采购人员查阅产品目录,随即发送要求降价12%的传真给原厂。事实上其只是存着姑且一试的心理。不料次日原厂回电同意降价,使采购人员雀跃不已、欣喜若狂。

从上述事例中可以看出,采购人员对所谓总代理商在议价的过程中应辨认其虚实。有些供应商自称为总代理商,事实上并未与国外原厂签订任何合约或协议,只想借总代理商的名义自抬身价,获取超额利润。因此,采购人员向国外原厂询价,多半会获得回音。但是,在产、销分离制度相当严谨的国家,如日本,则采取迂回战术就不得其门而入。因为原厂通常会把询价单转交当地的代理商,不会自行报价。

5. 哀兵姿态

在居于劣势地位的情况下,采购人员应以"哀兵"姿态争取供应商的同情与支持。由于没有能力与供应商议价,采购人员有时会以预算不足作借口,请求供应商同意在其有限的费用下,勉为其难地将货品卖给他,从而达到减价的目的。采购人员一方面必须施展"动之以情"的议价功夫,另一方面则口头承诺将来"感恩图报",换取供应商"来日方长"的打算。此时,若供应商并非血本无归,只是削减原本过高的利润,则双方可能成交。若采购人员的预算距离供应商的底价太远,供应商将因无利可图,不为采购人员的诉求所动。

6. 釜底抽薪

为了避免供应商处于优势地位而获取暴利,采购人员只好接受供应商获得合理利润的价格以结束谈判。因此,通常采购人员要求供应商提供所有成本资料,对于进口物料则请总代理商提供一切进口单据,借以查核真实的成本,然后加计合理的利润作为价格谈判的基础。

7. 沉着应对

供应商要提高价格时,所在环境的快速变迁,如国际局势动荡、原料匮乏(例如稀少金属钴、铬等之取得困难)等,往往使得供应商有机可乘、占有优势,形成卖方市场而提高售价。

此时采购部门责任更为重大,若能充分利用议价协商的技巧,则能针对卖方所提高的售价,予以协议商谈,达成降价的目的。可以采用下列四种技巧来进行协商:

(1)面临售价的提高,采购人员仍以原价订购。如果供应商提高售价,其往往不愿意花太多时间在重复议价的交涉上。若为原有客户,采购人员则可以利用此点,要求沿用原来价格购买。

(2)采购人员直接说明预设底价。在议价过程中,采购人员可直接表明预设的底价,如此可促使供应商提出较接近该底价的价格,进而要求对方降价。

(3)不干拉倒。这是一种较激进的议价方式,此法虽有造成火暴场面的可能,但在特定情况下仍不失为一个好的议价技巧。此法适用于当采购人员不想再讨价还价时,或者当议价结果已达到采购人员可以接受的价格上限时。

(4)要求说明提高售价的原因。供应商提高售价,常常归因于原料上涨、工资提高、利润太薄等。采购人员在议价协商时,应对不合理之加价提出疑问,如此可把握要求供应商降价的机会。

8. 让步

让步是指谈判一方向对方妥协,在己方的理想目标上作出退让,降低己方的利益要求,向双方期望目标靠拢的谈判过程。谈判既是磋商的过程,也是妥协的过程。通过磋商可以了解彼此追求的利益和分歧。双方通过适时妥协,各取所需,实现双赢。但是让步也应该有原则和底线,要适时适度,否则只会让对方得寸进尺,不利于交易的成功。

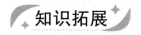

永远不要先折中

谈判陷入僵局的时候怎么办呢?我们有一个习惯心理:折中吧,各让一步或者各让50%。例如,原材料价格上涨,供应商就要求涨价10%。谈到最后,我们说那一家承担一半吧,于是就涨了5%,这就是折中。这里想说的是,永远不要先折中。比如供应商报价100元,我们心里预期的价格是90元,那么我们首次的报价就可以是80元。这时候如果对方承受不住压力,先折中了,说那就90块吧,我们可以说不行,最多85元。这样形势对我方有利。因为最后的价格一定会落在85~90元这个区间。如果我方先折中了,说90元吧,对方就会说,不行,最低95元,那就达不到我方的预期了。

如果我方不得已,必须要先折中,那么首次报价的时候就要留下充分余地。比如对方报价100元,我们心里预期的价格是90元,那么我们首次的报价就要是70元甚至60元。对方一折中,说90元吧,我方再报85元……这样最终的报价和预期会比较接近。

关于让步有一个复杂的高阶策略,叫"拒绝—退让策略"。方法是:A首先提出一个非常离谱的要求,让B拒绝;然后再提出一个弱一点的要求,因为B已经拒绝了一次,所以B会有一定心理压力,会倾向于同意弱一点的要求。表面上看是A先让步,实质上是A诱使B先让了步,这叫"以退为进"。

同步练习

一、单项选择题

1. 在价格谈判中,巧妙地暗示对方存在的危机,可以迫使对方降价的技巧是(　　)。
   A. 过关斩将　　　　B. 压迫降价　　　　C. 敲山震虎　　　　D. 欲擒故纵

2. (　　)是指采购方先提出一个低于己方实际要求的谈判要点,以让利来吸引对方,试图首先去击败参与竞争的同类对手,然后再与被引诱上钩的卖方进行真正的谈判,迫使其让步,达到自己的目的。
   A. 低开策略　　　　B. 高开策略　　　　C. 影子报价　　　　D. 临界价格策略

3. 在企业起步的困难阶段,想要获取对方的价格底线,最好的方法是(　　)。
   A. 假设试探　　　　B. 低姿态试探　　　C. 派别人试探　　　D. 合买试探

4. 谈判一定要少听多说,提供给对方的信息越多越好。此种说法(　　)。
   A. 对　　　　　　　B. 错

5. 告诉供应商,要卖就是这个价,否则就算了,属于(　　)。
   A. 假设试探　　　　B. 低姿态试探　　　C. 威胁试探　　　　D. 可怜试探

二、填空题

1. _____是指人们为了改善彼此之间的关系而进行相互协调和沟通,以及在某些方面达成共识的行为和过程。
2. _____就是要在采购谈判之前弄清楚企业需求什么、需求多少、需求时间,最好能够列出企业物料需求分析清单。
3. _____是指一方说谎或有意误导对方。
4. _____是采购谈判最基本的指导思想。
5. 采购谈判是一种既_____又_____的过程。

三、简答题

1. 简述采购谈判的指导思想。
2. 简述采购谈判的程序。
3. 简述采购谈判方案的制定过程。
4. 简述采购谈判的技巧有哪些。

四、案例分析

麦当劳作为全球的快餐巨头之一,在全世界有三万多家餐厅,需要大量的食品和复杂的供应链,却能在各个环节保证食品的安全、质量与卫生。这里面到底有什么样的秘诀呢?麦当劳在选择供应商方面有一整套严格可行的标准,这个标准是全球统一的。麦当劳的供应商必须是行业专家,即在其精通的领域,无论是产品质量控制还是经营管理都是行业的佼佼者。

麦当劳要与上海怡斯宝特面包生产公司建立长期合作关系,于是派一名高级食品监管人员带队与其谈判。该食品监管人员为了不负使命,做了充分的准备工作。他查找了大量有关该公司面包生产的资料,花了很大的精力将中国国内市场上面包公司的行情及上海这家公司历史和现状、经管情况等了解得一清二楚。掌握了足够的资料后,该食品监管人员开始了与怡斯宝特面包生产公司的谈判。

谈判开始,该公司一开口就对第一年的合作订金要价 100 万元,且不予松口。但麦劳不同意,坚持出价 90 万元。到了这种僵局,怡斯宝特面包生产公司表示价格已经到了他们的极限,如果麦当劳坚持压价,该公司将不继续谈下去了。该公司谈判方把合同往麦当劳谈判人员面前一扔,说:"我们已经做了这么大的让步,贵公司仍不能合作,看来你们对这笔交易没有诚意,这笔交易就算了,期待下次能合作。"该食品监管人员对此并未有急切挽留的表现,闻言轻轻一笑,把手一伸,做了一个优雅的"请"的动作。怡斯宝特面包生产公司谈判方果真走了。同行的麦当劳谈判人员对此突发状况有些着急,甚至开始埋怨该食品监管人员不该抠得这么紧,表示公司已经准备同怡斯宝特面包生产公司签订合同,这样把对方逼走完全破坏了公司的发展计划。该食品监管人员却说:"放心吧,他们会回来的,这只是他们的谈判策略。根据前期对同样的合同成交价格的调查,去年他们同另外一家快餐厅建立合作时首批面包定价只有 85 万元,即使有涨价,也不应过高。"

果然不出所料,一个星期后怡斯宝特面包生产公司又回来继续进行谈判了。该食品监管人员向怡斯宝特面包公司点明了其与另一家快餐厅的成交价格,怡斯宝特面包生产公司的人愣住了,没有想到眼前这位谈判人员如此精明,于是不敢再报虚价,只得说:"现在物价上涨厉害,比不了去年。"该食品监管人员说:"每年物价上涨指数没有超过 6%。一年时间,你们算算,该涨多少?"怡斯宝特面包生产公司的人被问得哑口无言,在事实面前,不得不让步,最终以 90 万元的价格达成了这笔交易。

思考题

1. 请分析怡斯宝特面包生产公司在采购谈判中存在哪些问题。
2. 分析麦当劳取得采购谈判胜利的技巧与关键因素。

任务实训

实训项目　模拟针对健身器材、运动设施等的采购谈判

某高校为了丰富学生的生活,提高学生的身体素质,准备在学生宿舍区附近建设一个面积为 300 平方米的健身房,包括各种健身器材、运动设施等。学校的后勤部门组织本次设备采购工作,已经完成了部分前期准备工作,包括场地规划、市场调研、各种资料的查阅等,现已进入健身房设施设备的采购谈判阶段。

【实训内容】

1. 确定采购谈判的目标和任务、采购的种类和明细、技术参数、预算的报价等;
2. 明确各类人员分工和责任,包括主谈判手、副谈判手、成员 A、成员 B、记录员等;
3. 确定采购谈判的时间、地点、谈判程序、谈判席位及环境布置等;
4. 进行谈判双方角色的扮演,模拟采购项目的谈判过程。

【实训步骤】

1. 自由组成小组,每组 5 人。

2. 自行组织调研,收集资料。

3. 结合项目背景信息,小组成员之间对所收集的资料进行分析与交流,设计采购谈判的方案并模拟谈判场景。

4. 训练结束后,各小组以文档的形式在课堂上分享谈判方案,在课堂上演示谈判场景。

5. 小组之间相互点评,教师点评。各小组完善实训报告。

【实训评价】

教师对学生完成情况进行点评并作出综合评价。表 5-5 是模拟采购谈判评分表。

表 5-5　模拟采购谈判评分表

考评人		被考评人	
小组成员			
考评内容		模拟采购谈判	
考评标准	考评点	分值(分)	评分(分)
	采购方案设计是否可行	40	
	谈判模拟场景是否符合实际	30	
	组员参与度	10	
	小组发言效果	20	
	合计	100	

项目六 采购订单与合同管理

学习目标

知识目标

1. 掌握采购订单的制定过程；
2. 掌握采购订单管理的主要内容；
3. 掌握采购合同的内容以及采购合同签订的两个阶段；
4. 了解采购合同跟踪以及合同履行的相关内容；
5. 理解采购合同的变更、终止和解除。

技能目标

1. 能够根据具体情景撰写采购合同；
2. 能应用所学理论分析具体的采购合同案例。

任务一 采购订单管理

导入案例

麦当劳始于一次"握手"

在上海福喜向麦当劳供应过期肉被曝光后，许多人第一次听说了"握手关系"这个商业名词——麦当劳与许多供应商已经合作了几十年，但它们之间却从未签署合同，关系完全靠诚信维系，一旦诚信出了问题就会立刻终止合作。

麦当劳这个品牌的诞生就始于一份"握手协议"，而这份最初的握手协议也曾遭遇诚信危机，但几十年来，麦当劳始终没有放弃这种不靠文本约束、完全靠信任来维系的合作形式。

与麦当劳有着"握手关系"的供应商包括：冷冻薯条生产商美国辛普劳公司；美国福喜食品有限公司——麦当劳在中国的唯一蔬菜供应商，同时还是其主要的肉类供应商；美国怡斯宝特公司——麦当劳在中国最大的面包供应商；提供全球物流服务的夏晖公司。这次向麦当劳提供过期肉类原料的就是美国福喜的中国子公司。

麦当劳的创始人雷·克洛克把公司比作一个三条腿的凳子：品牌方、加盟商和供应商。他认为，商业上的合作讲究的是"握手就是朋友"，契约无形，标准有形。麦当劳最初选择供

项目六 采购订单与合同管理

应商的标准就是"有谁可以与我们同甘共苦,谁就是我们的供应商",公司在不断发展过程中,对供应商也渐渐有了很详细的量化标准,这个标准成为双方必须遵守的契约。虽然没有合同的约束,但契约却既具体又严格。

麦当劳公司凭借着"信义",让全球的供应商对其忠心耿耿。

克洛克曾经说过:"只有一个方法可以培养供应商对公司的忠诚度,那就是保证这些人可以赚到钱。"当年,怡斯宝特公司初到欧洲建厂时曾遭遇财务紧张,是麦当劳公司出面提供担保,说服当地银行提供贷款;夏晖公司曾经在东南亚某国建立了麦当劳配送中心,但该国发生骚乱,前期巨额投入血本无归,造成的损失最终由麦当劳支付。

克洛克本来只是一个奶昔搅拌机推销员,这份工作让他认识了开快餐店的麦克唐纳兄弟。他敏锐地预感到麦当劳餐厅的商业前景,但兄弟二人却没有什么远大志向,不愿开分店。最终克洛克与兄弟二人达成口头协议,用 270 万美元和每年总营业额 1% 的代价买下麦当劳品牌。

因为没有书面协议,麦克唐纳兄弟暗中使坏,不肯把餐厅房产的产权移交给克洛克,后者则干脆"赖"掉了握手时承诺的 1% 营业额,从此,麦当劳这个品牌就与麦克唐纳兄弟没有任何关系了。

(资料来源于网络,作者有改动)

任务目标

通过本任务的学习,能够掌握采购订单制定的过程,能够理解采购订单管理的内容。

任务学习

采购订单和采购合同的管理是采购管理中的重要内容。一般企业在确定了需求量和供应商之后,就会向供应商发出采购订单。而采购合同是在双方协商一致的基础上所签订的一种经济合同。可以说采购订单和采购合同都是采购流程中的重要环节,这两个环节的优劣将会直接影响到采购作业流程是否顺利。

采购订单管理是企业根据市场计划、用料计划和实际能力以及相关因素,制定切实可行的采购订单计划,下达采购部门执行,并在执行过程中对订单进行跟踪的一系列活动,以使企业能购买到所需的商品,为生产部门和需求部门输送合格的原材料和物品。

一、采购订单的制定

(一)准备订单计划

1. 接受由市场部门提交的市场需求计划

要想制定较为准确的订单计划,必须熟悉市场需求和企业销售计划。市场需求可进一步分解得到企业销售计划。企业的年度销售计划一般在上一个年末制定,并被送至各个相关部门,以指导全年的供应链运作;企业再根据年度销售计划制定季度、月度的市场销售计划。从某种意义上说,市场销售计划是市场需求计划的具体化。

2. 接受由生产部门提交的生产需求计划

从采购的角度来讲,生产需求可以称为生产物料需求。生产物料需求是根据生产计划确定的,为了更好地理解生产物料需求,采购计划人员应具备一般的工艺常识,并要熟悉各种生产计划。

生产物料需求计划是订单计划的主要来源,所以应格外关注。在物料需求计划(MRP)系统中,物料需求计划来源于主生产计划、独立需求的预测、物料清单(BOM)和库存文件。编制物料需求计划的主要步骤为:①决定毛需求;②决定净需求;③计划订单下达日期和订单数量。

3. 准备供应商供应信息资料

准备供应商供应信息资料也就是准备订单环境资料。订单环境资料包括:

(1)订单物料的供应商信息。

(2)订单分配比例信息。对于有多家供应商的物料,订单管理人员需确定每个供应商应分摊的比例。

(3)最小包装信息。

(4)订单周期,即从下单到交货的时间间隔。

订单环境资料一般使用信息系统管理,必要时订单管理人员从中查询了解生产所需物料的采购环境。

4. 准备订单计划说明书

计划说明书的内容包括物料名称、需求数量、到货日期等。

(二)评估订单需求

评估订单需求是订单计划制定中非常重要的一个环节,只有准确地评估订单需求,才能为计算订单容量提供参考依据,以便制定出好的订单计划。它主要包括以下三个方面的内容:分析市场需求、分析生产需求、确定订单需求。

1. 分析市场需求

订单计划不仅要考虑生产计划,还要分析根据市场需求制定的要货计划的可信度,仔细分析需求合同签订数量、合同剩余量等各项数据,并研究其变化趋势,全面考虑企业销售计划的规范性和严谨性,以制定出一个满足企业远期发展与近期实际需求相结合的订单计划。

2. 分析生产需求

分析生产需求,首先要研究生产过程,其次是分析需求量和要货时间。在生产需求分析中,对企业不同时期的不同生产需求进行分析是很有必要的。

技能训练

某企业的生产需求分析

某企业根据生产计划大纲,对零部件的清单进行检查,得到第一级组成部件的毛需求量。在第一周,现有的库存量是 80 件,毛需求量是 40 件,那么剩下的现有库存量=现有库存量(80)－毛需求量(40)＝40(件)。第二周预计入库 120 件,毛需求量 70 件,那么新的现有库存＝原有库存(40)＋入库(120)－毛需求量(70)＝90(件)。这样每周都有不同的毛需求量和入库量。

【思考】

假如企业第三周预计入库 20 件,毛需求量为 90 件,则企业在第三周周末新的现有库存为多少?

3. 确定订单需求

在分析市场需求和生产需求的基础上,要确定订单需求,以在未来指定的时间内,将指定数量的合格物料采购入库。

(三)计算订单容量

计算订单容量主要有以下四个方面的内容:分析物料供应资料、计算总体订单容量、计算承接订单量、确定剩余订单容量。

1. 分析物料供应资料

对于采购工作来讲,物料供应商的信息非常重要。如果没有供应商供应物料,一切都无从谈起。因此,有供应商供应物料是满足生产需求和市场需求的必要条件。物料供应资料主要包括供应商生产能力、供货能力、信誉、资信、运输能力等。

2. 计算总体订单容量

订单容量的含义有两个方面:一是可供给的物料数量,一是可供给的到货时间。在采购中,供应商的总体订单容量是应予以关注的。例如:甲供应商在本月 30 日前提供企业 6 万个门锁,其中 A 型 2.5 万个,B 型 3.5 万个;乙供应商在本月 30 日之前可提供 5 万个门锁,其中 A 型 1.5 万个,B 型 3.5 万个。那么本月 30 日之前 A 型和 B 型两种门锁的总体订单容量是 11 万个,其中 A 型总体订单容量为 4 万个,B 型总体订单容量为 7 万个。

3. 计算承接订单量

承接订单量是指某供应商在指定的时间内已经承诺提供的订单量。承接订单容量的计算过程较为复杂,特别是存在多个供应商的情况。

例如:甲供应商在本月 30 日之前可以提供 6 万个门锁(A 型 2.5 万个,B 型 3.5 万个),若已与企业签订提供 A 型门锁 2 万个、B 型门锁 2 万个的合同,那么对 A 型和 B 型门锁已承接的订单量是 4 万个(A 型 2 万个＋B 型 2 万个＝4 万个)。

4. 确定剩余订单容量

剩余订单容量是指所有供应商的剩余订单容量的总和。用公式表示就是：

物料剩余订单容量＝物料供应商总体订单容量－已承接订单量

(四) 制定订单计划

制定订单计划是采购计划的最后一个环节，也是最重要的环节。它主要包括以下四个方面的内容：对比需求与容量、综合平衡、确定余量认证计划、制定订单计划。

1. 对比需求与容量

对比需求与容量是制定订单计划的首要环节，只有比较出需求与容量的关系才能有的放矢地制定订单计划。如果经过对比发现需求小于容量，即无论需求多大，容量总能满足需求，则企业就可根据物料需求来制定订单计划；如果容量小于企业的物料需求，则企业就要根据容量制定合适的物料需求计划，这样就产生了剩余订单需求，需要对剩余订单需求重新制定认证计划。

2. 综合平衡

综合平衡即综合考虑市场、生产、订单容量等要素，分析物料订单需求的可行性，必要时调整订单计划，计算容量不能满足的剩余订单需求。

3. 确定余量认证计划

在对比需求与容量的时候，如果容量小于需求就会产生剩余需求，对于剩余订单需求，要提交认证计划制定者处理，并确定能否按照订单需求规定的时间及数量交货。为了保证物料及时供应，此时可以简化认证程序，并由具有丰富经验的认证计划人员进行操作。

4. 制定订单计划

制定订单计划是采购计划的最后一个环节，订单计划制定好之后就可以按照计划进行采购工作了。一份订单包含的内容有下单数量和下单时间两个方面。

下单数量＝生产需求量－计划入库量－现有库存量＋安全库存量

下单时间＝要求到货时间－认证周期－订单周期－缓冲时间

二、采购订单的管理

(一) 采购订单的明细管理

采购订单的明细管理主要是对采购订单各项目的管理，使企业相关部门能够明确掌握材料订货的情况。采购单位决定采购对象后，通常会寄发订单给供应商，以作为双方将来交货验收、付款的依据，订单内容主要侧重于交易条件、交货日期、运输方式、单价、付款方式等。

因用途不同，订单可分为厂商联(第一联)；回执联(第二联)，作为供应商交货时的凭证，由供应商签字确认后寄回给企业；物料联(第三联)，作为企业控制存量和验收的参考；请款联(第四联),作为结算货款的依据;承办联(第五联),由制发订单的单位自存。

(二)采购订单的主要内容

采购订单的主要内容包括企业对所需采购物品的要求的一些描述,主要包括以下几项:

(1)交货方式,包括新品交货附带备用零件、交货时间与地点等规定。

(2)验收方式,包括检验设备、检验费用、不合格品的退换等规定,提前交货或延迟交货数量的处理。

(3)违约责任,包括延迟交货或品质不符的扣款,违反合约的处理或取消合约的规定。

(4)履约保证,包括按合约部分百分之几退还没收的规定。

(5)品质保证,包括包修或包换期限、无偿或有偿换修等规定。

(6)仲裁或诉讼,包括买卖双方的纷争、仲裁的地点或诉讼法院的规定。

(7)其他。例如卖方保证买方不受专利权的控诉等。

一般来说一份完整的采购订单除了要对所采购的物品进行描述外,通常在订购单的背面还会有附加条款的规定,这也是订购条件的一部分。订购单见表6-1。

表 6-1 订购单

订购单编号:_____
日期:_____

供应商		编号		地址		电话	
订购内容							
交货地点							
项次	物料名称	料号	单位	订购数量	单价	金额	交货日期	数量
1								
2								
3								
...								
	合计							
合计金额(大写)				万 仟 佰 拾 元 角 分				

交易条款
1.交期:
供应商须依本订单交期或本公司采购部以电话或书面调整的交期交货,若有延误,逾期一日扣款____%。
2.品质要求:
(1)检验标准:
(2)不良处理:
3.运输方式:
4.其他要求:

总经理		经理		主管	
承办人		承办厂			

任务二　采购合同管理

古代人是怎么签合同的？

古代的合同叫"契"或者"契约"。

人类早期,主要依靠口头协议,只拿着一块有刻痕的竹木片作为这项协议的信物,提醒对方履行义务。在奴隶社会时期,国家宣扬土地是国有的。后来随着经济的发展,私田出现了。当家里粮食太多吃不完,又想吃隔壁家的牛肉时,怎么办呢？于是多余的东西就被民众拿来交换,这时就产生了契约。

1. 西周

契约有两种,一种是买卖契约,当时称为"质剂"。形式是在一片竹简上写两份内容相同的契约,然后一分为二,买卖双方各持一份完整的契约。

一种是借贷契约,当时称为"傅别"。形式是在一片竹简上只写一份借贷的内容,然后从中央剖开,双方各拿着一半,以此为证据。

2. 东汉

随着纸张的发明,竹木简契约被淘汰,人们开始用纸张写契约。形式也有两种,一种是判书,是将契约从中间分为两半,契约双方各持一半。

一种是下手书,在没有纸张的时候,当事人亲手在竹木简的侧面刻上记号,就算是签署了文件。

3. 东晋

契约称为文券(一种在交税后盖有官印的契约)。从十六国开始,契约又称为"合同",就是在书契两札的结合处协商一个"同"字,后来变为写"合同"二字,也有些是写一句吉祥语。

4. 唐代

契约叫作"市券",其格式和文字由官府统一规定。"合同"这一称谓,在唐代开始成为契约的正式叫法。

5. 宋代

契约称为"千照"。法律规定凡是买卖或转让财产,都必须签订合同,合同还需官府印押,没印押的合同是白契,无法律效力,如果遇到官司,不能作为证据。

6. 元代

合同由官府统一印制。当时法律规定,契约文书和附在契约文书后的文据,应该有"契本"(这是元朝政府颁发给纳税人的纳税凭证)。

7. 明代

契约形式更加多样,如租佃契约分为招佃契式(出佃人出租土地给承佃人耕种的合同)和承佃契式(承佃人承租耕地的合同)。在明代,契约种类已经有卖屋、卖田、租田、包工、借贷、伙资经商等十几种。人们对契约有着非同一般的信仰。

8. 清代

允许民间自行书写订立合同，只需在合同后面粘贴官府颁印的契尾（交易经官府登记并纳税后，由官府填发的一种文书，作为重要附件）就行。再后来，订合同要交印花税（对契约上粘贴的政府特制的印花税票所征的一种租税），不粘印花税票，无法律效力。

9. 民国

契约法的发展经历了两个时期，即北洋政府的过渡发展时期和南京国民政府的成熟时期，呈现出系统化、完整化的特征，也是中国近代契约法最为成熟的一个时期。

10. 新中国

新中国的成立揭开了合同立法史崭新的一页。当事人订立合同，有书面形式、口头形式和其他形式。书面形式是指合同书、信件和数据电文（包括电报、电传、传真、电子数据交换和电子邮件）等可以有形地表现所载内容的形式。

21世纪移动互联网时代，线上签约成为主流，电子签约平台引领新时尚。

任务目标

通过本项目的学习，掌握采购合同的主要内容以及采购合同签订的程序，能够结合所学理论分析具体采购合同案例。

任务学习

采购进货是一个环节多、因素多、风险大的作业过程，所以，最好的控制方法就是合同控制。在合同中，有当事双方各自责任与义务的具体规定，有违反合同的具体处理办法，有各方及单位负责人的签字和公章，有的甚至还有公证人的签字和公章。因此，合同具有法律效力，受法律保护，有最高的权威性、约束性和可操作性，可以确实约束、控制双方的行为，保护双方的利益。

合同是一种重要的约束和控制手段，可以减少风险。一方一旦违约，给对方造成损失，则要根据合同条款，向对方提供赔偿。如果不愿意赔偿，受害方则可以提交法院进行裁决处理。

一、采购合同概述

（一）采购合同的含义

采购合同是采购方与供应商经过双方谈判协商一致同意而签订的调整"供需关系"的协议。它是双方解决收纷的依据，也是法律上双方权利和义务的证据，双方当事人都应遵守和履行采购合同。物资的采购方向物资出卖方支付一定量的金额，而物资出卖方按照约定时间、期限、数量与质量规格交付物资给采购方。有时订购的物资的生产周期较长，因此物资采购合同的期限一般较长，有时是分期分批地成交。

(二)采购合同的性质

采购合同是具有权利义务内容的经济合同。合法有效的合同有法律约束力,就是其对合同双方当事人有法律效力,可以强制执行,违反合同必须承担法律责任。合同规定双方当事人的义务是双方当事人在平等的地位上,依各自的自由意志选择的结果。合同当事人在签订合同时意思表示是自愿、真实的。在市场经济体制下,合同是商品交换的法律表现形式,只要存在物资的平等交换就有合同。在企业的经营活动中,合同的地位会越来越重要。

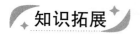
知识拓展

合同的和经济合同的特征

1. 合同(也叫契约)

合同也叫契约,它是平等主体的自然人、法人、其他组织之间设立、变更、终止民事权利义务关系的协议。

合同的特点:

(1)订立合同的双方当事人法律地位平等。这是合同作为民事法律关系的一个重要特征。

当事人法律地位平等,首先,要求主体双方在平等的基础上充分协商,自愿订立合同。合同的内容要反映当事人的真实意志,而不允许一方当事人强迫对方与自己订立合同。其次,合同当事人无论是法人、其他组织还是公民,也无论其所有制和隶属关系如何,在订立合同时双方的法律地位也都是平等的。再次,法律地位平等还要求合同当事人双方平等地享受权利、承担义务。

(2)合同是双方当事人之间意思表示一致的结果。

(3)订立合同是一种法律行为,合同的内容必须合法,否则合同自始至终无效。

(4)合同具有法律约束力,双方必须全面履行合同所规定的各自义务。合同的法律效力主要表现在两个方面:一是合同一经依法成立,就受到国家法律的保护,当事人必须全面履行;二是对于依法成立的合同,当事人任何一方均不得擅自变更或解除,否则就要承担违约责任。

2. 经济合同

这是指法人之间、法人与其他经济实体之间或其他经济实体之间为实现一定的经济目的,明确相互间权利义务关系的协议。

经济合同的特征有以下几点。

(1)经济合同的主体主要是法人。法人是具有民事权利能力和民事行为能力的,依法独立享有民事权利和承担民事义务的组织。这里的法人主要是指企业法人。

(2)经济合同是为实现一定经济目的而签订的协议,因此,经济合同区别于一般的民事合同。经济合同是有偿合同。

(3)经济合同一般都应采取书面形式。

(4)经济合同受到国家经济政策的影响。

（三）采购合同的特征

采购合同具有合同的一般法律特征，这些特征表现了合同的共同属性。但是，采购合同还具有自己的个别属性或特征，使其又与其他种类的合同相区别。采购合同主要有以下特征：

1. 采购合同是转移财产所有权或经营权的合同

所谓转移所有权，是指双方当事人在采购合同中，约定一方当事人在交付物资时，同时将该物资的财产所有权（即占有权、使用权和处分权）转移给另一方当事人。这样，一方当事人就失去所有权，而另一方当事人获得所有权。所谓转移经营权，是指在国有企业之间发生采购合同关系时，由于财产属于全民所有，因此，一方交付物资，只是向对方转移财产的经营管理权，所有权仍属于国家。这一特征是采购合同主要的和本质的法律特征。

2. 采购合同是典型的双务有偿合同

所谓双务合同，是指合同当事人双方相互享有权利、互相负有义务的合同。在物流采购合同中，一方的权利正是对方的义务，反之亦然。所谓有偿合同，是指双方当事人要按照等价有偿的原则，一方须给予对方相应的利益方可获得自己的利益。一方如果不给予对方相应的利益，就无权取得自己的相应利益。

3. 采购合同是诺成合同

所谓诺成合同，是指双方当事人意思表示一致即告成立的合同。也就是说，双方当事人就采购合同的主要条款，通过协商取得一致意见，合同即告成立。此外，根据法律规定或当事人约定，须经鉴证、公证或主管机关核准登记，才能产生法律效力的合同，通常也认为是诺成合同。

二、采购合同的构成要素

一份采购合同主要由首部、正文和尾部三部分组成。

（一）首部

合同首部有以下内容。

1. 名称

如生产原料采购合同、设备采购合同、商品采购合同、加工合同、知识产权协议等。

2. 编号

每份合同都必须有一个编号，不应重复或遗漏，如2022年第1号。

3. 合同签订时间和签订地点

4. 买卖双方的名称

买卖双方的名称必须是全称。

5. 合同序言

（二）正文

不同的行业，合同的内容、条件及附加条款有所不同。企业采购合同的条款构成了采购合同的内容，应当在力求具体明确、便于执行、避免发生纠纷的前提下，具体列出以下主要条款。

1. 商品的名称

商品的名称是指所要采购商品的全球或者全国通用名称，不能自行简写或者采取口语化名称。

2. 商品的品质、规格和数量

商品的品质是指商品的内在质量和外观形态的综合。内在质量指的是商品的化学成分、物理性能、机械性能以及生物结构等。外观形态指的是商品的花色、造型、款式等。商品品质的优劣，直接影响到商品的使用效能、销路和市场价格，关系到买卖双方的利益。买卖双方在采购合同中应就品质条件做出明确规定。采购合同中的品质条款，是买卖双方交接货物的依据。

商品的规格是指一些足以反映商品品质的主要指标，如化学成分、含量、纯度、性能、容量、长短、粗细等。它一般是用来区别同品质商品的重要依据。

商品的数量是指用一定的度量制度来确定买卖商品的质量、个数、长度、面积、容积等。该条款的主要内容有交货数量、单位、计量方式等，必要时还需要标明误差范围。

3. 商品的包装

商品的包装是指在流通过程中保护商品、方便运输、促进销售，按一定的技术方法而采用的容器、材料及辅助物等的总体名称，也指为了上述目的而在采用容器材料和辅助物的过程中施加一定技术方法的操作活动。

该条款的主要内容有：包装标识、包装方法、包装材料要求、包装容量、质量要求、环保要求、规格、运输成本等。

4. 商品的价格和结算方式

商品的价格包括单价和总价。单价是指交易物品每一计量单位的货币数值，如一箱苹果100元。总价是指所有交易物品计量单位的货币数值。该条款包括价格金额、货币类别、国际贸易术语、物品定价方式等。

采购结算是指在指定的时间、地点，使用确定的方式按照事先约定的价格支付货款。结算方式以供应商履行合同的情况为基础，如：当工作完成25％时，付总货款的20％；而最后的5％～10％的货款在生产设施能够正常运转的情况下，供应商的工作完全满足采购方的需求后才进行支付。

5. 交货期限、地点和发送方式

交货期限是指从顾客下订单到收到产品的最晚时间。交货期限要严格按照合同规定履行，如期间遇到特殊情况，需事先告知对方，以不延误对方企业运营为标准。

交货地点是指货物指定送达的目的地。交货地点的确定不一定总是以企业生产所在地为标准。有时候为了节约运输费用,在不影响双方利益的前提下,也可以选择交通便利的港口交货。

同时,应明确商品的发送方式是送货、代运,还是自提。

6. 商品验收办法

商品到达后按照事先约定的检验办法对商品进行有效检验,对于不符合合同要求的产品要及时处理。

7. 罚款条款和保证条件

合同中要求供应商提供的货物必须满足以下三个方面的要求。

(1)产品的质量优良,和合同中的要求一致,能够使用。

(2)产品必须是全新的,无缺陷,产品的制造必须使用适当的原材料、良好的技术和管理。

(3)产品要满足供应商所在国的法律法规,产品的使用不会对人员、财产和环境造成任何的影响和损失。产品的保质期一般为12个月,要规定开始生效时间——是货物投入使用的日期,还是交货的日期。此外,还要保证维修和提供备用件。如果没有达到合同中的规定,首先考虑纠正措施,不起作用的时候采取罚款措施,要求供应商补偿采购方的成本损失或者退货。

8. 违约责任

违约责任,是合同当事人不履行合同义务或者履行合同义务不符合约定时,依法产生的法律责任。在签订合同时,应明确规定,供应者有以下三种情况时应付违约金或赔偿金:

(1)不按合同规定的商品数量、品种、规格供应商品;

(2)不按合同中所规定的商品质量标准交货;

(3)逾期发送商品,购买者逾期结算货款或提货,临时更改到货地点等,应付违约金或赔偿金。

9. 合同的变更和解除

合同中应规定在什么情况下可变更或解除合同、什么情况下不可变更或解除合同,通过什么手续来变更或解除合同等。此外,采购合同应视实际情况,增加若干具体的补充规定,使签订的合同更切实际,行之有效。

(三)尾部

尾部包含下列几个方面的内容。

①合同的份数。一般的采购合同至少应一式两份。

②使用的有效语言种类和效力。

③附件与合同的关系。

④合同的生效日期和终止日期。

⑤双方签盖章。

知识拓展

合同范本——工矿品采购合同

供方：_____　　　　　　合同编号：

需方：_____　　　　　　签订日期：　　年　　月　　日

签订地点：

经充分协商，签订本合同，共同信守。

1. 产品名称、数量、价格（见下表）

产品相关情况表

产品名称及牌号或商标	产地或国别	型号规格或花色品种	等级	计量单位	数量	单价	折扣	金额
合计金额（人民币）：	仟	佰	拾	万	仟	佰	拾　元　角　分	

2. 质量、技术标准和检验方法、时间及负责期限：_____。

3. 交（提）货日期：_____。

4. 交（提）货及验收方法、地点、期限：_____。

5. 包装标准、要求及供应、回收、作价办法：_____。

6. 运输方法、到达港（站）运杂费负担：_____。

7. 配件、备品、工具等供应办法：_____。

8. 超欠幅度、交货数量超欠在_____%范围内，不作违约论处。

9. 合理磅差、自然减（增）量的计算：_____。

10. 给付定金数额、时间、方法：_____。

11. 结算方式及期限：_____。

12. 保险费：以_____方名义，由_____方按本合同总值_____%投保，保险费由_____方负担。

13. 违约责任：供方不能交货，需方中途退货的，向对方偿付因不能交货或中途退货部分货款总值_____%的违约金。

14. 其他：_____。

未尽事宜，均按《中华人民共和国经济合同法》及相关规定执行。

供需方情况表

	供方	需方

请思考：一份完整的采购合同应该具备哪些主要内容？请用所学采购合同的知识判断这份工矿品采购合同是否符合要求。

三、采购合同的签订

采购方和供应方的当事人在平等自愿的基础上，就合同的主要条款经过协商取得一致意见，最终建立起商品采购合同关系的法律行为，即为采购合同的签订。在实际签订过程中，合同双方当事人必须针对合同的主要内容反复磋商，直至取得一致意见，合同才告成立。

（一）采购合同签订前的准备工作

合同依法签订后，双方必须严格执行。为了避免和减少采购合同执行过程中的纠纷，采购人员在签订采购合同前，必须审查卖方当事人的合同资格、资信及履约能力，按《中华人民共和国合同法》的要求，逐条订立采购合同的各项必备条款。

1. 审查卖方当事人的合同资格

所谓合同资格，是指订立合同的当事人及其经办人必须具有法定的订立合同的权利。审查卖方当事人合同资格的目的在于确定对方是否具有合法签约的能力，具体内容一般包括：

（1）法人资格审查。认真审查卖方当事人是否属于经国家规定的审批程序成立的法人组织。判断一个组织是否具有法人资格，主要看其是否持有工商行政管理局颁发的营业执照。经工商部门登记的国有企业、集体企业、私营企业、各种经济联合体，以及实行独立核算的国家机关、事业单位和社会团体等，都可以具有法人资格，成为合法的签约对象。

在审查卖方法人资格时应注意，没有取得法人资格的社会组织、已被取消法人资格的企业或组织均无权签订采购合同。要特别警惕一些根本没有依法办理工商登记手续或未经批准的所谓"公司"，它们或私刻公章冒充法人，或假借他人名义订立合同，旨在骗取买方的货款或定金。同时，要注意识别那些没有设备、技术、资金和组织机构的"四无"企业，它们往往在申请营业执照时弄虚作假，以假验资、假机构骗取营业执照，虽签订供货合同并收取货款或定金,但根本不具备供货能力。

(2)法人能力审查。审查卖方的经营活动是否超出营业执照批准的范围。超出范围的合同属无效合同。

法人能力审查还包括对签约的具体经办人的审查。采购合同必须由法人的法定代表人或法定代表人授权证明的承办人签订。法人的法定代表人就是法人的主要负责人,如厂长、经理等,他们代表法人签订合同。法人代表也可授权业务人员,如推销员、采购员作为承办人,以法人的名义订立采购合同。承办人必须有正式授权证明书方可对外签订采购合同。法人的法定代表人在签订采购合同时,应出示身份证明、营业执照或其副本;法定代表人委托的承办人在签订采购合同时,应出示本人的身份证明、法定代表人的委托书、营业执照或其副本。

2. 审查卖方当事人的资信和履约能力

资信即资金和信用。审查卖方当事人的资信情况,了解当事人对采购合同的履行能力,对于在采购合同中确定权利义务条款具有非常重要的作用。

(1)资信审查。具有固定的生产经营场所、生产设备和与生产经营规模相适应的资金,特别是拥有一定比例的自有资金,是一个法人对外签订采购合同起码的物质基础。准备签订采购合同时,以及采购人员向卖方当事人提供自己的资信情况说明时,都要认真审查卖方的资信情况,从而建立起相互依赖的关系。

(2)履约能力审查。履约能力是指当事人除资信以外的技术和生产能力,原材料与能源供应、工艺流程、加工能力、产品质量等方面的综合情况。总之,就是要了解对方有没有履行采购合同所需的人力、物力、财力和信誉保证。如果经审查发现卖方资金短缺、技术落后、加工能力不足,无履约供货能力,或信誉不佳等,就不能与其签订采购合同。只有在对卖方的履约能力充分了解的基础上签订采购合同,才能有可靠的供货保障。

审查的方法有:通过卖方的开户银行,了解其债权、债务和资金情况;通过卖方的主管部门,了解其生产经营情况、资产情况、技术装备情况、产品质量情况;通过卖方的其他用户,可以直接了解其产品质量、供货、维修情况;通过卖方所在地的工商行政管理部门,了解其是否具有法人资格和注册资本,以及其经营范围、核算形式;通过有关的消费者协会和法院、仲裁机构,了解卖方的产品是否经常遭到消费者投诉,是否曾经牵涉诉讼。

对于大批量的性能复杂、质量要求高的产品或巨额的机器设备采购,在上述审查的基础上,还可以由采购人员、技术人员、财务人员组成考察小组,到卖方的经营加工场所实地考察,以确定卖方的资信和履约能力。采购人员在日常工作中,应当注意搜集有关企业的履约情况和有关商情,作为以后签订合同的参考依据。

(二)采购合同的签订程序

签订合同是当事人双方的法律行为。合同的成立必须由当事人相互作出意思表示并达成合意。在实践中,当事人相互协商签订合同的过程,通常分为两个阶段,即提出订立合同的建议和接受订立合同的建议,民法学上称为"要约"和"承诺"。

（一）要约

要约是一方当事人向另一方当事人提出订立合同的条件,希望对方能完全接受此条件的意思表示。发出要约的一方称为要约人,受领要约的一方称为受要约人。

1. 要约的条件

(1)要约的内容必须具体明确。所谓"具体"是指要约的内容必须具有足以使合同成立的主要条款。如果没有包含合同的主要条款,受要约人难以作出承诺,即使作出了承诺也会因为双方的这种合意不具备合同的主要条款而使合同不能成立。所谓"明确"是指要约的内容必须明确,不能含糊不清,否则无法承诺。

(2)要约必须具有订立合同的意图,表明一经受要约人承诺,要约人即受该意思表示的约束。

2. 要约的效力

我国合同法第十六条规定,"要约到达受要约人时生效"。自要约实际送达给特定的受要约人时,要约即发生法律效力,要约人不得在事先未声明的情况下撤回或变更要约,否则构成违反前合同义务,要承担缔约过失的损害赔偿责任。需明确一点,到达是指要约的意思表示客观上传递到受要约人处,而不管受要约人主观上是否实际了解到要约的具体内容。例如,要约以电传方式传递,受要约人收到后因临时有事未来得及看其内容,要约也生效。

3. 要约的失效

要约发出后,有下列情形之一的,要约失效,要约人不再受原要约的约束：

(1)要约的撤回。撤回要约的通知应当在要约到达受要约人之前或者与要约同时到达受要约人。

(2)拒绝要约的通知到达要约人。受要约人以口头或书面的方式明确告知要约人不接受该要约。

(3)受要约人对要约的内容进行实质性变更。有关合同标的物的数量、质量、价款或报酬履行期限、履行地点和方式、违约责任和解决争议方法等的变更,是对要约内容的实质性变更。

(4)要约中规定有承诺期限的,承诺期限届满,受要约人未作出承诺。对口头要约,在极短的时间内不立即作出接受的意思表示,则表明要约失效。

(5)要约的撤销。要约可以撤销,撤销要约的通知应当在受要约人发出承诺通知之前到达受要约人。但是,有下列情形之一的,要约不得撤销：①要约人确定了承诺期限或者以其他形式明示要约不可撤销；②受要约人有理由认为要约是不可撤销的,并已经为履行合同做了准备工作。

4. 要约撤回与要约撤销的区别

二者的区别仅在于时间的不同,要约的撤回是在要约生效之前为之,即撤回要约的通知应当在要约到达受要约人之前或者与要约同时到达受要约人；而要约的撤销是在要约生效之后、承诺作出之前而为之,即撤销要约的通知应当在受要约人发出承诺通知之前到达受要约人。

5. 要约邀请与要约的区别

(1)要约邀请是指一方邀请对方向自己发出要约,而要约是一方向他方发出订立合同的意思表示。

(2)要约邀请不是一种意思表示,而是一种事实行为。要约是希望他人和自己订立合同的意思表示,是法律行为。

(3)要约邀请只是引诱他人向自己发出要约,在发出邀请后,要约邀请人撤回其邀请,只要未给受邀请人造成利益的损失,邀请人并不承担法律责任,要约邀请法律文件包括寄送的价目表、拍卖公告、招标公告、招股说明书等。

(二)承诺

承诺是指受要约人同意要约的意思表示。承诺应当以通知的方式作出,但根据交易习惯或者要约表明可以通过行为作出承诺的除外。

1. 承诺的条件

(1)承诺的主体只能是受要约人。这意味着,非受要约人作出的承诺的意思表示并非承诺,而是向要约人发出的要约。

(2)承诺的内容是同意要约,它强调承诺的内容与要约的内容应当一致。承诺实质性变更要约的,为新要约。我国合同法对承诺与要约内容的一致性原则作了灵活处理,允许承诺作出大量实质性变更。

(3)承诺应当在要约确定的期限内到达要约人。要约没有确定承诺期限,承诺应当按照下列规定到达:要约以对话方式作出的,应当及时作出承诺,但当事人另有约定的除外;要约以非对话方式作出的,承诺应当在合理期限内到达。

2. 承诺迟到的效力

(1)因承诺人自身原因迟到的,原则上承诺无效,为新要约。我国合同法第二十八条规定:"受要约人超过承诺期限发出承诺的,除要约人及时通知受要约人该承诺有效的以外,为新要约。"

(2)非因承诺人自身原因迟到的,原则上承诺有效。我国合同法第二十九条规定:"受要约人在承诺期限内发出承诺,按照通常情形能够及时到达要约人,但因其他原因承诺到达要约人时超过承诺期限的,除要约人及时通知受要约人因承诺超过期限不接受该承诺的以外,该承诺有效。"

3. 承诺的效力

承诺通知到达要约人时即生效。承诺不需要通知的,根据习惯或者要约的要求作出承诺的行为时即生效。承诺的生效亦采取到达主义,与要约相同。承诺生效时合同成立,承诺生效的地点为合同成立的地点。

4. 承诺的失效

有下列情形之一的,受要约人接受要约所做的答复不发生法律效力。

(1)承诺撤回。承诺人可以发出承诺后又撤回承诺,但撤回承诺的通知应当在承诺通知到达要约人之前或者与承诺通知同时到达要约人。

(2)承诺逾期,要约人没有认可其为承诺。

技能训练

资料一:某连锁经营公司(以下简称 A 公司)在甲县订购的乙商品没能及时到达,不能向客户交货,情急之下,立即向丙县供应商发出电报,要求其发来 100 件乙商品,价钱按过去购买该供应商的同类产品的价格计算。丙县供应商收到电报后,立即回电说,按 A 公司的意见办理,立即发货,货到 A 公司后请将货款汇到丙县供应商账户。丙县供应商发货后,甲县的乙商品随即运到了 A 公司。两地的乙商品均运到 A 公司后,A 公司无力承受,便去电丙县供应商请求退货。丙县供应商不允,A 公司便以双方没有签订书面合同为由拒收。双方成诉,诉至法院。法院判决 A 公司败诉。

【思考】

A 公司为什么败诉?双方到底有没有合同?

资料二:某超市向某地果农购买一批水果。该超市在信函中除提出了购果数量、价格、交货期和交货地点外,还提出了采用铁路运输方式、质量保证条件。某果农接到信函后,回函同意该公司条件,但就铁路运输方式提出新的建议:因车厢不好联系,果农采用汽车运输方式,如果出现质量问题,损失由果农承担。超市接到回函后没有表示反对。不久,果农按期将货物运到交货地点。此时水果价格下跌,超市反悔,想将价格压到最低,便提出果农在回函中改变了要约中规定的运输方式,故该承诺不具有法律效力,双方买卖合同没有成立。果农立即向法院提出起诉,法院要求某超市将水果先收下,然后再进行审理。超市收水果时,水果质量无损。后法院经过审理,判决超市按原合同支付货款。

【思考】

超市对果农的承诺是否生效?为什么?

(三)合同的草签和正式签订

合同主要条款协商确定后,当事人双方可以先草签合同。待其他次要条款约定后,再正式签订合同。

签订合同时应当确认对方当事人有权签订合同。法定代表人是法人组织的最高领导者,其有权以法人的名义对外签订采购合同而不需要特别的授权委托,但法定代表人在签订合同时也必须具备合法的手续即法定代表人的身份证明。合法代理人也可签订采购合同,但代理人必须持有法人的授权委托书,方能以法人的名义签订合同。代理人签订采购合同必须在授权范围内进行,如超越代理权签合同,被代理人(委托人)不承担由此产生的权利与义务关系。授权委托书必须包括代理人姓名、年龄、单位职务、委托代理事项、代理权限、有效期限、委托者的名称、营业执照号码、开户银行、账号、委托日期,最后是委托者及其法定代表人的签章。

(四)合同的公证与鉴证

1. 合同的公证

为了确保合同的真实性与合法性,采购合同一般应予公证。所谓合同的公证,就是国家公证机关即公证处,代表国家行使公证职能,根据当事人的申请和法律的规定,依照法律程序,证明采购合同真实性和合法性的活动。采购合同公证的意义在于,通过公证对合同进行法律审查,明确哪些内容是合法的,哪些是不合法的,避免合同的违法有利于防止经济犯罪现象,维护合同当事人的合法权益;通过合同的公证,可以使合同规范化,对一些不明确或不具体的条款予以修改、完善,预防纠纷和减少诉讼。

采购合同的公证主要审查合同是否具备下列条件:①当事人必须具有行为能力;②合同的订立必须贯彻平等互利、协商一致、等价有偿的原则;③合同内容不得违反国家的政策、法律法令、公共利益和社会主义道德准则;④合同的内容必须清楚、具体、齐全。

合同的公证实行自愿原则,但规定合同必须公证的,公证后合同才有法律效力。公证时,当事人双方应到公证处提出公证申请,公证员受理审查认为符合公证条件且合同真实、合法,制作公证书,发给当事人。如要变更、解除已经过公证的合同,则变更或解除仍应至公证处办理证明。公证处还可办理强制执行合同的公证,债权人可凭此直接向法院申请强制执行。

2. 合同的鉴证

采购合同的鉴证是合同监督管理机关根据双方当事人的申请,依法证明合同的真实性和合法性的一项制度。鉴证的特点是:①鉴证行为主体是合同监督管理机关。其他机关和单位无权鉴证合同。②鉴证依据合同当事人双方的自愿申请实施。这里包括两层含义:一是合同监督管理机关不是主动鉴证,而是依据当事人的申请。二是要有双方当事人的申请,只有一方当事人的申请不能予以鉴证。③鉴定的内容是审查合同的真实性和合法性。所谓真实性,是指合同双方当事人意思表示真实,合同主要条款完备,文字表述准确。所谓合法性,是指合同双方当事人具有合法的主体资格,合同的内容符合国家的法律、政策和计划的要求。

除法律法规特别规定外,采购合同的鉴证一般采取自愿原则。合同鉴证的意义在于:通过合同鉴证,可以及时发现和纠正在合同订立过程中出现的不合理、不合法现象,提请当事人对合同中缺少的必备条款予以补充,对明显失公平的内容予以修改,对利用合同进行违法活动予以制止和制裁,对约定义务超过承担能力的予以消减,从而减少和避免许多不必要的纠纷,为合同的履行奠定基础。

三、采购合同的跟踪

合同跟踪是采购人员的重要职责。合同跟踪的目的有三个方面:促进合同正常执行、满足企业的物料需求、保持合理的库存水平。在实际订单操作过程中,合同、需求、库存三者之间会产生矛盾,突出表现为各种原因使合同难以执行、需求不能满足导致缺货、库存难以控制等。能否恰当地处理合同、需求、库存之间的关系是衡量采购人员工作能力的关键指标。

(一) 合同执行前订单的跟踪

采购企业应充分与供应商进行沟通，确认可供应本次物料的供应商。在采购环境里，一般同物料有几家供应商可供选择，虽然每个供应商都可选择，但在具体操作时可能会遇到因为各种原因而拒单的现象，或供应商提出改变价格质量、货期等要求，这时应紧密跟踪每个供应商的情况，以便在供应商确实难以接受订单时，可以及时选择其他供应商。与供应商正式签订的合同要及时存档，以备日后查验。

(二) 合同执行过程中订单的跟踪

进入订单实际作业阶段的第一个工作，就是要签订二份与供应商的正式合同，这份合同既是双方合作关系的开始，又是一份双方承担责任与义务的责任书，更是规范双方合作关系的规范书。它具有法律效力，订单人员应全力执行跟踪，并且应和供应商相互协调，建立起相互之间业务衔接、作业规范的合作框架。合同执行过程中的订单跟踪应把握以下事项：

1. 严密跟踪供应详细过程，保证订单正常执行

采购人员发现问题要及时反馈，需要中途变更的要立即解决，不可贻误时间。不同种类的物料其准备过程不同，总体上可分为两类：一类是供应商需要按照样品或图纸定制的物料，存在加工过程，周期长、变化多；另一类是供应商有库存，不存在加工过程，周期短、变化少。

对存在加工过程的物料可以向供应商单位派常驻代表，其作用就是沟通信息、进行技术指导、监督检查等。常驻代表应当深入到生产线各道工序、各个管理环节，帮助发现问题，提出改进措施，切实保证彻底解决有关问题。对于不存在加工过程的物料，则视情况分别采用定期或不定期到工厂进行监督检查，或者设监督点对关键工序或特殊工序进行监督检查，或者要求供应商自己报告生产条件情况，提供相应检验记录，让大家进行评议等办法实行监督控制。

2. 紧密响应生产需求形式

如果市场需求紧急，要求本批物料立即到货，采购人员就应该马上与供应商进行协调，必要时还应该帮助供应商解决疑难问题，保证需求物料的准时供应。有时市场出现滞销，企业经过研究决定延缓或取消本次物料供应订单，采购人员也应该立即与供应商进行沟通，确认可以承受的延缓时间，或者终止本次采购操作，同时应该给供应商相应的赔款。

3. 慎重处理库存控制

库存量对于订单执行具有重要意义，库存水平在某种程序上体现订单管理人员的水平。必须保持与正常经营相适应的库存量。企业库存量过大，占压资金，不利于改善经营管理；反之，品种不全，数量不足，影响生产，容易脱销。

4. 控制好物料验收环节

订单规定的交货地点，对于国内供应商一般是指到达企业的材料库房，对于境外供应一般是指到达企业的国际物流中转中心。在境外交货的情况下,供应商在交货之前会将到货情况表单传真给采购人员,采购人员必须按照原先所下的订单对到货的物品、批量、单价及总金额等进行确认,并进行录入归档,开始办理付款手续。境外物料的付款条件可能是预付款或即期付款,一般不采用延期付款。由于与供应商一手交钱一手交货,因此采购人员必须在交货前控制好物料验收环节,并把付款手续办妥。

(三)合同执行后订单的跟踪

在按照合同规定的支付条款对供应商进行付款后,需要进行合同执行后订单的跟踪。订单执行完毕的条件之一是供应商收到本次订单的货款,如果供应商未收到货款,采购人员有责任督促财务人员按照流程规定加快操作,否则会影响企业的信誉。

另外,物料在运输或者检验过程中,可能会出现一些问题,偶发性的小问题可由采购人员或者现场检验人员与供应商进行联系解决,重要的问题可由质管人员、认证人员解决。

对订单的跟踪可通过相关的采购追踪记录表(见表6-2)来进行。

表6-2 国内采购追踪记录表

_____年____月　　　　　采购承办人_____

编号	请购单				报价厂商及价格			订购单							验收			备注
	请购总号	发出日期	收到日期	品名/规格	数量	需要日期	①	②	③	日期	编号	数量	单价	金额			交货日期	供应商	日期	数量	检验情形	
														货款	税额	总金额						

补充说明:

(1)在合同跟踪过程中,要注意供应商的质量、货期等的变化情况。需要对认证合同的条款进行修改的,要及时提醒认证办理人员,以利于订单操作。

(2)注意把合同、各类经验数据的分类保存工作做好。有条件的,可以采用计算机软件管理系统进行管理,将合同进展情况录入计算机中,借助计算机自动处理跟踪合同。

(3)供应商的历史表现数据对订单下达以及合同跟踪具有重要的参考价值,因此应当注意利用好供应商的历史情况来决定对其实施的过程、办法。掌握采购环境中供应商表现数据的多寡,是衡量采购人员水平的一个重要指标。

四、采购合同的履行

采购合同的履行是指合同依法成立生效后,当事人双方按照合同规定的各项条款完成各自承担的义务和实现各自享受的权利,使当事人双方订立合同的目的得以实现的行为。

合同履行是合同法律效力的重要体现,是实现合同目的的重要手段。当事人应当按照合同约定全面履行自己的义务

(一)采购合同履行的原则

1. 实际履行原则

实际履行是指当事人应当按照合同的标的履行合同义务,即合同的标的是什么,当事人就应当履行什么,不能任意用其他标的代替。这是因为采购合同的标的都是一些特定条件下的指定物,离开了实际履行,允许当事人任意提供其他标的(如支付违约金或其他物品)来代替合同约定的标的,当事人的另一方就可能蒙受巨大的直接与间接损失。

2. 适当履行原则

适当履行原则要求当事人在履行合同时,要履行合同的各种要素,即除按合同的标的外,还应按照合同标的的数量和质量、履行期限、履行地点、履行方式等履行合同,因此可以说,适当履行原则是实际履行原则的补充和扩张。实际履行原则是判断当事人是否履行合同的标准;而适当履行原则是判断当事人的履行是否正确的标准。

为了使合同的履行实现上述两项原则,在签订合同时必须对合同要素做具体规定,以使义务人按规定履行,权利人按规定验收,这对于保证合同的正确履行是十分重要的。

(二)采购合同履行的要件

1. 履行主体

采购合同的履行主体包括采购方(买方)和供应商(卖方),或称为债权人和债务人。除法律规定、当事人约定、性质上必须由债务人本人履行的债务以外,也可以由债务人的代理人代为履行。但是代理只有在履行行为是法律行为时方可适用。同样,在上述情况下,债权人的代理人也可以代为受领。

2. 交付标的

交付标的是供应商的主要义务,将标的交付给采购方是供应商的主要履行行为。这是由于合同的标的是合同债务人必须实施的特定行为,是合同的核心内容,是合同当事人订立合同的目的所在。必须严格按照合同标的履行合同就成为合同履行的一项基本原则。合同标的的质量和数量是衡量合同标的的基本指标,因此,按照合同标的履行合同,在标的的质量和数量上必须严格按照合同约定进行履行。如果合同对标的质量没有约定或者约定不明确,当事人可以补充协议,协议不成的,按照合同的条款和交易习惯来确定。如果仍然无法确定,按照国家标准、行业标准履行;没有国家标准、行业标准的,按照通常标准或者符合合同目的的特定标准履行。在标的的数量上,全面履行原则的基本要求便是全部履行,而不应当部分履行。

3. 履行地点

履行地点是指卖方交付、买方受领标的的地点,履行地点直接关系到履行的费用和时

间。如果合同中明确约定了履行地点,就应当在该地点履行合同。如果合同约定不明确,依据合同法的规定,双方当事人可以协议补充,如果不能达成补充协议,则按照合同有关条款或者交易习惯确定。

4. 履行方式

履行方式是指合同双方当事人约定以何种形式来履行义务。合同的履行方式主要包括运输方式、交货方式、结算方式等。根据合同履行的基本要求,在履行方式上,履行义务人必须首先按照合同约定的方式进行履行。如果约定不明确,当事人可以协议补充;协议不成的,可以根据合同的有关条款和交易习惯来确定;如果仍然无法确定,按照有利于实现合同目的的方式履行。

5. 履行期限

采购合同的履行期限是指供应商交付和采购方接受标的的时间,作为合同的主要条款,合同的履行期限一般应当在合同中予以约定,当事人应当在该履行期限内履行合同。如果当事人不在该履行期限内履行合同,则可能构成迟延履行而应当承担违约责任。

6. 价款及相关费用的支付

价款及相关费用是指供应商履行合同所支出的费用,如果合同中作出了相关约定,则采购方应当按照合同的约定予以支付;如果合同没有约定或者约定不明确,则按照合同的有关条款或者交易习惯确定。

(三)采购合同履行中的担保

公司采购合同的担保是指合同当事人根据法律的规定或合同的约定,为确保债务履行和债权实现而采取的法律保障措施。

《中华人民共和国担保法》(以下简称《担保法》)中第二条规定:"在借贷、买卖、货物运输、加工承揽等经济活动中,债权人需要以担保方式保障其债权实现的,可以依照本法规定设定担保。本法规定的担保方式为保证、抵押、质押、留置和定金。"

1. 保证担保

保证是指保证人和债权人约定,当债务人不履行债务时,保证人按照约定履行债务或者承担责任的行为。保证担保只能由合同以外的第三人作为保证人,同一债务有两个以上保证人的,保证人应当按照保证合同约定的保证份额承担保证责任。保证人没有约定保证份额的为共同保证人,应承担连带责任,债权人可以要求任何一个保证人承担全部保证责任。

按照国际惯例,国际采购合同一般双方都要求提供保证担保或其他担保,从大量采购活动的实践看,这种担保形式对合同的履行是有必要的。

2. 抵押担保

抵押是指债务人或者第三人不转移对作为抵押物的特定财产的占有,而将该财产作为债权的担保,债务人不履行债务时,债权人有权依照法律规定对该财产折价处理或者拍卖、变卖该财产,优先受偿所得价款。

对债权人来说,抵押是一种比较可靠的物权担保方式,而且免除了保管抵押物之累。由于抵押兼顾了效益和安全,因此有人称抵押为"担保之王"。

3. 质押担保

质押是指债务人或第三人将其动产或特定的权利凭证(如汇票、支票、本票、债券、存款单、仓储单、提货单、股票、有限责任公司的股份及知识产权中的财产权等)移交债权人占有,作为债权的担保,债务人不履行债务时,债权人有权依照法律规定对该动产或权利凭证进行折价处理或拍卖、变卖、转让,优先受偿所得价款。

质押担保在采购合同的担保机制中也是一种可操作的形式。它为担保活动提供了灵活多样的形式。只是与抵押担保相比,它使债权人为保存质押物增加了一定的工作量。

4. 留置担保

留置是指债权人按照合同约定占有债务人的动产。债务人不按照合同约定的期限履行债务的,债权人有权按照法律规定留置该财产,对该财产折价处理或者拍卖、变卖该财产,优先受偿所得价款。

一般当事人依照合同规定,保管对方的财物或接受来料加工,而对方不按期或如数给付保管费或加工费时,当事人有权留置对方财物。

5. 定金担保

定金是指当事人一方为了证明合同的订立和保证合同的履行,而在合同履行前支付给对方的一定数额的货币。定金作为合同债权的一种担保方式,是一种违约定金,具有制裁性。《担保法》规定,给付定金的一方不履行约定债务的,无权要求返还定金;收受定金的一方不履行约定债务的,应当双倍返还定金。此规定称为"定金罚则"。而在债务人履行债务后,定金应当抵作价款或者收回。

定金担保这一形式,对于防止合同当事人悔约,保证和维护采购合同关系起到较大的作用,因此在采购活动中使用较广泛。

技能训练

三江公司的定金

三江公司和四方公司签订标的额为100万元的合同,合同中约定:"三江公司在合同签订的同时,应向四方公司支付定金30万元。"合同签订后三江公司即向四方公司支付了定金30万元,可是四方公司却没有依约向三江公司供货。

【思考】

三江公司已经支付的30万元定金应当如何处理?

分析:民法典第五百八十六条规定:定金的数额由当事人约定;但是,不得超过主合同标的额的百分之三十。

第五百八十七条规定:给付定金的一方不履行债务或者履行债务不符合约定,致使不能实现合同目的的,无权请求返还定金,收受定金的一方不履行债务或者履行债务不符合约定,致使不能实现合同目的的,应当双倍返还定金。

对于超过20%的部分,可以作为预付款,可以要求返还,但不具备定金的性质。

五、采购合同的变更、终止和解除

(一)合同的变更

合同的变更即合同依法成立后,在尚未履行或者尚未完全履行之前,当事人通过协商对合同内容所做的修改或补充。

合同的变更可由合同双方的任一方提出。在商品采购中,一般合同的变更更多地由采购方提出。如果变更使供应商履行合同义务的费用或时间发生变化,合同价款与交货时间应公平调整,同时相应修改合同。供应商进行调整的要求,必须在收到采购方变更指令后30天内提出。

(二)合同的终止

合同终止通常是指在采购过程中采购方发现供应商存在欺骗、贿赂、提供假证明等行为时,为了保护采购方的利益,在完成调查或法律审查之前根据充分的证据而实行的一种紧急措施。对合同的终止应根据有关法律和合同条款规定实施。

合同终止应采取明示的方式,给合同另一方解释说明和辩护的机会。终止合同决定做出后应立刻用信函方式通知另一方,并告知终止的原因以及终止合同会产生的后果等有关事项。

由于终止合同是一种紧急措施,故其实施有一定期限,即终止期。在终止期内有关方面须尽快完成调查,否则终止将被取消。当存在可实行终止合同的情况时,采购方并不一定要求对合同实行终止,也可以根据供应商行为或失职的严重程度采取补救措施。

合同的终止,一般在各国采购法中予以明确规定,同时在合同或标书中,尤其是在一定金额的采购活动中,应加入有关终止的条款。

(三)合同的解除

合同的解除是因当事人不履行合同所规定的义务而引起的。合同解除一般有三种情况:

1. 因违约行为解除合同

例如,供应商不按照合同规定履行义务,所交货物不符合规格,不能按合同规定日期交货至指定地点等。采购方在做出解除合同的决定前,应尽可能根据合同的具体规定给供应商一个补救的机会,如通过罚款、赔偿相关损失、修补等措施,争取继续执行合同。

2. 因采购方解除合同

在这种情况下,供应商可以要求采购方赔偿其损失。

3. 双方同意解除合同

由于各种特殊或紧急情况,在合同履行中可能会有一方要求解除合同。出现这种情况时,最好的办法是采购方和供应商协商,在有关合同解除条件上达成一致。

知识拓展

民法典"第三编　合同"中关于合同权利义务终止的规定

第五百五十七条　有下列情形之一的,债权债务终止:

(一)债务已经履行;

(二)债务相互抵销;

(三)债务人依法将标的物提存;

(四)债权人免除债务;

(五)债权债务同归于一人;

(六)法律规定或者当事人约定终止的其他情形。

第五百五十八条　债权债务终止后,当事人应当遵循诚实等原则,根据交易习惯履行通知、协助、保密、旧物回收等义务。

第五百六十二条　当事人协商一致,可以解除合同。

当事人可以约定一方解除合同的事由。解除合同的事由发生时,解除权人可以解除合同。

第五百六十三条　有下列情形之一的,当事人可以解除合同:

(一)因不可抗力致使不能实现合同目的;

(二)在履行期限届满之前,当事人一方明确表示或者以自己的行为表明不履行主要债务;

(三)当事人一方迟延履行主要债务,经催告后在合理期限内仍未履行;

(四)当事人一方迟延履行债务或者有其他违约行为致使不能实现合同目的;

(五)法律规定的其他情形。

六、合同纠纷的解决措施

(一)和解

和解是由争议各方根据合同约定的违约责任和各方实际情况,自行协商而不需通过司法程序解决纠纷的方式。和解是纠纷常见的解决方式。但由于和解协议缺乏法律的约束力,有些人可能会出尔反尔,使和解结果成为一纸空文,延误了纠纷的有效解决。

(二)调解

调解是由争议各方选择信任的第三方居中,就合同争议进行调解处理。调解通常是以各方互谅互让为原则进行的。此方法解决纠纷的可能性较和解大一些,但由于调解协议与和解协议一样不具有强制性效力,纠纷的解决难尽如人意。

(三)仲裁

仲裁是指争议各方根据合同中的仲裁条款或者纠纷发生以后达成的仲裁协议,将争议提交法定的仲裁机构,由仲裁机构依据仲裁规则进行居中调解,并依法作出裁定的方式。当事人不愿和解调解或者和解调解不成的,可以根据仲裁协议向仲裁机构申请仲裁,并可根据生效的仲裁协议申请强制执行。

通常仲裁庭由三位仲裁员组成。原告和被告各选一位仲裁员,然后由这两位仲裁员再选第三位仲裁员。如果双方当事人同意将争议提交仲裁,那么法院就无权对仲裁员的裁定作出评论。当然,如果双方有协议规定不通过仲裁解决争议,或仲裁员超过仲裁权限,仲裁时武断且带有偏见,那么这种仲裁将不再有效。

仲裁协议是仲裁争议的前提。它是一种书面协议,包括通过信函电报交换达成的协议,用以提出仲裁来解决双方目前或将来的争议。发生争议的双方中任何一方申请仲裁时必须提出双方当事人订立的仲裁协议,否则,仲裁就没有根据。

仲裁协议通常包括下面几点:

1. 仲裁的地点

仲裁地点不同适用的法律可能不同,对双方当事人的权利、义务的解释就会有差异。所以,双方都想争取在自己比较了解和信任的地方进行仲裁。比如,若有可能,中国商人总是希望将与合同有关的争议提交给他们熟悉的中国国际经济贸易促进委员会,按规定的章程进行仲裁。然而在实际情况中,仲裁也可以在当事人双方同意的第三国进行。

2. 仲裁机构

在仲裁条款中通常要注明将要进行仲裁的仲裁机构的名称,可以是当事人在仲裁协议中规定的常设仲裁机构,也可以是当事人双方共同指定仲裁员组成的临时仲裁庭。大多数国家,部分国际组织和特定行业协会都设有他们自己的常设仲裁机构。如国际商会仲裁庭院、伦敦仲裁院、美国仲裁协会、中国国际经济贸易仲裁委员会和海事仲裁委员会、伦敦油籽协会、伦敦谷物商业协会等。临时仲裁庭是为了解决特定的争议而组成的仲裁机构,其仲裁员由当事人指定,案件处理完毕即自动解散。在这种情况下,双方当事人应在仲裁条款中明确规定双方指定仲裁员的办法、人数及其他方面的问题。因为常设仲裁机构的常设工作人员能够提供正常服务,因此它具有操作便利、管理良好的优点。

3. 仲裁的程序

仲裁都要遵循一定的程序。几乎所有的常设仲裁机构都有它们自己的程序。这些程序主要规定怎样申请仲裁、指定仲裁员和仲裁案件,还规定裁决的效力以及由哪一方来承担仲裁的费用等。

4. 仲裁规则的适用

进行仲裁的地点非常重要,因为它与仲裁所在国使用的仲裁规则密切相关。因此,在买卖合同中,应明确规定仲裁所在国及其适用的规则。然而,所采取的仲裁规则与仲裁地点并非绝对一致。根据国际仲裁的一般做法,原则上应采用仲裁所在地的仲裁规则,但有的法律也允许双方当事人在合同中约定采用仲裁所在地以外的其他国家或地区仲裁机构的仲裁规则进行仲裁。

5. 仲裁的裁决

一旦作出仲裁,一般就是终局的。并且合同中的仲裁条款通常带有这样的句子"仲裁裁决是终局的,对双方都具有约束力",以免引起歧义。

(四)诉讼

诉讼是解决合同争议的最后方式,是指人民法院根据争议双方的请求事实和法律,依法作出裁判,借此解决争议。当事人没有订立仲裁协议或者仲裁协议无效的,可以向人民法院起诉。

同步练习

一、单项选择题

1. 当事人订立合同,应当具有相应的(　　)。
   A. 民事权利能力　　　　　　　　B. 民事行为能力
   C. 民事责任能力　　　　　　　　D. 民事责任能力和民事权利能力

2. 采购合同是两个或两个以上民事主体(　　)一致的结果。
   A. 书面协议　　B. 交易行为　　C. 口头协议　　D. 意思表示

3. 订购单一般可分为五联,其中承办联(第五联)(　　)。
   A. 是厂商交货时的凭证　　　　　B. 作为控制存量及验收的参考
   C. 由厂商签认后寄回　　　　　　D. 由制发订购单的单位自存

4. 下面不属于合同首部内容的是(　　)。
   A. 采购合同的名称　　　　　　　B. 采购合同的编号
   C. 采购商品的规格　　　　　　　D. 采购合同签订的日期和地点

5. 在下面的选项中不属于采购合同正文的是(　　)。
   A. 采购物资的验收　　　　　　　B. 采购商品的交货地点
   C. 采购商品的单价与总价　　　　D. 采购合同签订的日期和地点

6. 下面关于下单数量的计算公式正确的是(　　)。
   A. 下单数量=生产需求量-计划入库量-现有库存量+安全库存量
   B. 下单数量=生产需求量+计划入库量-现有库存量+安全库存量
   C. 下单数量=生产需求量-计划入库量+现有库存量+安全库存量
   D. 下单数量=生产需求量-计划入库量-现有库存量-安全库存量

7. 下面关于下单时间的计算公式正确的是(　　)。
   A. 下单时间=要求到货时间+认证周期-订单周期-缓冲时间
   B. 下单时间=要求到货时间-认证周期+订单周期-缓冲时间

C. 下单时间＝要求到货时间－认证周期－订单周期－缓冲时间

D. 下单时间＝要求到货时间－认证周期－订单周期＋缓冲时间

8. 因用途不同，订购单可分为多联，其中由供应商签字确认后寄回给企业的称为(　　)。

 A. 厂商联   B. 物料联   C. 承办联   D. 回执联

9. 下列对变更或解除采购合同解释错误的是(　　)。

 A. 合同经双方当事人协商同意后可以解除

 B. 变更或解除合同的通知，可以采用书面形式或者口头形式

 C. 协议变更或解除合同未达成之前，原采购合同仍然有效

 D. 当发生不可抗力致使采购合同的全部义务不能履行时可以解除合同

10. 制定订单计划是采购计划的最后一个环节，它主要包括以下(　　)方面的内容。

 A. 对比需求与容量   B. 制定订单计划   C. 综合平衡

 D. 确定余量认证计划 E. 计算承接订单量

11. 在采购企业和供应商进行谈判过程中，订约双方当事人应遵循的原则有(　　)。

 A. 遵守国家的法律、政策与计划

 B. 必须按市场的价格进行交易

 C. 任何一方不得强制另一方把自己的意思强加于人

 D. 进行谈判的人员可以相互从中获得一定利益

 E. 必须坚持平等互利、协商一致、公平合理的原则

二、填空题

1. 准备订单计划主要分为_____、_____、_____和_____四个方面的内容。

2. 评估订单需求主要包括_____、_____、_____三个方面的内容。

3. 一份采购买卖合同主要由_____、_____、_____三部分组成。

4. 一份订单包含的内容有_____和_____两个方面。

5. 当事人相互协商签订合同的过程，通常分为_____和_____两个阶段。

三、简答题

1. 采购订单的主要内容包括什么？

2. 准备订单计划主要有哪几部分内容？

3. 简述签订采购合同包含哪些阶段。

4. 简述合同纠纷的处理方式有哪些。

四、案例分析

  李某本人酷爱收藏，并且具有相当的古玩鉴赏能力。其家中收藏有一商代酒杯，但由于年代太久远，李某无法评估其真实价值，而只能大略估计其价值在 10 万元以上。某日，李某将该酒杯带到一古董店，请古董店老板鉴赏，店老板十分喜欢该酒杯，并且知道其价值不下百万元，于是提出向李某买下该酒杯，出价为 50 万元。李某对此高价内心十分满意，但仔细一想：该酒杯价值绝对超过 50 万元，如果拍卖，超过百万元也有可能。苦于拍卖成本过高，

自身也没有条件拍卖,于是,李某心生一计,同意将酒杯卖给古董店老板,待日后古董店老板高价卖出后再主张合同可撤销,要求变更合同。结果,古董店老板通过拍卖,将该酒杯卖出了1000万元。此后,李某向法院主张合同显失公正,要求古董店老板至少再补偿900万元。

思考题

1. 李某与古董店老板的合同是否成立,是否有效?
2. 李某的请求是否具有法律依据?为什么?
3. 法院应如何处理?

实训项目　采购合同管理

【实训目的】

通过对采购合同管理的实训,进一步理解采购合同的特征和形式,以及合同的签订程序,熟悉采购合同履行的一般原则,熟悉采购合同纠纷解决的措施。

【实训组织】

(1)指导教师负责联系企业,了解企业采购合同的相关资料。

(2)学生每5～7人分为一组,并选出组长一人。

【实训步骤】

(1)小组讨论企业采购合同中反映出的采购合同的特征、形式及签订的程序。

(2)各小组代表按规定时间发言,教师作出点评。

(3)整理发言资料,写出结果报告,总结学习体会。

【实训考核】

(1)分析角度的合理性(20分)。

(2)对企业实际情况的适用性(20分)。

(3)实训过程表现(40分)。

(4)结果报告的撰写(20分)。

项目七　采购订单的交付、验收与结算

学习目标

知识目标

1. 掌握如何保证采购订单按期交付；
2. 了解采购订单验收的作用；
3. 知道采购订单验收的要求和流程；
4. 熟悉采购货款结算的流程。

技能目标

1. 能够按照采购订单流程对入库物品进行验收；
2. 会安排验收和检验采购物料；
3. 能够按照不同的采购订单采用适合的付款方式；
4. 会安排货款结算。

任务一　采购订单的交付和验收

导入案例

近期佛山某家电公司营销部门收到一批被客户退回的不合格电冰箱产品。公司质量总代表要求质量部门在全公司进行自查自纠。王经理负责家用电冰箱配套件的温控、牵引电机的采购，心里很担心配套件供货的质量有问题，他应当如何自查自纠？

任务目标

通过该任务的学习，掌握如何保证采购订单按期交付，了解采购订单验收的作用、采购订单验收工作要求和流程。

项目七 采购订单的交付、验收与结算

任务学习

交货验收是采购合同执行的结果,是采购活动的一个重要的环节,它是最后实际实现采购成果,完成采购任务的关键阶段,也是大量物资和资金从供应商转移到采购方手中的环节,能不能够实现物资的安全转移全靠采购进货管理这个环节。通常情况下,供应商无法做到百分之百地按期交货,其中既有一定的主观原因,也有一些客观原因,甚至可能是采购方自身的原因导致供应商无法按期交货。因此,交货管理的重点就是尽可能地预防影响供应商按期交货的问题,未雨绸缪,保证供应。

在力争供应商按期交货的同时,采购方还将面对货品的验收工作。验收工作既是货物所有权的转移节点,也是理清问题货物责任的重要节点。采购部门要与仓管、生产、质管等部门密切配合,把握好货物验收关,保证收到的每件货物都是符合企业要求的。

一、采购订单的交付

采购订单的交付,是指货物所有权的转移,是本次采购中采购方与供应商最后的物资交接转移,转移成立,完成交货。采购的目的在于货物的获取,而交付是完成采购合同的关键作业,交付是采购作业中的重要环节。

(一)保证采购订单按时交付

实现按时交付是标准的采购目标。如果延迟交付货物或材料,或者未能按期完成工作,那么销售就会失败,生产就会停滞。供应商的生产计划编制以及控制不合格导致未能按时交付。

当然,有时候采购方本身就是交付问题的根源——发布不准确的交付进度、经常修改交付进度,或提供不充足的交付时间。

为了实现按时交付,应该准确地决定需要什么和什么时候需要。通常情况下,是由与物料相关的部门,如库存控制部门或生产计划编制或控制部门,来制定需求进度。推迟交付日期不好,提前交付也未必是好事,供应商会为资金调度的方便,优先生产高价格的货物以提前交付得到回款,这会造成低价格的货物延迟交付。

（二）延迟交付的原因

供应商的原因	采购方的原因		双方沟通不良方面的原因
	采购部的责任	其他部门的责任	
1. 超过产能接单 2. 超过技术水平接单 3. 产量变动 4. 现有作业量掌握不充分 5. 时间估计错误 6. 对新下单产品不熟悉 7. 过程管理不完备 8. 产生不合格品 9. 员工缺乏积极性 10. 零配件不足或未能及时采购 11. 缺乏责任感 12. 作业管理不完备 13. 转包业务管理能力不足 14. 由于经营业绩不良，转变工作重心 15. 机器设备不完备 16. 等待其他小批量订单，以获得规模效益	1. 供应商选择错误 2. 对供应商产能或技术水平调查不足 3. 业务手续不完备或延误 4. 订单或指示联络事项不完备与不彻底 5. 材料、零配件供给延误 6. 需求描述不明确 7. 价格过低，使供应商利润很低 8. 进度掌握与督促不充分 9. 技术指导疏忽 10. 采购人员经验不足 11. 付款条件苛刻或付款耽误 12. 频繁更换供应商 13. 供应商过远 14. 信息沟通不畅	1. 调度期过短 2. 部门间缺乏沟通 3. 未考虑材料或零配件的供应时间就决定交付期 4. 模具出借或未及时开模 5. 图纸以及技术规范不完备 6. 其他加紧订单导致日程变更混乱 7. 生产计划的制定、实施出错或延迟 8. 设计部门图纸变更或规范变更	1. 双方未能就产能变动及时沟通 2. 新下单产品规范、规格掌握不充分 3. 机器设备问题点掌握不充分 4. 未能充分掌握经营状况 5. 单方面指定货期 6. 对日程变更未能作充分说明 7. 对图纸、规范等沟通不充分

（三）确保如期交付

与供应商维持伙伴关系，并视供应商为在外工厂的延伸。了解供应商交期前置时间的构成，订定买卖双方均可接受的合理采购供货时间。与供应商诚恳地沟通，对彼此的需求与产能都有充分的了解，鼓励供应商从销售导向的观念转变为支援客户需求导向的观念，鼓励供应商主动积极地进行"持续改善"，而不是被动地等待客户提出要求。公平合理地与供应商"分担风险"。以开放式、诚恳的态度，就交期改善的指标与供应商沟通，共同达成交货迅速、高度信赖、价格优势的最终目标。

利用"概括订单"提供未来采购量的预测，方便供应商备料，鼓励供应商缩短前置时间及周期时间，并更有效地管理库存。加强采购部门与公司内部生产、市场行销等相关部门之间的联系沟通。改善"采购作业流程"，鼓励供应商使用 EDI、Internet 等共通的商业沟通语言和工具，让沟通变得更有效率。

准备零件的"替代来源"，以备不时之需。对于重要物料，应加强对供应商的出货控制与进度核察。对交期延误累犯的厂商订定加重的违约罚则，以儆效尤；对于交期准确的厂商，也应给予适当的奖励予以肯定。

二、采购订单的验收

采购订单交付时，采购方验收的主要内容有数量、质量。

物品验收是按照验收业务作业流程，核对凭证等规定的程序和手续，对入库物品进行数量和质量检验的经济技术活动的总称。查明到货的数量和质量状态，为入库和保管打好基础，防止仓库和货主遭受不必要的经济损失，同时对供货单位的产品质量和承运部门的服务质量进行监督。

（一）物品验收的作用

所有到库物品，入库前必须验收合格后才能正式入库。物品验收的作用，主要表现在以下方面。

1. 验收是做好物品保管、保养和使用的基础

物品的验收是物品入库保管、保养以及使用的基础。物品在长途运输以及装卸搬运过程中，外包装极易损坏、散失，所以物品入库前需将物品实际状况了解清楚，判明物品的品种、规格、质量等是否符合国家标准或供货合同规定的技术条件，数量上是否与供货单位附带的凭证相符，才能分类分区按品种、规格分别进行堆码存放，才能针对物品的实际情况，采取相应的措施对物品进行保管、保养。

2. 验收记录是仓库提出退货、换货和索赔的依据

验收过程中发现数量、质量、规格不合格时，仓管做详细验收记录并由业务主管部门据此向供货单位提出退货、换货或向承运责任方提出索赔等要求。如果没有此环节，而在保管过程中，甚至在发货时才发现问题，就会使责任不分，丧失理赔权，带来不必要的经济损失。

3. 验收是避免物品积压、减少经济损失的重要手段

保管不合格品是一种无效的劳动。对于一批不合格物品，如果不经过检查验收，就按合格物品入库，必然造成物品积压；对于计重物品，如果不进行检斤验数，就按有关单据的供货数量付款，当实际数量不足时，就会造成经济损失。

4. 验收有利于维护企业利益

当前物品的品种、规格不断增加，产地和厂家等情况更为复杂，采购方必须依据物品验收工作的程序与制度，严格认真地做好验收工作；否则，数量与质量方面的问题就不能及时发现，如果超过索赔期，就很难得到赔偿。

（二）验收工作要求

1. 及时

到库物品必须在期限内完成验收，实物和系统必须同时完成入库，这样才不会影响用料单位的正常使用，也会加速物品和资金周转。另外，物品的承付和索赔都有期限，验收不合格的物品应在一定期限内退换或提出索赔。

2. 准确

验收的数据和检验报告必须准确无误。

3. 严格

仓库工作人员应严格、认真对待验收工作，它关系到企业的利益，也关系到后期各项仓储业务能否顺利开展。

4. 经济

验收过程中需要合理地安排人员和设备,确保作业成本最低,尽可能地保护物品原包装、减少破坏性的实验,提高作业的经济性。

(三)验收流程

1. 验收前准备

(1)人员准备。安排负责数量验收和质量验收的工作人员以及技术人员。

(2)资料准备。提前准备好验收材料,比如合同、采购订单、采购订单内容的技术标准。

(3)相关设备准备。准备采购订单验收所需要的检验工具。

(4)仓位准备。确保验收结束的物品及时入库,提前准备好该批物品所需的区域以及仓储条件。

2. 核对相关单据

(1)入库单、订货合同以及系统采购订单。这是仓库接受物品的凭证。

(2)供应商提供的物品相关材料,如:材质证明书、合格证书、装箱单、磅码单、发货清单。

(3)承运单位的运输单据。

核对这些单据,确认都相符后才能进行实物验收。

3. 验收

(1)数量验收。数量检验是保证物品数量准确而不可缺少的重要步骤,一般在质量验收之前,由仓库保管职能机构组织进行。按物品性质和包装情况,数量检验分为三种形式,即计件、检斤、检尺求积。

(2)质量验收。根据检验原理、条件、设备的不同特点,物品质量检验方法分为五大类:感官检验法、物理检验法、化学检验法、微生物检验法和产品试验法。

产品质量检验有全数检验和抽样检验两种方法,全数检验是对一批产品中的每一件产品逐一进行检验,挑出不合格品,其他的则是合格品。抽样检验是从一批交付的产品中,随机抽取适量的产品样本进行质量检验,然后把检验结果与判定标准进行比较,从而确定该产品是否合格或需再进行抽检后裁决。

采购订单物品的数量、外观质量应在入库时进行检验,物品的内在质量应在合同约定的时间内进行检验。

4. 验收问题处理

在物品验收中,可能会发现诸如证件不齐、数量短缺、质量不符合要求等问题,应区别不同情况,及时处理。

(1)待处理的物品。凡验收中发现问题等待处理的物品,应该单独存放,妥善保管,防止混杂、丢失、损坏。

(2)数量短缺。数量短缺在规定磅差范围内的,可按原数入账;凡超过规定磅差范围的,应查对核实,填制验收记录和磅码单交主管部门会同货主与供货商交涉。凡实际数量多于原发料量的，可由主管部门向供货商退回多发数，或补发货款。在物品入库验收过程中发生的数量不符情况，其原因可能是发货方在发货过程中出现了差错，误发了物品，或者是在运输过程中漏装或丢失了物品等。在物品验收过程中，如果对数量不进行严格的检验，或由于工作粗心，未查清数量的短缺，就会给仓库造成经济损失。

（3）质量不符合规定。质量不符合规定时，应及时向供货商办理退货、换货，或征得供货商同意代为修理，或在不影响使用前提下降价处理。物品规格不符或错发时，应先将规格对的予以入库，规格不对的做验收记录交给主管部门办理换货。

（4）证件问题。证件未到或不齐时，应及时向供货商索取，到库物品应作为待检验物品堆放在待验区，待证件到齐后再进行验收；证件未到之前，不能验收，不能入库，更不能发料。入库通知单或其他证件已到，在规定的时间未见物品到库时，应及时向主管部门反映，以便查询处理。

（5）发生货损。凡属承运部门造成的物品数量短少或外观包装严重残损等，应凭接运提货时索取的货运记录向承运部门索赔。

（6）价格不符。凡价格不符，供应商多收部分应该拒付，少收部分经过检查核对后，应主动联系，及时更正。

任务二　采购订单的结算

导入案例

某烟草公司省外卷烟的采购付款流程如下：

（1）签订合同

公司业务部门根据市场变动情况，结合历史销售业绩和上级公司下达的购销指标，作出销售预测，在每年的5月和10月，和全国主要供应商进行业务洽谈，形成购销意向。然后公司在一年两次的全国订货会上和供应商签订合同。由于运输中存在专卖检查问题，一般需要按每次发货的实际运输能力签订数份合同，每份合同需明确品牌、数量、价格、运输方式等。在购销总指标内，公司经过与省外供应商协商可以调整合同的执行，如推迟发货时间、取消合同执行等。如果需要临时或追加采购，公司可以到中国烟草交易中心批发市场进行交易，重新签订合同。

（2）供应商通知发货并开出发票

省外供应商在发货之前与业务部门协商，确定是否执行合同，一般是按合同执行，但也有不执行、变更合同和推迟执行等情况。确定执行合同后，省外烟厂根据合同安排发货。同时该供应商开出销售发票递交到业务部门。

（3）验收入库

货物到达仓库以后，仓库保管员根据随货同行联验收入库，填写卷烟入库验收单，一式四联。其中，第一联存根；第二联送交业务部门，以便业务员根据库存情况开展销售业务；第三联送交财务做账；第四联统计。仓库保管员在送货回单上签字交给送货人。

(4)申请付款

业务员收到供应商转来的发票,核实无误后填写付款申请单,经业务主管签字后将发票和付款申请单一并交财务部门。另外,如供应商要求先付款后发货,业务员填写预付款申请单,经业务主管同意签字后交财务部门。

(5)财务付款

财务部门收到业务部门转来的付款申请单、采购发票以及库管部门转来的入库验收单,审核无误后付款,或者根据预付款申请单审核付款。付款方式有汇票和托收承付两种。

分析该烟草公司省外卷烟的采购流程,说明其优缺点。

任务目标

通过本任务的学习,掌握各种采购订单的支付方式,了解各种支付方式的操作流程,能根据具体的采购任务选择相应的支付方式。

任务学习

一、财务结算的相关票据

(一)支票

支票是出票人签发的,委托办理支票存款业务的银行或者其他金融机构在见票时无条件支付确定的金额给收款人或者持票人的票据。支票一般分普通支票、现金支票、转账支票三种。

1. 普通支票

普通支票指支票未印有"现金"或"转账"字样的支票,该支票既能用于提取现金又能用转账。在普通支票左上角划两条平行线的划线支票只能用于转账,不得支取现金。

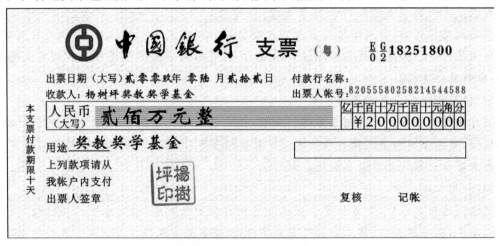

图7-1 中国银行普通支票

2. 现金支票

现金支票是专门制作的用于支取现金的一种支票。当客户需要使用现金时,随时签发现金支票,向开户银行提取现金,银行在见票时无条件支付给收款人确定金额的现金。

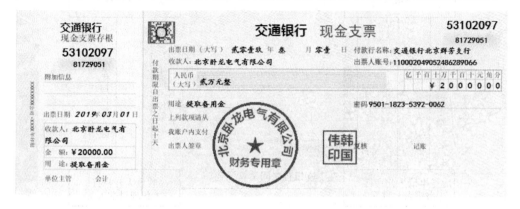

图 7-2 交通银行现金支票

3. 转账支票

转账支票是由单位签发的,通知银行从其账户上支取款项的凭证。转账支票只能用于转账,不能提取现金。它适用于各单位之间的商品交易、劳务供应和其他经济往来的款项结算。

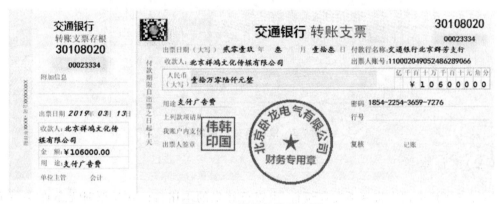

图 7-3 交通银行转账支票

(二)银行汇票

银行汇票是指由出票银行签发的,由其在见票时按照实际结算金额无条件付给收款人或者持票人的票据。银行汇票的出票银行为经中国人民银行批准办理银行汇票的银行。银行汇票多用于办理异地转账结算和支取现金。银行在见票时,按照实际结算金额无条件支付给收款人或持票人。银行汇票有使用灵活、票随人到、兑现性强等特点,适用于先收款后发货或钱货两清的商品交易。

银行汇票一式四联,第一联为卡片,为承兑行支付票款时作付出传票;第二联为银行汇票,与第三联解讫通知一并由汇款人自带,在兑付行兑付汇票后此联做银行往来账付出传票;第三联解讫通知,在兑付行兑付后随报单寄签发行,由签发行做余款收入传票;第四联是多余款通知,并在签发行结清后交汇款人。

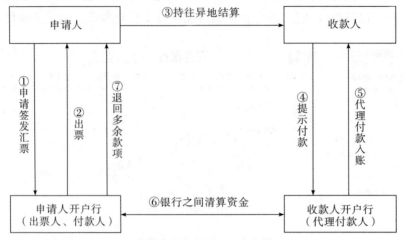

图 7-4　银行汇票操作流程

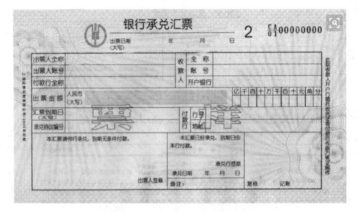

图 7-5　银行承兑汇票票样

(三)银行本票

银行本票是申请人将款项交存银行,由银行签发的承诺自己在见票时无条件支付确定的金额给收款人或者持票人的票据。银行本票按照其金额是否固定可分为不定额和定额两种。不定额银行本票是指凭证上金额栏是空白的,签发时根据实际需要填写金额(起点金额为100元),并用压数机压印金额的银行本票;定额银行本票是指凭证上预先印有定固定面额的银行本票。定额银行本票面额为1000元,5000元,10000元和50000元,其提示付款期限自出票日起最长不得超过2个月。银行本票,见票即付,不予挂失,当场抵用,付款保证程度高。

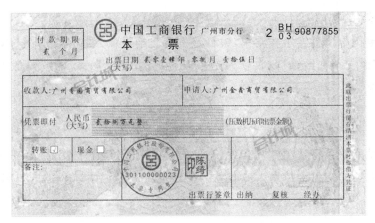

图7-6 中国工商银行本票票样

二、采购订单货款支付

所谓结算方式,是指用一定的形式和条件来实现各单位(或个人)之间货币收付的程序和方法。结算方式是办理结算业务的具体组织形式,是结算制度的重要组成部分。结算方式的主要内容包括:商品交易货款支付的地点、时间和条件,商品所有权转移的条件,结算凭证及其传递的程序和方法等。

现行的银行结算方式包括:支票、银行汇票、银行本票、商业汇票、汇兑、委托收款、异地托收承付等。国际采购结算包括:信用证、托收、汇付、银行保函。

(一)支票结算

1. 现金支票结算

现金支票,是指存款人用以向银行提取或支付给受款人现金的一种支票。在银行开立基本存款账户或临时存款账户的客户,需要支用工资、差旅费、备用金等均可以使用现金支票,向开户银行提取现金。

在银行开立可以使用现金收付存款账户的单位和个人,对符合《人民银行结算账户管理办法》和《现金管理暂行条例》规定的各种款项,均可以使用现金支票,委托开户银行支付现金。现金支票只能用于支取现金。现金支票只能在出票人开户银行支取现金。现金支票是一种最基本的支付结算业务品种。

2. 转账支票结算

同城票据交换地区内及异地的单位和个人之间的一切款项结算,均可使用支票。通过转账支票办理款项支付业务,付款方均应先取得证明交易已经发生的付款单据,并由经办人签名,经有关主管人员审核后,出纳人员才能签发转账支票,据以付款。

转账支票按结算的程序包括正送和倒送两种方式。支票中专门用于支取现金的,可以另行制作现金支票,现金支票只能用于支取现金。支票中专门用于转账的,可以另行制作转账支票,转账支票只能用于转账,不得支取现金。

3. 定额支票结算

款项交存银行申请签发定额支票,银行签发后交给付款人,付款人将定额支票交给收款人,收款人将定额支票交给银行,收款人是个人,银行支付给收款人现金,收款人是单位,款项通过银行划拨。

(二)银行汇票结算

银行汇票是汇款人将款项存入当地出票银行,由出票银行签发的,由其在见票时,按照实际结算金额无条件支付给持票人或收款人的票据。银行汇票结算是指利用银行汇票办理转账的结算。

(三)银行本票结算

银行本票结算是以银行本票为工具的结算。按照中国现行的结算办法,单位、个体经营户和个人在同城范围内的商品交易、劳务供应以及其他款项的结算均可使用银行本票。银行本票分为不定额和定额两种。不定额银行本票的金额起点为100元,由经办银行签发和兑付;定额银行本票面额为500元、1,000元、5,000元和10,000元,由中国人民银行发行,各银行代办签发和兑付。银行本票的付款期为1个月,逾期的银行本票,兑付银行不予受理。银行本票一律记名,允许背书转让。单位、个体经营户与个人办理银行本票,应向银行填写"银行本票申请书"。银行同意受理且收妥款项后,签发银行本票交给申请人。申请人持银行本票向票载的收款单位或个体经营户办理结算,具有"现金"字样的银行本票可以向银行支取现金。票据到期时,单位或个体户将银行本票送交开户银行办理转账。签发银行见票时必须付款。

(四)汇兑结算支付

汇兑结算是付款单位委托其开户银行或邮电局将款项汇给指定的收款单位或个人的一种结算方式。付款企业应在向汇出银行办理汇款手续后,根据汇款回单编制付款凭证入账;收款企业应在收到汇入银行的收账通知时编制收款凭证入账。

(五)异地托收承付结算

异地托收承付结算是转账结算的一种方式。销货方根据购销合同发货后,委托其开户银行向购货方收款(托收),购货方审核无误,承认付款(承付)后,由其开户银行办理划拨转账手续。

(六)信用卡结算

信用卡是指商业银行向个人和单位发行的凭以向特约单位购物、消费及向银行存取现金,且具有消费信用的特别载体卡片。与普通银行储蓄卡相比,信用卡最方便之处在于持卡者可以在卡里没有现金的情况下进行普通消费,在很多情况下只要按期归还消费的金额即可。还款方式通常有发卡行内还款、跨行转账（汇款）还款、网络还款、便利店还款、柜面通还款、信付通还款、还款通还款等。

（七）国际结算

1. 信用证

信用证，是指银行根据进口人（买方）的请求，开给出口人（卖方）的一种保证承担支付货款责任的书面凭证。在信用证内，银行授权出口人在符合信用证所规定的条件下，以该行或其指定的银行为付款人，开具不得超过规定金额的汇票，并按规定随附装运单据，按期在指定地点收取货款。

信用证支付的一般程序是：(1)进出口双方当事人应在买卖合同中，明确规定采用信用证方式付款。(2)进口人向其所在地银行提出开证申请，填具开证申请书，并交纳一定的开证押金或提供其他保证，请银行（开证银行）向出口人开出信用证。(3)开证银行按申请书的内容开立以出口人为受益人的信用证，并通过其在出口人所在地的代理行或往来行（统称通知行）把信用证通知出口人。(4)出口人在发运货物，取得信用证所要求的装运单据后，按信用证规定向其所在地行（可以是通知行，也可以是其他银行）议付货款。(5)议付行议付货款后即在信用证背面注明议付金额。

2. 托收

托收是指在进出口贸易中，出口方开具以进口方为付款人的汇票，委托出口方银行通过其在进口方的分行或代理行向进口方收取货款的一种结算方式。

托收分为光票托收和跟单托收两种。光票托收是指金融单据不附带商业单据的托收，即仅把金融单据提交银行，委托银行代为收款。跟单托收是指金融单据附带商业单据或不用金融单据的商业单据的托收。

3. 汇付

汇付是指付款人通过银行，主动把款项汇给收款人的一种支付方式。一笔汇款业务涉及汇款人、汇出行、汇入行或解付行、收款人四个基本当事人。一般情况下，汇款人即是进口商，汇出行通常是进口地银行，汇入行通常是出口地银行，收款人即是出口商。汇付方式一般可分为信汇、电汇、票汇三种。

4. 银行保函

根据保函在基础合同中所起的不同作用和担保人承担的不同的担保职责，保函具体可以分为以下几种：

借款保函指银行应借款人要求向贷款行所作出的一种旨在保证借款人按照借款合约的规定按期向贷款方归还所借款项本息的付款保证承诺。

融资租赁保函指承租人根据租赁协议的规定，请求银行向出租人所出具的一种旨在保证承租人按期向出租人支付租金的付款保证承诺。

补偿贸易保函指在补偿贸易合同项下，银行应设备或技术的引进方申请，向设备或技术的提供方所作出的一种旨在保证引进方在引进后的一定时期内，以其所生产的产成品或以产成品外销所得款项,来抵偿所引进之设备和技术的价款及利息的保证承诺。

投标保函指银行应投标人申请向招标人作出的保证承诺,保证在投标人报价的有效期内投标人将遵守其诺言、不撤标、不改标、不更改原报价条件,并且在其一旦中标后,将按照招标文件的规定在一定时间内与招标人签订合同。

履约保函指银行应供货方或劳务承包方的请求而向买方或业主方作出的一种履约保证承诺。

预付款保函又称还款保函或定金保函。指银行应供货方或劳务承包方申请向买方或业主方保证,如申请人未能履约或未能全部按合同规定使用预付款时,则银行负责返还保函规定金额的预付款。

付款保函指银行应买方或业主申请,向卖方或承包方所出具的一种旨在保证贷款支付或承包工程进度款支付的付款保证承诺。

其他的保函品种还有来料或来件加工保函、质量保函、预留金保函、延期付款保函、票据或费用保付保函、提货担保、保释金保函及海关免税保函等等。

三、第三方支付

第三方支付是指具备一定实力和信誉保障的独立机构,采用与各大银行签约的方式,通过与银行支付结算系统接口对接而促成交易双方进行交易的网络支付模式。

在第三方支付模式中,买方选购商品后,使用第三方平台提供的账户进行货款支付(支付给第三方),并由第三方通知卖家货款到账、要求发货;买方收到货物,检验货物,并且进行确认后,再通知第三方付款;第三方再将款项转至卖家账户。

相对于传统的资金划拨交易方式,第三方支付可以有效地保障货物质量、交易诚信、退换要求等环节,在整个交易过程中,可以对交易双方进行约束和监督。在不需要面对面进行交易的电子商务形式中,第三方支付为保证交易成功提供了必要的支持,因此随着电子商务在国内的快速发展,第三方支付行业发展迅速。

国内较大的第三方支付平台主要有:支付宝、微信支付、银联商务、银联在线、快钱、汇付天下、易宝支付、通联支付、百度钱包等。

同步练习

一、单项选择题

1.(   )是采购合同执行的结果,是采购活动的一个重要的环节,它是最后实际实现采购成果,完成采购任务的关键阶段。

A. 采购申请　　　B. 运输　　　C. 生产加工　　　D. 交货验收

2. 采购订单验收过程中,不属于供应商提供的物品相关材料的是(   )。

A. 材质证明书　　B. 合格证书　　C. 采购订单　　D. 发货清单

3. 支票是出票人签发的，委托办理支票存款业务的银行或者其他金融机构在见票时无条件支付确定的金额给收款人或者持票人的票据。支票不包括（　　）。

A. 普通支票　　　　B. 现金支票　　　　C. 转账支票　　　　D. 银行汇票

4. 银行汇票一式四联，其中为承兑支付票款时作付出传票的是（　　）。

A. 卡片　　　　　　B. 银行汇票　　　　C. 解讫通知　　　　D. 多余款通知

5. （　　）是申请人将款项交存银行，由银行签发的承诺自己在见票时无条件支付确定的金额给收款人或者持票人的票据。

A. 现金支票　　　　B. 银行汇票　　　　C. 转账支票　　　　D. 银行本票

6. （　　）指银行根据进口人（买方）的请求，开给出口人（卖方）的一种保证承担支付货款责任的书面凭证。

A. 银行保函　　　　B. 汇付　　　　　　C. 托收　　　　　　D. 信用证

7. 汇付是指付款人通过银行，主动把款项汇给收款人的一种支付方式，汇付方式不包括（　　）。

A. 信汇　　　　　　B. 电汇　　　　　　C. 票汇　　　　　　D. 银行保函

8. （　　）是银行应借款人要求向贷款行所作出的一种旨在保证借款人按照借款合约的规定按期向贷款方归还所借款项本息的付款保证承诺。

A. 借款保函　　　　B. 融资租赁保函　　C. 补偿贸易保函　　D. 履约保函

二、填空题

1. 物流采购订单交付时，采购方验收的主要内容有_____、_____。

2. 采购订单验收前，主要准备工作是：_____、_____、_____、_____。

3. _____是指由出票银行签发的，由其在见票时按照实际结算金额无条件付给收款人或者持票人的票据。

4. _____是申请人将款项交存银行，由银行签发的承诺自己在见票时无条件支付确定的金额给收款人或者持票人的票据。

5. _____是以银行本票为工具的结算。按照中国现行的结算办法，单位、个体经营户和个人在同城范围内的商品交易、劳务供应以及其他款项的结算均可使用银行本票。

6. _____指银行应供货方或劳务承包方的请求而向买方或业主方作出的一种履约保证承诺。

三、简答题

1. 采购物品验收有何作用？
2. 采购订单验收的一般流程是什么？
3. 财务结算的票据都有哪些？
4. 简述未能按期交货的可能原因。

四、案例分析

2012年6月，Tom作为Builder银行有限公司（简称BBI）纽约办公区的采购经理，需要解决给办公大楼购买80把新椅子而出现的问题，纽约办公区的采购部门的职责是负责所有的当地采购工作,并且负责一些国际办公写字楼的主要物品采购任务。公司此时没有一个通过批准的办公家具供应商目录。

2011年开始,BBI的写字楼建筑重修,Peter的建筑公司负责这几座大楼的设计工作,甚至包括室内设施及器材的选择。设计工作完成后,包括公司主席和副主席在内的一个工作小组审批通过了当时的设计方案,包括整体色调和主要室内设施的选择。在此过程中,采购部门没有参与。

2011年6月,Peter给采购部门发了一份关于所有需要采购物品的说明书,包括数目和要求。供应商对这些产品进行出价竞标,并且不允许有替补产品。尽管采购部门有拆分供应商订单的自由选择权,但是Tom决定此次在单一供应商那里下单。

同年6月末,工作小组让Tom提交一份关于2012年银行需要花费的所有重修办公楼装饰费用的财政预算。7月初,Tom给10家候选供应商提交了需求计划,所有的供应商都给了答复。

当8月中旬收到供应商出价的时候,工作小组重新审视了出价并且认为他们的费用过高。一周后,Tom发送了一份新的采购说明书给前面的10个供应商,结果只有8个作出答复,其中最低的出价是13亿美元,是当地一个非常大的A家具公司提供的。9月,工作小组授权Tom去采购行政会议室的主要的室内家具,其中坐椅预算约为10万美元。

此次需求计划中的物品,共有80把皮质坐椅。这些坐椅要有舒适坐垫和固定的靠背,并且不允许坐椅旋转摇动。其中有12把每把为1,500美元,安装在水泥地面上,剩余68把坐椅每把1,300美元,安装在木地板上。需求计划中没有提到具体的安装要求。

2012年2月,A家具公司通知Tom坐椅已经做好了。其实自从办公室的工程正式开始后,他就安排A家具公司开始坐椅的生产,通过双方一致同意将在3月开具发票。发票金额将在3月底全部付清,并且A家具公司将会存储那些坐椅直到他们在2012年4月22日早晨运送过来。

当坐椅运送过来的时候,Tom和工程主管谈论关于安装的问题。工程主管告诉Tom说建筑师会画一张详细的关于坐椅安装的图纸,但那些图纸Tom还没有收到。Tom问Peter关于安装图纸的问题时,Peter表示坐椅的采购和安装应该找供应商一起负责,同时在采购时应该考虑到安装问题。

据Tom的采购方案,A家具公司找了当地的安装工人安装坐椅。工人既没有看见过坐椅也没有看到会议室,工人们在22日到达,然后和工程主管商讨了一下安装的程序。

4月23日,在开始安装坐椅后,安装工人发现坐椅的安装非常困难,在用尽了各种办法之后,坐椅仍旧松动。但是,由于马上要举行2012年5月6日的会议,工程主管和Tom共同决定这批坐椅先临时使用。在和安装工人商讨了安装费用之后,供应商告诉Tom,因为安装的困难,给安装工人的费用需要增加额外的15,000美元。

5月6日的会议开始了,一些参会的成员意识到了这批坐椅的不稳定性。6月,工作小组要求尽快解决这批坐椅的问题。但是Tom和Peter的频繁商讨仍然没有结果。

安装公司已经在5月底给A家具公司开具了付款清单。6月底,Tom将会收到A家具公司安装坐椅的费用清单。

Tom 发现需求计划中没有提及是否允许开列安装费用的问题。Tom 怎么才能用最好的方式去解决这些问题？

（资料来源于网络，作者有删改）

思考题

1. 摆在 Tom 面前的有哪几种选择？
2. 目前 Tom 最好的行动方案是什么？
3. 谁应该对目前的情况负责任？
4. Tom 事先应该怎么做才能避免此类情况的发生？

任务实训

实训项目　采购合同管理实训

【实训目的】

(1) 了解采购质量保证体系文件。
(2) 掌握物料的检验方式以及验收工作程序。
(3) 能够独立设计出采购物料的检验程序，提高制定商品验收规则的能力。
(4) 不断培养和增强分析能力、组织能力、沟通能力、团队协作精神。

【实训组织】

(1) 知识准备：采购质量检验方法、交期跟催方法、延误交货的处理方法。
(2) 学生分组：每个小组人数以 6～8 人为宜，小组中要合理分工，每组选出一位小组长。
(3) 实训地点：产学研合作单位、学徒制合作企业或自主选择调查企业。

【实训步骤】

组织学生考察学院所在城市的大型制造企业，调研采购部门，听取企业相关人士对采购质量控制和验收过程等具体环节的介绍，跟踪其作业流程。

(1) 收集企业采购文件与单据样本（如物料跟催表、催货通知单、采购验收表、检验报告单、质量控制表等）。
(2) 对质量控制、采购跟催等环节进行跟踪，并尽量顶岗实践。
(3) 通过调研，了解企业的采购物料检验制度、跟催制度。
(4) 了解编制检验方案、质量检验的准备工作，核对采购凭证，实施采购质量检验，填写采购检验记录单。

在通过实地调查获得相关资料后，以组为单位完成调查报告。调查报告题名为"××企业采购交期和质量控制方法和流程的调查报告"，报告中应包含以下内容。

(1) 调研时间、调研企业。
(2) 根据查阅的资料，列出我国对商品检验的相关规定。
(3) 根据查阅的资料，针对调研企业中的商品列出检验规则。
(4) 根据企业中商品的特点以及结合企业制定的相对应的商品验收标准，制定出可行的验收报告。

(5)针对相关检验规则,写出有关的检验、验收成本核算报告。

(6)对调研中发现的问题进行分析、总结并形成最终报告。

【实训考核】

实训成绩根据个人表现和团队表现进行综合评定,考评内容包含以下几项。

(1)相关资料是否通过实地调查获得,调查资料是否翔实、准确、具体。

(2)调查结果描述是否清楚,有没有通过搜集到的企业实例进行说明。

(3)制定检验规则和跟催方法时,是否结合企业实际情况。

(4)小组内部分工是否明确,组员是否有协作精神(根据个人任务完成情况由组长评分)。

(5)小组总结汇报思路是否清晰、内容是否充实、重点是否突出(由教师对小组进行评分)。

(6)实训报告是否按要求的规范格式完成(对个人报告或小组报告进行评分)。

根据个人得分和小组综合评分最终确定每个学生的实训成绩。

项目八
采购绩效评估

学习目标

知识目标

1. 了解采购绩效评估的基本程序；
2. 掌握采购绩效评估的含义；
3. 掌握采购绩效评估的基本要求、目的和标准；
4. 掌握采购绩效指标体系。

技能目标

1. 会对供应商供应绩效进行考核并对供应商进行分级管理；
2. 能够设计采购绩效指标体系并能够根据绩效指标体系对现实项目进行绩效评估。

任务一 采购绩效评估概述

导入案例

埃森哲公司提高采购绩效的四大纲领

无论是准备优化内部管理的企业，还是需要提供更高效解决方案的软件厂商，埃森哲的经验都值得一读。

一家公司，如果其采购物料的费用占到其销售产品成本的5%，那么采购费用每下降1%，对利润增长所做出的贡献，相当于销售额增加12%～18%所带来的利润增长。国内生产企业一般情况下采购支出占产品生产成本的30%～70%，可见采购费用的下降对提高利润率有何等巨大的潜力。除了降低成本增加利润以外，采购对企业还有两个重要的作用。

第一，好的采购是保证产品质量的关键。优质的输入保证优质的产出。

第二，好的采购是增强竞争力的重要手段。如果企业能与供应商结成战略联盟的关系，共同开发新材料，强化供应链管理，降低库存，就能保证到货的及时性，从而可以取得竞争对手所不具有的竞争优势。

由于采购对企业效益有如此之大的影响，那些在采购实践上实行严密管理，不断创新，与合作伙伴建立起良好关系的企业，无疑赢得同行业的尊重，被视为采购管理的领先者。

目前国内的大多数企业在采购管理上还没有成体系的管理模式,还是粗放的管理方法,很不利于提高企业竞争力,最常见的缺陷是没有集中采购。一个大公司下面的分公司、子公司各设自己的采购部门,相同的物料由不同的部门小批量地重复采购,放弃了规模的优势。

还有就是没有供应商管理体系。国内企业对不同重要程度的供应商没有差异化的管理体制,缺乏定期的供应商审核制度,对供应商的成本构成、供应商的供应商缺乏了解,供应商和存货信息不能共享,采购控制通常是事后控制等。

国内企业要改变这种状况,必须建立起行之有效的采购管理机制。埃森哲在为客户提供供应链咨询服务的过程中和对(财富)500强企业的调查中发现,采购绩效优异的公司,在以下几个方面有独到之处。

一、建立统一的测评机制

在大多数企业中,CEO和负责采购的副总或其他高层主管,对采购业绩各有自己的评价标准。在某种程度上,这属于正常现象,因为企业的高层管理人员,总有一些与所担任的职位相联系的具体目标,而对不同的事情有不同的优先考虑顺序。很多公司都要应对这种采购评价标准的不连贯状况。在这方面走在前面的公司,CEO和采购主管使用同一个平衡记分卡来评价绩效,以便使每一个人都能够以大致同样的方式理解采购信息。纵贯全公司的平衡记分卡可以帮助各个不同的业务部门调整其处理业务轻重缓急的顺序,制定目标和期望,鼓励有利于业务开展的行为,明确个人和团队的责任,决定报酬和奖励,并推动企业进行改进。

二、积极的领导作用

有眼光的采购领导的第一件任务,也是最重要的一件任务,是确立全局的采购策略。一般而言,这个策略应该围绕企业如何采购物资和服务,如何提高绩效水平来规范业务实践、政策,优先考虑的事情和做事情的方法。其中最重要的一点,是要把采购和整个供应链管理结合起来。

三、创造性地思考组织架构

采购业务做得好的公司,最常用的组织架构形式是根据同类物品划分组织。这种架构使公司可以在全局范围内聚合采购量,并且有利于集中供应基地。

按同类物品划分的组织架构也有利于采购人员了解深入的行业、产品和供应商知识并且学会怎样用同一种声音与供应商对话。但是,这种方式也有不足之处。例如,因为要与公司内跨不同事业部的内部客户打交道,协调和合作可能比较困难。地处一隅的用户可能会觉得自己离供应商的选择和管理流程太偏远,因而可能会禁不住想独自与外界的供应商发展和保持关系。

为了应付这种挑战,有些公司尝试集中发展采购知识,例如招标、合同、谈判、服务等,这些知识成为采购优化中心。在公司内部,这些知识能帮助增强地方用户的接受程度,减少发展关键技能所花的时间和资源,并且有助于在分散的采购环境中培养符合法律和道德规范的行为。

四、全企业范围内的整合

为了让有效率的、从企业出发的采购理念取得优势地位,领先的公司常常依靠覆盖全企业范围的采购团队。这些团队的成员包括采购、工程和产品开发部门的代表。不定期地会有财务、销售、分销和IT部门的人员参与。这些团队一起决定策略、采购优先考虑的事项,设计物料占有成本模式,发展品种策略,并设计供应商选择标准。

对于大多数的公司来说,在采购方面要取得好的业绩,需要有改变采购能力的意愿。在这些方面做出改进,其效益是明显的。例如,据《市场报》报道,河南正龙食品有限公司,仅仅是采购部门实施了零配件采购公示制度,每周将零配件供应商的名称、采购数量、价格公布一次,使实际使用这些零配件的管理人员、技术部门和工人对不同供应商的产品进行比较,并将意见反馈到采购部门,设备维修费就从每月8,000元降为4,000元。

美国一家生产贺卡和其他礼仪产品的公司,其下属机构一直是各自独立运作,缺乏集中采购的功能。在埃森哲的帮助下,公司制定了采购管理的远景目标和改变采购能力的规划。新的采购机制注意平衡全球战略和本地实施,提高配合优秀供应商和执行战略采购合同的质量,并通过招聘、培训和提供恰当的工具等改善采购人员的工作绩效,其结果是在2001年,该公司节省了3200万美元的采购费用。

(资料来源于网络,作者有删改)

请思考:对于企业来说提高采购绩效有什么益处?

任务目标

通过本任务的学习,能够掌握采购绩效评估的概念,理解采购绩效评估的目的和基本要求。

任务学习

一、采购绩效评估的概念

采购绩效,简单地讲,就是采购工作质量的好坏;具体来讲,就是指在数量和质量上采购部门和采购人员达到规定目标和实现具体目标的程度。企业采购工作在一系列的作业程序完成之后,是否达到了预期的目标,企业对采购绩效是否满意,需要经过考核评估之后才能下结论。采购绩效评估是为了全面反映和检查采购部门工作实绩、工作效率和效益,运用科学、规范的绩效评估方法,对照一定的标准,按照绩效的内在原则,对企业采购行为过程及其效果进行科学、客观、公正地衡量比较和综合评价。采购绩效评估,即对企业采购活动组织实施、监督管理等全过程进行分析、评价和提出改进意见的专项评估和考核行为。

对采购绩效的评估可以分为对整个采购部门的评估和对采购人员个人的评估。对采购部门绩效的评估可以由高层管理者来进行,也可以由外部客户来进行;而对采购人员的评估常由采购部门的负责人来进行。

对采购绩效的评估是围绕采购的基本功能来进行的。采购的基本功能可以从两方面描述:①把所需的商品及时买回来,保证销售或生产的继续进行;②开发更优秀的供应源,降低采购成本,实现最佳采购。

二、采购绩效评估的目的

通过商品采购绩效评估不仅可以清楚采购部门及个人的工作表现,从而找到现状与预设目标的差距,也可奖勤罚懒,提升工作效率以促进目标的早日实现。实际上,若能对采购工作做好绩效评估,通常可以达到下列目的:

(一)确保采购目标的实现

各个企业采购目标各有不同,例如国有企业的采购除注重降低采购成本外,还偏重"防弊",采购作业以如期、如质、如量为目标;而民营企业的采购单位则注重兴利,采购工作除了维持正常的产销活动外,非常注重产销成本的降低。因此,各个企业需要针对采购单位所追求的主要目标加以评估,并督促目标的实现。

(二)提供改进绩效的依据

企业实行的绩效评估制度,可以提供客观的标准来衡量采购目标是否达成,也可以确定采购部门目前的工作绩效如何。正确的绩效评估,有助于指出采购作业的缺陷所在,从而据以拟订改善措施,起到惩前毖后的作用。

(三)作为个人或部门奖惩的参考

良好的绩效评估方法,能使采购部门的绩效独立于其他部门而显示出来,并反映采购人员的个人表现,成为各种人事考核的参考资料。依据客观的绩效评估,达成公正的奖惩,可以激励采购人员不断前进,发挥团队合作精神,使整个部门发挥整体效能。

(四)协助甄选人员与训练

根据绩效评估结果,可以针对现有采购人员的工作能力缺陷,提出改进计划,例如安排参加专业性的教育训练。如果在评估中发现整个部门缺乏某种特殊人才,例如成本分析员或专业营销人员等,可以另行由公司内部甄选或向外招募。

(五)改善部门关系

采购部门的绩效,受其他部门配合程度的影响非常大。因此采购部门的职责是否明确,表单和流程是否简单、合理,付款条件及交货方式是否符合公司管理规章制度,各部门的目标是否一致等,都可以通过绩效评估予以判定,并可以改善部门之间的合作关系,提高企业整体运作效率。

(六)提高采购人员的士气

有效且公平的绩效考核与评估制度,将使采购人员的努力成果获得适当回报与认定。绩效评估使采购人员通过绩效评估,对公司的利润贡献有客观的衡量尺度,使其与业务人员或财务人员一样,成为受肯定的工作伙伴,对其士气提高大有帮助。

三、采购绩效评估的基本要求

美国采购专家威尔滋对采购绩效评估,曾提出以下几点要求。

1. 采购主管必须具备对采购人员工作绩效进行评估的能力。

2. 采购绩效评估必须遵循以下基本原则。

①绩效评估必须持续进行,要定期地审视目标达成程度。采购人员知道会定期地评估绩效,自然能够致力于绩效的提升。

②必须从企业整体目标的观点出发来进行绩效评估。

③持续与长期化。评价必须持续不断而且长期进行。

④评估尺度。评估时,可以使用过去的绩效为尺度或作为评估的基础,也可以用与其他企业的采购绩效比较的方式来进行评估。

任务二 采购绩效评估的指标体系

超市采购人员绩效考核办法

考核不但是调动员工积极性的主要手段,而且是防止业务活动中非职业行为的主要手段,在采购管理中也是如此。可以说,绩效考核是防止采购腐败的最有力的武器。好的绩效考核可以达到这样的效果:采购人员主观上必须为公司的利益着想,客观上必须为公司的利益服务。

如何对采购人员进行绩效考核?跨国公司有许多很成熟的经验可以借鉴,其中的精髓是量化业务目标和等级评价。每半年,跨国公司都会集中进行员工的绩效考核和职业规划设计。针对采购部门的人员,就是对采购管理的业绩回顾评价和未来的目标制定。在考核中,交替运用两套指标体系,即业务指标体系和个人素质指标体系。

业务指标体系主要包括:

(1)采购成本是否降低?卖方市场的条件下是否维持了原有的成本水平?

(2)采购质量是否提高?质量事故造成的损失是否得到有效控制?

(3)供应商的服务是否增值?

(4)采购是否有效地支持了其他部门,尤其是营运部门?

(5)采购管理水平和技能是否得到提高?

当然,这些指标还可以进一步细化。如采购成本可以细分为:购买费用、运输成本、废弃成本、订货成本、期限成本、仓储成本等。把这些指标一一量化,并同上一个半年的相同指标进行对比所得到的综合评价,就是业务绩效。

应该说,这些指标都是硬性的,很难加以伪饰,所以这种评价有时显得很"残酷",那些只会搞人际关系而没有业绩的采购人员这时就会"原形毕露"。

在评估完成之后,将员工划分成若干个等级,或给予晋升、奖励,或维持现状,或给予警告或辞退。可以说,这半年一次的绩效考核与员工的切身利益是紧密联系在一起的。

对个人素质的评价相对就会灵活一些,因为它不仅包括现有的能力评价,还包括进步的幅度和潜力。主要内容包括:谈判技巧、沟通技巧、合作能力、创新能力、决策能力等等。这些能力评价都是与业绩的评价联系在一起的,主要是针对业绩中表现不尽如人意的方面,如何进一步在个人能力上提高。为配合这些改进,那些跨国公司为员工安排了许多内部的或外部的培训课程。

在绩效评估结束后,安排的是职业规划设计。职业规划设计包含下一个半年的主要业务指标和为完成这些指标需要的行动计划。其中又有两个原则:第一是量化原则,这些业务指标能够量化的尽量予以量化,如质量事故的次数、成本量、供货量等。第二是改进原则,大多数情况下,仅仅维持现状是不行的,必须在上一次的绩效基础上,有所提高,但提高的幅度要依具体情况而定。

在下一次的绩效考核中,如不出现不可抗力,必须以职业规划设计中的业务指标为基础。

国内超市也进行绩效考核,但是,这些考核有些流于形式。其缺陷就是没有量化的指标和能力评价,考核时也不够严肃,同时缺乏培训安排。那些供应商们为什么要给采购员"好处费"?为什么带采购员出入高级娱乐场所?无非是想提高价格或在质量、效率方面打折扣,如果采购员参与这些腐败行为,也许具体细节不为人知,但必然体现在其业务绩效上,如果没有绩效考核这个"紧箍",采购腐败的机会就会大得多。所以,绩效考核是减少采购腐败主观因素的法宝。

当然,绩效考核更多的作用是提高员工的工作积极性,但对于防止采购腐败仍不失为有效的措施。

任务目标

通过本项目的学习,掌握采购绩效评估指标体系内容,并能够对实际案例进行绩效评估。

任务学习

一、采购绩效指标体系的设定

采购绩效指标设定包括以下几个方面的内容:
①选择合适的衡量指标;
②要充分考虑绩效指标的目标值;
③确定绩效指标要符合有关原则。
采购绩效指标的选择要同企业的总体采购水平相适应。对于采购体系尚不健全的企

业,刚开始可以选择批次质量合格率、准时交货等来控制和考核供应商的供应表现,而平均降价幅度则可用于考核采购部门的采购成本业绩。随着供应商管理程序的逐步健全、采购管理制度的日益完善、采购人员的专业水平及供应商管理水平的不断提高,商品采购绩效指标也就可以相应地系统化、整体化并且不断深化。

确定商品采购绩效指标目标值时要考虑以下前提。

①兼顾内外顾客的需求。

尤其是要满足下游顾客,如生产部门、品质管理部门等的需要。原则上,供应商的平均质量、交货等综合表现应高于本企业内部的质量与生产计划要求。只有这样,供应商才不至于影响本企业内部生产与质量,这也是"上游控制"原则的体现。

②所选择的目标以及绩效指标要同本企业的大目标保持一致。

③具体设定目标时既要实事求是、切实可行,又要具有挑战性。要以过去的表现作为参考,更加重要的是与同行的佼佼者进行比较。

商品采购绩效指标体系的选择是否适当,可应用 SMART 检查,即符合明确(Specific)、可测量性(Measurable,即尽量量化)、可接受性(Acceptable,即能让自己、顾客及相关的人员认同)、现实可行性(Realistic)以及时间性要求(Time Indication)。

二、采购绩效评估的指标

(一)采购绩效的衡量

商品采购绩效的衡量可根据采购工作范围的划分、采购能力与采购结果等概括成采购效率指标及采购效果指标两大类。商品采购效率指标是与采购能力相关的,衡量采购人员、行政机构、方针目标、程序规章等的指标;而采购效果指标是指与采购结果,如采购成本、原材料质量、交货等相关的指标。商品采购绩效衡量的主要范围如图 8-1 所示。

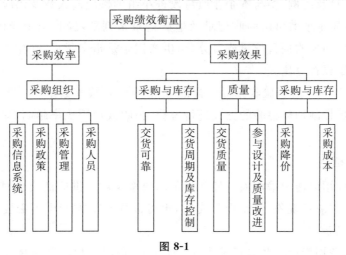

图 8-1

（二）采购绩效评估指标体系的建立

采购人员绩效评估应以"5R"为核心,即适时、近质、适量、适价、适地,并用量化指标作为考核的尺度。根据采购专家的经验,把采购部门及人员的考核指标具体可以划分为以下五大类。

1. 数量绩效指标

当采购人员为争取数量折扣,以达到降低价格的目的时,可能导致存货过多甚至发生呆料、废料的情况。

（1）储存费用指标。储存费用是指存货利息及保管费用之和。企业应当经常对现有存货利息及保管费用与正常存货水准利息及保管费用之差额进行考核。

（2）呆料、废料处理损失指标。呆料废料处理损失是指处理呆料、废料的收入与其取得成本的差额,存货积压的利息及保管的费用越大,呆料废料处理的损失越高,显示采购人员的数量绩效越差。不过此项数量绩效,有时受到公司经营状况、物料管理绩效、生产技术变更或投机采购的影响,并不一定完全归咎于采购人员。

2. 质量绩效指标

质量绩效指标主要是指供应商的质量水平以及供应商所提供的产品或服务的质量表现,它包括供应商质量体系、来料质量水平等方面,主要有：

（1）来料质量。来料质量包括批次质量合格率、来料抽检缺陷率、来料在线报废率、来料免检率、来料返工率、退货率、对供应投诉率及处理时间等。

（2）质量体系。质量体系包括通过ISO9000的供应商比例、实行来料质量免检的供应商比例、来料免检的价值比例、实施SPC（统计过程控制）的供应商比例、PSC（Project Support & Control,产品协调）控制的物料数比例、开展专项质量改进（围绕本企业的产品或服务）的供应商数目及比例、参与本企业质量改进小组的供应商人数及供应商比例等内容。

同时,采购的质量绩效可由验收记录及生产记录来判断,验收记录指供应商交货时,为企业所接受（拒收）的采购项目数量或百分比;生产记录是指交货后,在生产过程中发现质量不合格的项目数量或百分比。

$$进料验收指标＝合格（拒收）数量/检验数量$$

若以进料质量控制抽样检验的方式进行考核,拒收或拒用比率越高,显示采购人员的质量绩效越差。

3. 时间绩效指标

时间绩效指标用以衡量采购人员处理订单的效率及对于供应商交货时间的控制。延迟交货,固然可能形成缺货现象,但是提早交货,也可能导致买方产生不必要的存货储存费用或提前付款的利息费用。

（1）紧急采购费用指标。紧急运输方式（如空运）费用是指因紧急情况采用紧急运输方式产生的费用。对紧急采购费用与正常运输方式的差额进行考核。

（2）停工断料损失指标。停工断料损失是指停工生产车间作业人员工资及有关费用的损失。除了前述指标所显示的直接费用或损失外,还有许多间接损失,例如,经常停工断料,造成顾客订单流失、员工离职以及恢复正常作业的机器必须做的各项调整(包括温度、压力等)等;紧急采购会使购入的价格偏高,质量欠佳,连带也会产生赶工时间,必须支付额外的加班费用。这些费用与损失,通常都没有估算在此项指标内。

4. 价格绩效指标

价格绩效是企业最重视及最常见的衡量标准,通过价格指标,可以衡量采购人员议价能力以及供需双方势力的消长情形。采购价差的指标,通常有以下几种。

(1)实际价格与标准成本的差额。实际价格与标准成本的差额是指企业采购商品的实际价格与企业事先确定的商品采购标准成本的差额,它反映企业在采购商品过程中实际采购成本与采购标准成本的超出额或节约额。

(2)实际价格与过去移动平均价格的差额。实际价格与过去移动平均价格的差额是指企业采购商品的实际价格与已经发生的商品采购移动平均价格的差额,它反映企业在采购过程中实际采购成本与过去采购成本的超出额或节约额。

(3)使用时的价格与采购时的价格之间的差额。使用时的价格与采购时的价格之间的差额是指企业在使用材料时的价格与采购时的差额,它反映企业采购材料物资时是否考虑市场价格的走势,如果企业预测未来市场的价格走势是上涨的,企业应该在前期多储存材料物资;如果企业预测未来市场的价格走势是下跌的,企业不应该多储存材料物资。

(4)动态指标。将当期采购价格与基期采购价格之比率与当期物价指数与基期物价指数之比率相互比较,该指标是动态指标,它主要反映企业材料物资价格的变化趋势。

5. 采购效率指标

以上质量、数量、时间及价格绩效是针对采购人员的工作效果来衡量的,还可针对采购效率来衡量。

(1)年采购金额。年采购金额是企业一个年度商品或物资的采购总金额,它包括生产性原材料与零部件采购总额、非生产性原材料与零部件(包括设备、备件、生产辅料、软件、服务等)采购总额、原材料采购总额占总成本的比例等。其中最重要的是原材料采购总额,它还可以按不同的材料进一步细分为包装材料、电子类零部件、塑胶件、五金件等,也可按采购付款的币种分为人民币采购额及其比例。原材料采购总额按采购成本结构又可划分为基本价值额、运输费用及保险额、税额等。此外,年采购额还可分摊到各个采购员及供应商,算出每个采购人员的年采购额、年人均采购额、各供应商年采购额、供应商年平均采购额等。

(2)年采购金额占销售收入的百分比。年采购金额占销售收入的百分比是指企业在一个年度里商品或物资采购总额占年销售收入的比例,它反映企业采购资金的合理性。

(3)订购单的件数。订购单的件数是指企业在一定时期内采购商品的数量,主要是按ABC管理法,对A类商品的数量进行反映。

(4)采购人员的人数。采购人员的人数是指反映企业专门从事采购业务的人数,它是反映企业劳动效率的重要指标。

(5)采购部门的费用。采购部门的费用是一定时期采购部门的经费支出,它是反映采购部门经济效益的指标。

(6)新供应商开发个数。新供应商开发个数是指企业在一定期间采购部门与新的供应商的合作数量,它反映企业采购部门工作效率。

(7)采购计划完成率。采购计划完成率是指一定期间内企业商品实际采购额与计划采购额的比率,它反映企业采购部门采购计划的完成情况。

(8)错误采购次数。错误采购次数是指一定时期内企业采购部门工作失职等原因造成错误采购的数量,它反映企业采购部门工作质量的好坏。

(9)订单处理的时间。订单处理的时间是指企业在处理采购订单的过程中所需要的平均时间,它反映企业采购部门的工作效率。

三、采购绩效评估的标准

有了绩效评估指标之后,必须考虑将何种标准设为与目前实际绩效比较的基础。常见的标准有以下几种:

1. 历史绩效

选择公司历史绩效作为评估目前绩效的基础,是相当可行、有效的做法。但是只有在公司的采购部门,无论是组织、职责或人员等均没有重大变动的情况下适合使用此标准。

2. 预算或标准绩效

如果历史绩效难以取得或采购业务变化比较大,企业可以将预算或标准绩效作为衡量的基础。标准绩效的设定,要符合下列三种原则:

(1)固定标准。固定标准是指企业确定标准后,在一般情况下不能随意变动。这种标准比较简单,与以往指标比较容易找出差距。但是企业、市场的情况是千变万化的,这种标准很难适应环境的变化。

(2)挑战标准。挑战标准是指标准的实现具有一定的难度,采购部门和人员必须经过努力才能完成。这种标准可以激发员工的工作积极性。

(3)可实现标准。可实现标准是指在现有内外环境和条件下经过努力,确实应该可以达到的水平。通常依据当前的绩效加以衡量设定。

3. 行业平均绩效

如果其他同行业公司在采购组织、职责以及人员等方面与本企业相似,则可与其绩效进行比较,以辨别彼此在采购工作成就上的优劣。数据资料既可以是个别公司的相关采购结果,也可以是整个行业绩效的平均水准。

任务三　采购绩效评估的步骤和方法

任务目标

通过本项目的学习,学生熟悉采购绩效考核的实施过程,理解采购绩效考核工作,掌握采购绩效考核的整个实施过程。

一、采购绩效评估的步骤

(一) 采购绩效的考核人员

采购绩效评估还涉及很多部门和人员,其评估过程比较复杂,要求参与的部门和人员主要有:

1. 采购部门主管

采购主管对所管辖的采购人员最为熟悉,而且所有工作任务的指派,以及工作绩效的优劣,都在其直接监督之下。因此,由采购主管负责评估,可以注意到采购人员的表现,体现公平客观的原则。但是应用主管进行评估会包含很多个人情感因素,而使评估结果出现偏颇。

2. 财务部门或审算部门

当采购金额占公司总支出的比例较高时,采购成本的节约对公司利润的贡献非常大。尤其在经济不景气时,采购成本节约对资金周转的影响也十分明显。财务部门不但掌握公司产销成本数据,对资金的获得与付出也进行全盘管制,因此,财务部门也可以对采购部门的工作绩效进行评估。

3. 工程部门或生产主管部门

当采购项目的品质与数量对企业的最终产品质量与生产影响重大时,也可以由工程或生产主管人员评估采购部门绩效。

4. 供应商

有些企业通过正式或非正式渠道,向供应商探询其对本企业采购部门或人员的意见,以间接了解采购作业绩效和采购人员素质。

5. 外界专家或管理顾问

聘用一个外部人员是为了确保评价的透明度、公平性和全面性,也可以针对企业全盘的采购制度、组织、人员及工作绩效,作客观的分析并提出建议。如果组织中的其他部门质疑采购部门的绩效,请一个外部人员或管理顾问来审核是特别有帮助的。

(二) 采购绩效评估的步骤

1. 设定采购绩效考核的目标

采购绩效考核的目标应以提升采购工作效率为核心,具体而言,既要能够促使采购部门降低采购成本,又要保证物品供应的质量和时效。由于采购活动的效益背反现象,因此非常有必要在绩效考核之前,明确采购工作的重点和绩效考核的目标。这是确定绩效评价对照的具体的绩效标准和目标的基础。

部门目标一般与公司的目标和战略保持一致,公司目标一般关注下面几点:

(1)利润;

(2)销售收入;

(3)市场份额;

(4)市场地位;

(5)客户满意度;

(6)全面质量管理;

(7)道德行为;

(8)对社会发展的贡献;

(9)对环境保护的贡献。

采购的目标是支持公司的战略从而实现公司目标,也就是为公司的获利能力和竞争力做贡献,每个采购部门应该根据上面的公司目标制定采购目标,细分为具体的、可度量的目标,从而制定对应的绩效评价目标。

2. 提前做好沟通工作

由于参加采购绩效考核的既有企业内部相关部门的员工,还可能涉及相关供应商,这就需要各方面相互配合,最好能提前做好沟通工作,以便在绩效考核时通力配合。绩效考核不只是要找出问题,更重要的是要找出解决问题的办法。

3. 执行绩效考核计划

绩效考核一般定期或不定期进行,无论哪种情况,都需要认真制定并执行考核计划。考核计划要告知采购部门及相应员工,以得到他们的配合。应该说,考核对象在心理上总会有一定的抵制,这主要是来自考核过程的未知,因此,尽可能地降低考核过程的未知性,保证考核计划的顺利执行。

4. 绩效考核的总结和反思

采购目标的实现要靠整个采购团队,而不是某一个人。绩效考核的结果也同样意味着整个团队的工作情况。姑且不论绩效考核的结果好坏,采购团队的每个成员都应对绩效考核的结果认真做总结,梳理并分享经验心得,反思采购工作中存在的问题和不足,以便为下一阶段的采购工作奠定良好的工作基础。

二、采购绩效考评的方式和方法

(一)评估方式

采购部门或人员工作绩效的评估,可分为定期方式和不定期方式。

1. 定期方式

定期的绩效评估是以人的表现,如工作态度、学习能力、协调精神、忠诚程度为考核内容。其对采购人员的激励及工作绩效的提升并无太大作用,若能以目标管理的方式,即从各项工作绩效指标中,选择年度重要性比较高的项目定为考核目标,年终按实际达成程度加以考核,则能提升个人或部门的采购绩效,并且以对事不对人为考核重点,比较客观、公正。

2. 不定期方式

不定期的绩效评估,常以专案方式进行。例如,公司要求某项特定产品的采购成本降低10%。当设定限期一到,评估实际的成果是否高于或低于10%,并以此给予采购人员适当的奖惩。这种评估方式对于采购人员的士气有相当大的鼓舞作用,特别适用于新产品的开发计划、资本支出预算、成本降低专案等。

(二)采购绩效评估方法

采购绩效评估方法直接影响评估计划的成效和评估结果的正确与否。常用的评估方法有:

1. 直接排序法

在直接排序法中,考核负责人按绩效表现从好到坏的顺序依次给被考核者排序,这种绩效表现既可以是整体绩效,又可以是某项特定工作绩效。

2. 两两比较法

两两比较法是指在某一绩效标准的基础上,把每一个被考核者与其他被考核者相比较来判断谁"更好",记录每一个被考核者和任何其他被考核者比较时被认为"更好"的次数,根据次数的多少给被考核者排序。

3. 等级排序法

等级排序法能够克服上述两种方法的弊病,这种方法由评估小组或主管先拟订有关的评估项目,按评估项目对被考核者的绩效作出粗略的排序。

4. 利润中心法

利润中心法适用于对采购部门的考核,这种方法把采购部门看作企业的一部分,它控制企业的资产,不仅仅负责企业的开支,也负责企业的收入。这一方法的目的是要表明采购部门是一个利润中心而不是成本中心。

这种方法涉及建立一个控制企业资产的集中化的从事采购的机构。采购职能的集中化处理是十分有利的,因为采购部门采购到的货物和服务以高于相应实际的直接成本价为内部财务转账到其他的职能部门。事实上是采购部门以转账价卖给了其他职能部门。因此,采购部门要执行基于利润原则的决定,并由职能部门所产生的利润来衡量。

5. 目标管理法

目标管理(Management by Objective,MBO)的目的是确定目标,即要求被考核对象在给定的时间内达到目标,也就是讲,在该时间段结束时,实际的绩效能与期望的结果进行比较,目标也能与期望的结果进行比较。目标是有关负责人与被考核者商议后确定的。

实际上,实现目标管理的一种方法是所谓关键结果分析,它要求职能部门的负责人确定他们的关键任务、绩效标准和管理控制的信息,所有这些是为了对他们个人的绩效改进提出意见和建议。这种分析将构成与他们的直接上级和下级讨论的基础。与上级的讨论是为了确定职能部门的目标。当这些都达成一致意见后,与下级的讨论将决定:如果职能部门要达到目标,每个人必须达到什么样的目标。因此,总的目标可以贯穿整个组织机构,自上而下逐级地分解。同时,因为职能部门和个人都参与了他们的目标制定,所以MBO既有"从底部向上"的工作方式,又有"从顶部向下"的工作方式。

同步练习

一、选择题

1. 参与采购绩效评估的人员包括( )。
   A. 生产与工程部门的人员　　　　B. 采购部门主管
   C. 审算部门或财务部门的人员　　D. 供应商

2. 在供应商绩效评价指标中,( )总是与采购价格和成本相联系。
   A. 服务指标　　B. 供应指标　　C. 质量指标　　D. 经济指标

3. 采购绩效评估属于( )循环中最重要的内容,通过评估发现和总结经验教训,从而促进采购效果的改进和采购效益的增加。
   A. PCDA　　B. PCAD　　C. PDAC　　D. PDCA

4. 有些企业通过正式或非正式渠道,向( )探询其对本企业采购部门或人员的意见,以间接了解采购作业绩效和采购人员素质。
   A. 生产与工程部门的人员　　　　B. 采购部门主管
   C. 审算部门或财务部门　　　　　D. 供应商

5. 采购绩效评估方法直接影响评估计划的成效和评估结果的正确与否。常用的评估方法有( )。
   A. 直接排序法　　B. 两两比较法　　C. 等级排序法　　D. 目标管理法

6. 在公司的采购部门,无论是组织、职责或人员等均没有重大变动的情况下,适合使用的采购绩效评估标准是( )。
   A. 历史标准　　B. 预算标准　　C. 行业标准　　D. 平均标准

二、填空题

1. _____是指通过建立科学、合理的评估体系,全面反映和评估采购政策功能目标和经济有效性目标实现的目标。

2. _____主要是指供应商的质量水平、供应商所提供的产品或服务的质量表现,主要包括供应商的质量体系、质量水平等,可通过验收记录及生产记录来判断。

3. 采购绩效考核的标准有_____、_____、_____和_____。

4. 商品采购绩效的衡量可以概括成_____及_____两大类。

5. _____价格绩效是企业最重视及最常见的衡量标准。

6. 采购人员绩效评估应以_____为核心,即适时、近质、适量、适价、适地。

三、简答题

1. 采购绩效评估有助于实现企业的哪些目标？
2. 简述采购绩效考核的主要指标。
3. 简述采购绩效考核的实施步骤。
4. 简述采购绩效评估的概念。
5. 简述采购绩效评估的标准。

四、案例分析

A 公司为一家电子产品生产厂商，年产值约为 3000 万美元，产品全部出口。A 公司原材料中价值占比为 60% 的原材料依赖出口，另外 40% 的包装、塑料及部分五金件由本地供应商采购。采购部共有采购人员 8 人，采购经理直接向总经理汇报，日常运作向工厂经理汇报。本地采购的材料中，塑胶件为重要的零部件，占本地采购额的 30%，胶件数共有 150 种，由 3 个供应商分别供货。其中 B 公司为 A 公司最大、最重要的胶件供应商，胶件数量及价值都占到 A 公司总胶件的一半。

B 公司是塑胶件的专业生产厂家，现有员工 350 人，其中工程技术人员 12 人，模具维修人员 6 人，共有从 22 吨～1300 吨的大小注塑机 40 多台以及配套的丝印、移印和喷涂设备。该公司 3 年前通过 ISO9002 认证，两年前又导入了 MRP 系统用于计划与库存控制。B 公司共有大小客户十几家，A 公司是它的第五大客户。虽然 A 公司产品的利润率不高，但 A 公司的高要求带动了 B 公司管理的不断改进。B 公司推行 ISO9002，导入 MRP 就是在 A 公司的帮助之下实现的。B 公司切实体会到在过去的发展中 A 公司的推动力。B 公司与其他的客户做生意时，都是先签合同，客户提供模具与材料并派工程师现场调机合格后再按订单生产交货，交货周期在半个月以上。而 A 公司则要求 B 公司对生产的所有过程与技术问题负责，B 公司自己采购原材料、A 公司提供模具。A 公司每半个月提供一次更新的订单预测、每 3 天前提供未来 3 天的交货通知，B 公司按交货通知每天交货。

小王是 A 公司的采购员，除非涉及价格需要请示采购经理外，B 公司相关问题的协调都由他全权负责。最近小王感到非常苦恼。B 公司在过去 1 个月表现一直欠佳，规定每天送两次货且直接免检上线，但有六七天都没有按时送货或是只送一次，影响了本公司的生产。在 320 批胶件中只有 260 批是按时、按数量交货，其中还首次出现 20 批不合格品退货，退货后只有一半在第二天进行了补货。原先约定的在线报废率应低于 3000PPM（百万分率），实际平均下来达到 7500PPM（其中不包括不合格品的退货）。

在问题发生过程中，小王多次与 B 公司的计划、生产与质管主管沟通，来料质量组也对他们进行了质量投诉，但情况并未好转。相反，B 公司的不同主管反而觉得委屈。销售计划人员说 A 公司对计划的要求太高，又经常不提供准确的订单预测，导致他们内部机台、生产与出货、运输安排都几乎跟不上，而且过去一个月 A 公司一连 3 次临时大幅度增减订单，弄得他们措手不及，只好将其他客户的生产停下来安排 A 公司的计划，即使这样交货还是延迟了。本来 A 公司的订单利润就很低，这样一折腾 B 公司都要亏本。生产主管也抱怨 A 公司提供的模具一直就不怎么样，经常要修理。本月还出现 4 套模具镶块断裂，需要临时抢修，而以前这些问题都是A公司负责处理,这个月由于生产紧张、订单排不开,只好自己干,但模具一上一下反而耽误机台利用。B公司的品质人员和流程工程师也提出A公司的产品要求太高,质量标准又经常变更,很难跟上要求。

B公司与A公司已有8年的合作经验,A公司认为B公司是目前所能找到的最符合A公司产品、规模条件以及向伙伴关系发展的供应商之一,过去其综合表现远高于其他的塑胶件供应商。B供应商确实也花了很大的力气配合A公司。但过去一个月的情况似乎不妙,小王觉得问题比较严重,可又不知如何改进。再说,他应该提交B公司的月度表现报告了。

(资料来源于网络,作者有删改)

思考题

B公司的绩效考核应该是怎么样的?小王下一步该怎么办?

任务实训

实训项目　企业绩效评估与改进

一家制造企业在行业内排名第三,工厂规模700人左右,现有采购员13人及采购主管和采购经理各一名,计划部只进行下个月的需求预测,无长期预测,一般正常的订单交期是25天,业务部强势。现每个采购员负责从开发供应商到付款的整个流程,每月的KPI是Cost down 1%、引进4家新供应商,但对供应商实际的付款期不固定。

前期没有长期需求预测的业务部强势,后期对供应商没有确定的付款期以保证紧密合作,还要完成各项绩效指标,这种环境下的采购员稳定性肯定差。留下来的人无非考虑的就是如何让供应商乖乖合作来完成无规律的产品需求。可没有哪家供应商是省油的灯,最后只好不断引入新供应商。供应源多了,采购花在沟通、管理供应商上的时间增多,自然没时间处理内部关系和进行供应市场调查分析,在供应商那里也就失去了规模优势以至后续降价困难;另外,在压缩时间后采购货期和品质难以保证。所有这些终于导致老板和其他员工认为采购员工作没做好。实在顶不住压力的或者找到更好工作的人就开始跳槽,然后新采购员上路,问题越积越多,造成恶性循环。如何扭转这个局面,让采购员稳定、大家满意?提高工资待遇就能留住采购员吗?并非如此,一是股东不会支持,二是工资再高,气氛不好采购人员依然会流失。是什么让采购员失去耐性?无疑是企业文化和流程。

企业文化是一个比较复杂的问题,因为关系到股东的经营理念。业务部门强势且订单毫无长期预测性,说明股东一切以客户订单为重,却很少关注运作过程成本。作为该企业的高管,应拿出节省的采购成本和浪费的运作成本与整个销售利润的比较数据去说服股东。比如,公司的销售毛利是10%,那么采购成本节省一块钱就相当于销售额增加10块钱的利润了。怎样让股东意识到采购乃至整个供应链管理在公司中的重要性呢?如果我们是高管,我们会找一个人负责管理业务部下达的订单,分析哪些属于急单或特单、导致多少额外的采购成本及运营费用,在每个月的管理会议上分享给业务部经理和各位股东。当然,这是一个长期的审时度势、循序渐进的过程。如果操之过急,那高管自己会先翻船。慢慢地,老板对采购的认知度提高了,薪水自然而然会水涨船高,采购人员投入工作的热情也提高了,效率自然就上去了。

我们再来看流程,最主要的问题应该出在"业务－计划－采购"这个环节。这里需要有一个比较专业和强悍的计划部。计划部需对业务部下达的订单进行产能和物料情况分析后再下达指令给采购人员,该挡回的必须挡回去,这样可避免采购员进行无效作业。而且,计划部需对客户的订单进行详细分析,了解正常单和急单各占的比例。定期与业务部协商后续预测问题,迫使业务部规范自己的接单流程,至少对客户的订单进行优先缓急排序,要放弃的就必须放弃。如果业务部一直坚持"黑猫白猫,抓到老鼠就是好猫"的话,那就让业务部来承担无预测购买导致的缺料和库存风险,即计划部每周模拟一个长期物料预测,让业务部确认后再进行购买业务。这个长期预测的周期,根据某原材料最长的购买周期来定。这样,采购员只要简简单单地执行计划部下达的指令即可减少不合理的急料问题,节省出来的精力可以用在供应商管理和采购成本控制及其他方方面面关系的处理上。

在采购内部,采购分成三部分,即 Sourcing、Procurement、Quotation analysis。这样既可以缩减采购员所涉及的工作流程,以提高技能专注度,又可以进行绩效的相互监督。给每个功能角色制定合适的 KPI,对于优秀者给予奖励,以刺激大家的积极性。最后,企业高管需要说服股东对供应商货款设定一个期服,以培养长期合作关系。这样,在整个供应链中建立了流程,大家在工作过程中就有法可依,问题发生时用流程来检测,避免部门之间推卸责任或让采购员背黑锅。外部抱怨少了,采购员自然开开心心地上班,绩效和在众人心目中的认可度自然而然提高,每个月节省的采购金额也会让股东感到满意。

采购员工作时间长、压力大、人员流失率高,其他部门对采购部门的绩效不满,股东希望不断压缩供应商利润来节省原材料成本。如果你是这家企业的高管,你将如何带领整个采购部门提高绩效呢?

【实训内容】

根据情景,通过查阅资料(教材、期刊、网络等),运用相关知识和技能制定一份公司采购绩效评估的方案。

通过对采购绩效影响因素的分析,结合采购绩效评估的内容和指标,分析"业务－计划－采购"的流程,研究确定采购绩效评估的方式和方法,提出采购绩效改进措施。

【实训步骤】

(1)准备工作:对学生进行分组,5～6人为一组,进行职业化分工。

(2)教师帮助学生理清采购绩效评估的业务流程和要求,分析采购绩效评估方式与方法及绩效改进策略。

(3)收集并查阅资料,开展讨论与交流;拟订公司采购绩效评估与改进的方案提纲。

(4)编写公司采购绩效评估与改进的方案。

【实训评价】

组建有学生参加的方案论证评审小组,对学生实施过程及撰写的公司采购绩效评估的方案的质量进行考核评价,可以将评价分为个人评价和小组评价两个层面。对每个方案进行展示点评,选取优质方案给予表彰和推广,对于存在的问题提出改进意见。

后 记

本教材是 2017 年安徽省高等学校省级质量工程项目"安徽职教物流类系列教材(项目编号:2017ghjc400)"的实践成果之一,是安徽省部分高职院校从事一线物流管理专业教学和研究的教师们辛勤努力的成果和智慧的结晶。本书亦是徽商职业学院高校优秀拔尖人才培育项目资助——突发疫情下生鲜电商末端配送现状调查及其优化策略研究(gxyq2021151)、2020 年安徽省人文社科重点项目——新零售背景下即时配送服务质量评价与改进研究(SK2020A0902)成果。

本教材由安徽省物流与采购联合会副会长蒋宗明、徽商职业学院物流系薛琴、武营担任主编,薛琴编写项目一、项目三、项目五、项目七,武营编写项目二、项目四、项目六、项目八。

本教材在编写过程中,采用项目化编写方式,通过导入案例、扩展阅读等来加深学生对理论基础知识的理解,拓宽学生的专业视野,通过项目内技能训练让学生掌握理论知识和实践技能。扩展阅读和技能训练的设置有助于改变偏重理论教学的现状,能够培养学生在学习过程中充分发挥主观能动性。

在编写过程中,编者在企业采购部门调研的基础上基于典型项目进行工作任务分析,理论联系实际,学生在完成工作任务的过程中能够提高采购岗位技能,并加深对采购相关理论知识的理解。本书在编写过程中参阅了同类教材,以及国内外专家、学者以及采购一线岗位人员的实践经验成果资料,并将采购行业最新信息融入教材,所收资料庞杂,有的内容一时难以注明作者和出处,在此向有关作者表示衷心感谢。在本书成稿的过程中,编者倾注了大量的时间和精力,反复校对,精心编撰,但由于编者水平有限,加上时间仓促,书中难免有疏漏之处,敬请专家、学者、采购工作者和广大读者批评指正,并为本教材的进一步修订完善,提供宝贵建议。

在本教材编写完成之际,我们还要特别感谢安徽大学出版社对本教材编写和出版过程中提供的支持和帮助。

编 者

2022 年 5 月